# Our Discovery Island

## Film Studio Island

4

LIVRO DO PROFESSOR

José Luis Morales

PEARSON

ALWAYS LEARNING

**Pearson Education Limited**
Edinburgh Gate
Harlow
Essex CM20 2JE
England
and Associated Companies throughout the world.

Our Discovery Island ™
www.ourdiscoveryisland.com

First published by Pearson Education do Brasil 2012


*Diretor Editorial e de Conteúdo:* Roger Trimer
*Gerente de Publicação:* Sherri Pemberton
*Gerente Editorial:* Kelly Tavares
*Editora de Mídia e Desenvolvimento:* Veronica Teodorov
*Editora de Desenvolvimento:* Viviane Kirmeliene
*Adaptação do Manual do Professor:* Najin Lima
*Adaptação e Tradução do Manual do Professor:* Renata Chimim
*Supervisora de Produção:* Cristina Tavares
*Editoração Eletrônica:* Figurativa Editorial;

**Dados Internacionais de Catalogação na Publicação (CIP)**
**(Câmara Brasileira do Livro, SP, Brasil)**

Morales, José Luis
Our discovery island 4 : livro do professor 4 / José Luis Morales. -- São Paulo : Pearson Education do Brasil, 2012.

ISBN 978-85-88318-26-7

1. Inglês (Ensino fundamental) – Manual do professor I. Título.

11-12003 CDD-372.6520202

**Índices para catálogo sistemático:**
1. Inglês : Ensino fundamental : Manual do professor 372.6520202

**Agradecimentos**
A Pearson Brasil agradece aos professores que analisaram Our Discovery Island, contribuindo para aprimorá-lo:
**Beatriz de Frias Pereira de Souza**, Centro de Línguas e Informática do Cecan-Clic / **Carolina de Castro Nyerges**, Colégio Rainha da Paz / **Daniela Helena Paukovits Teixeira**, Colégio Marista São José / **Daniele Patricia Lages**, Colégio São Judas Tadeu / **Débora Jaroski Barbosa**, Escola Padre José Eichelberger / **Domingos Di Lello**, Casa Thomas Jefferson / **Letícia Santos**, ICBEU Ibiá / **Milena Jatobá Costa Andrade**, Escola Casa do Sol / **Rosana Totti Silveira**, Colégio Nossa Senhora de Sion / **Saula Glovinsky**, Colégio Santa Mônica / **Sonia Aparecida M. N. da Fonseca**, Colégio Santo Agostinho / **Thays Farias Galvão Ladosky**, Colégio Damas da Instrução Cristã / **Vanessa Pegado Ferreira**, Colégio Guilherme Dumont Villares.

**Crédito das fotos**
**Alamy Images:** Amazon-Images 51 (Tapir), Arcticphoto 35tl, Bill Bachman 35b, Danita Delimont 65t, idp canal collection 11l, imagebroker 13t, Israel images 41 (Bob), Juniors Bildarchiv 17tl, Christina Kennedy 28t, Vova Pomortzeff 12t, Morley Read 51 (Tarantula), Craig Richardson 68r, Rolf Nussbaumer Photography 51 (Hummingbird), uwesSERENGETI 29b, Visual&Written SL 67l, WorldFoto 41 (4); **Trevor Clifford:** 5, 9b, 15, 17b, 25, 32b, 33, 41b, 43b, 49b, 57b, 63, 64, 65b; **Corbis:** Theo Allofs 49tr, DLILLC 28bl, Randy Faris 11cr, Ina Fassbender / Reuters 19tl, Steve Hix / Somos Images 44bl, JON HRUSA / epa 12bl, Image Source 70b, Herb Schmitz 41 (2), Paul Thompson 60b, Michele Westmorland 67r; **FotoLibra:** Kevin John Myhill 11r; **Getty Images:** AFP / Stringer 19tr, Shaun Botterill 12br, Clive Brunskill 45tr, FilmMagic / Jason LaVeris 4cr, Jose Luis Pelaez / Iconica 41 (Mary), NBAE / Noah Graham 44br, The Image Bank / EIGHTFISH 28cl, Paul Vozdic / Iconica 68l, WireImage / George Pimentel 61b; **Robert Harding World Imagery:** Christian Kober 60tl, Christian Kober 60tl; **Robert Harding World Imagery:** Christian Kober 60tl, Christian Kober 60tl; **iStockphoto:** Jani Bryson 37bl, 41 (Emma), DIGIcal 9tc, Andre Fiedeldey 13b, Daniel Laflor 37tr, Liza McCorkle 11cl, MissHibiscus 29t, ranplett 37tl, Victor Soares 51 (Parrot), Alexey Sokolov 57c, Stefanie Van Der Vinden 49tl, Jason Titzer 43t; **Photolibrary.com:** Asia Images Group 60tr, Corbis 27b, ROM ROM 35tr, rubberball 17tr; **Press Association Images:** AP 27c, John Birdsall / library photo posed by a model 41 (Tim), Rick Bowmer / AP 27t, Charles Sykes / AP 4l; **Rex Features:** 41 (3), Action Press 4cl, Robin Bell 28cr, Alex Coppel / Newspix 19b, Image Source 57tl, 57tr, Jen Lowery 4r, Sonny Meddle 61tl, Alastair Muir 44tr, NBCUPHOTOBANK 41 (1), Newspix 9tr, Sipa Press 4c, Charles Sykes 45c; **Shutterstock.com:** Monkey Business Images 9tl, Monkey Business Images 9, Andere 17 (monkeys), kle555 17 (cat), Dietmar Höpfl 17 (frog), wavebreakmedia ltd 71, L_amica 142 (tree), koya979 142 (presents), paulvg 142 (board game); **Thinkstock:** BananaStock 70t, Brand X Pictures 45tl, Goodshoot 44tl, Photodisc 37br, Photos.com 61tr, Pixland 45b. (b-inferior; c-centro; l-esquerda; r-direita; t-superior)

**Crédito das ilustrações**
Lee Cosgrove, Anja Boretzki (Good Illustration), Bill Greenhead (Illustration), Marek Jagucki, Mark Ruffle (The Organisation) cut-out mini cards, Humberto Blanco (Sylvie Poggio).



Pearson Education do Brasil
uma empresa do grupo Pearson Education
Rua Nélson Francisco, 26 CEP: 02712-100 São Paulo, SP, Brasil
Tel.: 0800-55-8881 ou 11-2178-8668
e-mail: elt.br@pearson.com
10 9 8 7 6 5 4 3 Set/2013

# Our Discovery Island

# Film Studio Island 4

## LIVRO DO PROFESSOR

## Contents

# Introdução

*Our Discovery Island* é um curso de inglês como língua estrangeira em cinco níveis voltado para alunos do ensino fundamental. Ele oferece as melhores práticas de metodologia em sala de aula e proporciona aos professores e alunos um ambiente digital inovador. *Our Discovery Island* combina diferentes recursos para aprendizagem, como o livro-texto, o *Multi-ROM* e o ambiente *online*, e leva em consideração a tendência atual do aumento do uso de tecnologia na sala de aula e em casa, visto que cada vez mais e mais famílias possuem computadores e querem materiais educativos eficientes e seguros para seus filhos.

*Our Discovery Island* motiva as crianças, apresentando-as a um grupo de personagens em uma *Online Island* semelhante à ilha em seu livro-texto. Os alunos seguem os personagens em um *quest* pelo livro enquanto ouvem histórias, cantam, comunicam-se e brincam ao longo do caminho. Mais do que isso, os alunos se divertirão e farão suas próprias descobertas em inglês. *Our Discovery Island* – onde o aprendizado é uma aventura!

## Componentes

### Para o Aluno

O ***Student Book*** fornece subsídios para apresentação e prática da linguagem-alvo de modo eficaz, e introduz a nova linguagem em um contexto empolgante e envolvente. As atividades de prática incluem desde atividades mais controladas, até produção e personalização. Cada unidade inclui atividades de *listening*, *speaking*, *reading* e *writing*, assegurando que os alunos possam desenvolver suas habilidades e sejam capazes de praticar vocabulário e estruturas em contextos variados. Além disso, o *Student Book* contém canções, histórias, jogos, textos escritos e em áudio, e atividades comunicativas que proporcionam variedade e motivação, resultando em eficácia nas aulas.

O livro está organizado da seguinte maneira:

- uma unidade de *Welcome*, introduzindo os alunos aos personagens e à *Island* (níveis 1-4);
- uma página dupla de abertura contendo a apresentação inicial da história, com o intuito de envolver os alunos na aventura (níveis 3-5);
- oito unidades divididas em oito lições;
- lições de *Holiday* ao final do livro;
- atividades de *mini cards* na *Lesson 4;*
- quatro lições *Wider World*, com foco em tópicos da vida real em outros países, ao final das unidades ímpares; e
- quatro lições de *Review*, ao final das unidades pares.

O **Código de Acesso** impresso na segunda capa do livro propicia aos alunos e pais um acesso seguro e individualizado às *Online Islands* por meio da Internet.

O ***Workbook*** integrado propicia o reforço e a consolidação da linguagem apresentada no *Student Book*. Ele contém prática controlada e livre, além de personalização e textos adicionais, e está organizado da seguinte maneira:

- oito unidades para utilizar depois das aulas com o *Student Book*; e
- um dicionário visual ao final do livro para ajudar os alunos a se lembrar do vocabulário-alvo.

Na parte inferior da página do *Student Book* há referência às atividades do *Workbook* que podem ser feitas ao término da aula. Detalhes completos das atividades são fornecidos nas instruções para o professor.

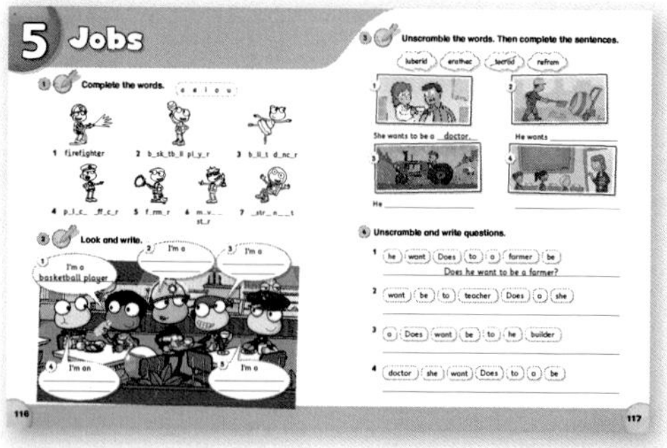


*Our Discovery Island* inclui uma ***Online Island*** como componente exclusivo. Ela oferece um ambiente virtual seguro, envolvente e altamente motivador, no qual os alunos encontram, além dos personagens do *Student Book*, outros personagens interessantes, e os seguem em uma aventura. Os alunos interagirão com os personagens de maneira segura, praticando, assim, a linguagem-alvo das unidades. Eles também seguirão as instruções para resolver os enigmas e brincar com jogos complementares de linguagem ao longo do caminho. A *Online Island* é um modo excelente de propiciar o aprendizado de maneira interativa e de consolidar e ampliar o processo de ensino-aprendizagem do idioma. Além disso, os alunos se divertirão com a experiência de praticar a língua de maneira lúdica e aprenderão inglês se divertindo! No nível 4, os alunos se divertirão na *Film Studio Island*.

O ***Multi-ROM*** contém atividades interativas e jogos para os alunos reverem o conteúdo. Ele também inclui todas as canções do *Student Book* em versão karaokê, assim como *flashcards* com ilustrações e áudio. Além disso, todo o material de áudio do *Student Book* também está disponível em arquivos MP3, e o *Multi-ROM* pode ser usado tanto na escola (no laboratório de informática ou na sala de aula) quanto em casa.

### Para o Professor

As páginas de instrução do ***Teacher Book*** estão intercaladas com as páginas do *Student Book*. Ele fornece planos de aula completos, cobrindo todo o material do curso. Cada lição está claramente estruturada em estágios:

- começando a aula;
- apresentação;
- prática; e
- encerrando a aula.

Há também ideias para atividades extras e para o trabalho com valores em cada uma das unidades. As instruções para a aula são projetadas para ser um suporte flexível para todos os professores, incluindo aqueles que têm pouco tempo para planejamento, ou que tenham acesso limitado a recursos. Além disso, o professor encontra as páginas com as respostas das atividades do *Workbook* em formato reduzido ao final do *Teacher Book*. E também visando à maior flexibilidade e variedade ao longo do ano escolar, há os seguintes materiais fotocopiáveis disponíveis no final do livro:

- testes a cada duas unidades; e
- um modelo fotocopiável de *spinner*.

O site do livro (www.pearson.com.br/ourdiscoveryisland) disponibiliza os seguintes recursos:

- *worksheets* para cada unidade e
- modelos fotocopiáveis para atividades de *holiday*.

O **Código de Acesso** impresso na segunda capa do livro fornece ao professor acesso especial às *Online Islands* pela Internet. Além de poder entrar em qualquer *online island*, os professores também têm acesso a um ambiente de fácil manuseio, chamado *Progress Review System* (*PRS*), por meio do qual podem monitorar o progresso dos alunos. Existe também um guia passo a passo que detalha todos os aspectos dos jogos, além do acesso ao sistema para gerenciamento de sala de aula. Eles estão disponíveis *online* e para *download*. Os professores também encontrarão boletins que mostram o progresso de cada aluno, os quais podem ser impressos e mostrados tanto aos alunos como aos pais.

Os professores também recebem o mesmo ***Multi-ROM*** que os alunos têm em seus *Student Books*.

Cada nível do *Our Discovery Island* possui um **DVD** com quatro episódios. Cada episódio pode ser usado para reforçar e ampliar a linguagem do curso, focando nos tópicos e na linguagem de duas unidades. As canções são apresentadas por três atores, Sally, Jack e Albert, e há histórias animadas que mostram outras aventuras da *Island*.

Os ***Flashcards*** apresentam o vocabulário-alvo de cada unidade, e as instruções para o professor no *Teacher Book* explicam claramente como eles podem ser usados para apresentar, praticar e consolidar a linguagem por meio de jogos e atividades. Há mais de 200 imagens que podem ser usadas nos níveis 1-4.

O ***Active Teach*** fornece um software para ser utilizado em qualquer *Interactive Whiteboard* (*IWB*) com ferramentas integradas, o qual também pode ser usado com um computador e um projetor. O software facilita o gerenciamento da sala de aula, uma vez que contém links para as páginas digitalizadas do *Student Book*, proporcionando mais oportunidades para interação entre os alunos, o professor e o material. Inclui também atividades extras e jogos para reciclar a linguagem da unidade, além de *links* para o conteúdo em áudio, sem a necessidade de um CD separado. Contém também ***Digital Posters*** e *flashcards*, que estimulam o aluno e o motivam para o aprendizado. Há três pôsteres para acompanhar cada nível do *Our Discovery Island*, e as histórias também são apresentadas em um modo interativo (veja as instruções de como usar histórias na página XI).

Outros conteúdos podem ser impressos e usados em sala de aula:

- versão completa dos testes do *Teacher Book*, em formato para edição;
- *worksheets* para cada unidade;
- *script* e sugestões de atividades para o DVD;
- modelos fotocopiáveis para atividades de *Holiday*;
- sugestões de atividades para os *digital posters;* e
- certificado de conclusão do nível.

## Metodologia e Organização

### Metodologia

*Our Discovery Island* não requer conhecimento prévio de inglês e segue uma abordagem comunicativa de "5Ps", fornecendo suporte e motivando a produção a partir do estágio inicial. O *PPP* (*Presentation, Practice* e *Production*) é uma abordagem testada e comprovada, que agrada professores do ensino fundamental. A sequência das lições é clara e bem estruturada, e a abordagem de "5Ps" de *Our Discovery* Island também inclui *Personalization* e *Pronunciation*.

*Presentation* (Apresentação) é o primeiro estágio, no qual o professor demonstra a linguagem-alvo, enquanto fornece um modelo (em áudio) para os alunos ouvirem a pronúncia correta. Caso desejem, os professores podem utilizar os *flashcards* neste estágio da aula.

*Practice* (Prática) aparece tanto em atividades controladas, quanto em tarefas mais abertas, usando a linguagem apresentada. Nos níveis iniciais, isso pode significar ouvir uma palavra e encontrá-la em uma ilustração.

As atividades de *Production* (Produção) motivam os alunos a utilizar o idioma tanto para falar quanto para escrever. Essas atividades os motivam a se tornar mais autônomos e a manipular melhor a linguagem para a comunicação.

As atividades de *Personalization* (Personalização) também estão inclusas na estrutura da aula, para envolver os alunos com a linguagem da unidade e ajudá-los a revê-la.

*Pronunciation* (Pronúncia) é uma área fundamental no ensino de línguas que é trabalhada em todas as unidades. Os alunos a praticam por meio de músicas e *chants* divertidos e envolventes, que os ajudam a adquirir a tonicidade, o ritmo e a entonação da língua inglesa.

## Organização

As oito unidades principais estão divididas em oito lições:

**Lesson 1**

Cada unidade de *Our Discovery Island* começa com uma página de abertura, na qual são apresentados os personagens e o vocabulário-alvo da unidade.

Os alunos irão:

- praticar o novo vocabulário com suporte de áudio;
- escutar e associar o vocabulário com sons repetitivos; e
- produzir o vocabulário antes de seguir para uma atividade de compreensão auditiva.

**Lesson 2**

A nova estrutura é apresentada por meio de um *chant*, e o vocabulário da *Lesson 1* é amplamente praticado. A caixa *Look!* destaca a linguagem-alvo da lição.

Os alunos irão:

- praticar a nova estrutura e rever vocabulário de maneira divertida e ritmada;
- realizar uma atividade de compreensão auditiva; e
- produzir o idioma em uma atividade oral.

**Lesson 3**

O trabalho de linguagem é ampliado por meio de uma canção envolvente. Há aprofundamento na prática do vocabulário e das estruturas das *Lessons* 1 e 2. Uma versão da canção em karaokê está disponível no *Multi-ROM* e no *Active Teach*.

Os alunos irão:

- praticar e ampliar a linguagem de maneira divertida e envolvente; e
- produzir a linguagem em uma atividade oral, baseada na canção.

**Lesson 4**

As habilidades de produção oral, de produção escrita, de compreensão auditiva e de compreensão leitora são praticadas com atividades motivadoras. Os *mini cards* são usados em jogos.

Os alunos irão:

- praticar a linguagem das aulas anteriores, enquanto desenvolvem as quatro habilidades; e
- ter muita diversão com o jogo por intermédio dos *mini cards*.

Uma atividade que proporciona a conexão entre a família dos alunos e a escola (*home--school activity*) contribui para o envolvimento familiar com a aula de língua inglesa.

8 Read and match.

SKILLS 5

1 2 3 4

Mary: I want to be a ballet dancer.

Emma: I want to be a movie star.

Tim: I want to be a firefighter.

Bob: I want to be a basketball player.

9 T31 Look at Activity 8. Listen and answer.

10 Go to page 81 and play the game.

I want to be a firefighter.

Lesson 4

Workbook page 118, Activity 5. 41

11 T32 Listen and read. Then act.

STORY



NOW GO TO FILM STUDIO ISLAND.

Workbook page 118, Activities 6 and 7.

42 Lesson 5

**Lesson 5**

A história é a apresentada em balões de fala, com o suporte de áudio. Ela ajuda a consolidar o vocabulário e as estruturas das aulas anteriores, além de apresentar alguns novos itens de linguagem. A lição termina com um link para as atividades *online* na *Film Studio Island*.

Os alunos irão:

- ter contato com os conteúdos da unidade em um diálogo; e
- divertir-se com uma emocionante história de aventura.

## Lesson 6

Novos conteúdos são apresentados por meio de um tópico interdisciplinar. A aula propicia a prática de linguagem nova e a revisão do que foi aprendido nas aulas anteriores. Um *Mini project* encoraja a produção.

Os alunos irão:

- aprender conceitos de outras disciplinas em inglês; e
- ter a oportunidade de aplicar e personalizar o que aprenderam.

Cleo, a mascote de *Our Discovery Island 4*, está segurando uma foto de um item que os alunos precisam encontrar *online* na *Film Studio Island*. Quando clicam no item, os alunos são direcionados a um jogo de vocabulário (a mascote pode estar nesta lição, nas *Lessons 3* ou *4*, ou nas lições de *Review/Wider World*).

12 Listen, read and match.
PE 5
I WANT TO BE A CHAMPION!
1 Naomi Johnson wants to be a champion. She wants to win three medals at the next Olympic Games.
2 At 6 o'clock in the morning Naomi goes swimming. She swims for two hours and then she has a big breakfast. Then she goes running and at 12 o'clock, she has lunch. In the afternoon, she goes swimming again.
3 Sundays are a special day. Naomi doesn't go swimming. She likes watching TV and she goes shopping. She loves shoes!
a b c
13 Ask and answer.
1 What/want to be?
2 What time/play/go/do ...?
3 What/eat for breakfast?
4 What/do after lunch?
5 What/do on Sundays?
What do you want to be?
I want to be a firefighter.
MINI PROJECT Do a class survey. Ask 'What do you want to be?'
Lesson 6
Workbook page 119, Activities 8 and 9.
43

Em unidades alternadas, estas lições podem ser uma página dupla dedicada a revisão de conteúdos de duas unidades anteriores (*Review*) ou uma página dupla como foco em tópicos da vida real em outros países (*Wider World*). As páginas de *Wider World* também consolidam conteúdos das duas unidades anteriores, e apresentam alguns itens de linguagem novos, relacionados ao tema.

Os alunos irão:

- revisar vocabulário e estruturas;
- aprender sobre outras culturas; e
- ter outras oportunidade para aplicar e personalizar os conteúdos.

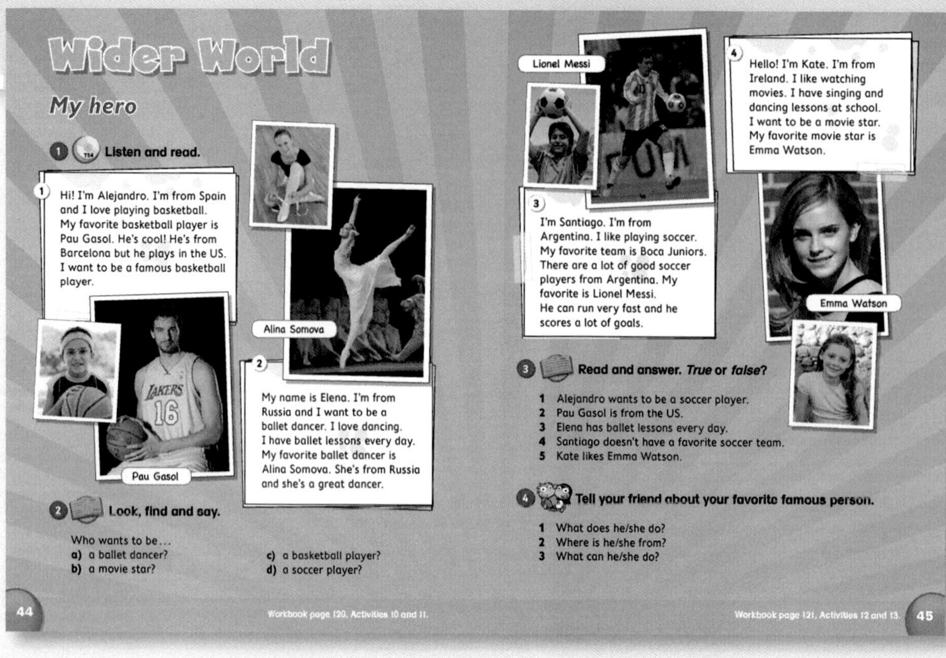
Wider World
My hero
1 Listen and read.
1 Hi! I'm Alejandro. I'm from Spain and I love playing basketball. My favorite basketball player is Pau Gasol. He's cool! He's from Barcelona but he plays in the US. I want to be a famous basketball player.
Pau Gasol
Alina Somova
2 My name is Elena. I'm from Russia and I want to be a ballet dancer. I love dancing. I have ballet lessons every day. My favorite ballet dancer is Alina Somova. She's from Russia and she's a great dancer.
2 Look, find and say.
Who wants to be...
a) a ballet dancer?
b) a movie star?
c) a basketball player?
d) a soccer player?
44
Workbook page 120, Activities 10 and 11.
Lionel Messi
3 I'm Santiago. I'm from Argentina. I like playing soccer. My favorite team is Boca Juniors. There are a lot of good soccer players from Argentina. My favorite is Lionel Messi. He can run very fast and he scores a lot of goals.
4 Hello! I'm Kate. I'm from Ireland. I like watching movies. I have singing and dancing lessons at school. I want to be a movie star. My favorite movie star is Emma Watson.
Emma Watson
3 Read and answer. True or false?
1 Alejandro wants to be a soccer player.
2 Pau Gasol is from the US.
3 Elena has ballet lessons every day.
4 Santiago doesn't have a favorite soccer team.
5 Kate likes Emma Watson.
4 Tell your friend about your favorite famous person.
1 What does he/she do?
2 Where is he/she from?
3 What can he/she do?
Workbook page 121, Activities 12 and 13.
45

## Crianças e tecnologia

As pesquisas indicam que o uso apropriado do computador como recurso tecnológico na educação é benéfico para os alunos (Clements e Sarama:2001; Byrom e Bingham:2001). De modo geral, os alunos podem aprender por meio dos computadores ou com o uso do equipamento em si. Eles aprendem por meio dos computadores quando o equipamento assume o papel de tutor, com o objetivo de ampliar conhecimento e habilidades básicos. Os alunos aprendem durante a utilização dos computadores quando o equipamento se torna uma ferramenta facilitadora, que tem o intuito de desenvolver o pensamento crítico e as estratégias de pesquisa dos alunos, além da criatividade e da imaginação (Ringstaff e Kelley:2002).

As atividades no computador precisam ser apropriadas à faixa etária e promover o ensino, visando ampliar o aprendizado, a motivação, a produtividade pessoal e a criatividade. As crianças são naturalmente curiosas, dispostas a interagir com o computador e apreciam ter oportunidades para controlar o ritmo, a velocidade e a repetição de uma atividade. Em alguns casos, elas conseguem usar um computador sem nenhum tipo de instrução prévia, por meio da curiosidade nata e por serem persistentes e não terem medo do erro (Mitra:2007).

### Computadores na Sala de Aula de Inglês

A decisão de usar computadores na aula de idiomas, incluindo a aula de inglês, requer a instituição de objetivos tecnológicos e de linguagem. Objetivos como os citados a seguir, facilitam o foco no aprendizado por parte das crianças.

| Objetivos Tecnológicos | Objetivos de Linguagem |
|---|---|
| • Familiarizar-se com as partes do computador (CPU, monitor, teclado, *mouse*, cursor, impressora, entre outros).<br>• Familiarizar-se com programas de software aprovados para a sala de aula.<br>• Familiarizar-se com as funções operacionais (selecionar, arrastar, salvar, apagar, entre outras).<br>• Familiarizar-se com busca, arquivamento, rastreamento, e organização de informações.<br>• Compartilhar informações e colaborar com outros.<br>• Desenvolver a autonomia no aprendizado. | • Usar inglês para interagir na sala de aula e para se comunicar em situações sociais.<br>• Usar inglês para descrever a si mesmo, a sua família, a comunidade e o país.<br>• Usar estratégias de aprendizagem para aumentar a competência comunicativa.<br>• Desenvolver as quatro habilidades: compreensão auditiva, fala, leitura e escrita.<br>• Pronunciar as palavras e frases em inglês de modo inteligível.<br>• Usar o registro de linguagem apropriado. |

### Referências

Byrom, E., & Bingham, M. *Factors Influencing the Effective Use of Technology for Teaching and Learning: Lessons Learned from SEIR-TEC Intensive Site Schools.* 2a. edição. Greensboro: SERVE. 2001.

Clements, D. H., & Sarama, J. Strip Mining for Gold: Research and Policy in Educational Technology – A Response to Fool's Gold. In: *Educational Technology Review.* 2001. *11*(1). p. 7–69.

Kneas, K. M., & Perry, B. D.: Using Technology in the Early Childhood Classroom. *Early Childhood Today*. Disponível em: http://www2.scholastic.com/browse/article.jsp?id=4055&FullBreadCrumbs Acesso em 27 jun. 2011.

Mitra, S. Hole in the wall – can kids learn computer literacy by themselves? *Generation YES Blog*. Disponível em: http://blog.genyes.org/index.php/2007/05/24/hole-in-the-wall-can-kids-learn-computer-literacy-by-themselves/ Acessado em 27 jun. 2011.

Ringstaff, C., & Kelley, L. *The Learning Return on Our Educational Technology Investment*. San Francisco: WestEd. 2002. Também disponível em: http://www.wested.org/online_pubs/learning_return.pdf Acessando em 27 jun. 2011.

### The Online Island

A ***Online Island*** (www.ourdiscoveryisland.com) é um ambiente imersivo que acompanha a série *Our Discovery Island*. É um produto digital inovador, que combina as metodologias tradicionalmente usadas nas aulas de inglês com jogos educativos. É um ambiente de aprendizado seguro e apropriado para crianças, que pode ser acessado:

- em computadores individuais, na escola ou em casa; e
- em grupos na escola, na sala de aula.

O ambiente fornece feedback imediato da performance do aluno e possui características que são atraentes para as crianças, como visual colorido, áudio claro com modelos de pronúncia, animações e atividades em formato de jogos, elementos que têm papel importante na motivação do aluno. A *Online Island* é cuidadosamente ajustada para agradar crianças com idades entre 6 e 11 anos, e o vocabulário-alvo e as estruturas praticadas reforçam diretamente o conteúdo do curso. As tarefas são intuitivas e claras, e os alunos recebem feedback imediato de seu progresso por intermédio de áudio ou por meio visual. O ambiente constrói, portanto, a confiança e a independência do aluno.

A *Online Island* foi criada por um time de especialistas no ensino de língua inglesa e no desenvolvimento de jogos multimídia. Ela oferece mundos digitais envolventes e ricos em conteúdo que agregam à linguagem contida no livro, e tem como foco principal a expansão do vocabulário enquanto o aluno aprende brincando por meio de jogos e tarefas. Novos conteúdos são apresentados e contextualizados gradualmente, para que eles se sintam confiantes e motivados a completar cada nível. Os conceitos principais que guiaram o desenvolvimento do ambiente virtual são:

- **Imersão**. A *Online Island* tira os alunos da sala de aula para imergi-los em um contexto coerente e crível. O conteúdo envolvente e o design encantador prendem o interesse dos alunos e os motivam a continuar a aventura. Pesquisas conduzidas com a *Online Island* indicam que até mesmo crianças muito pequenas conseguem manter a concentração e o entusiasmo por períodos longos no ambiente virtual.

- **Aprendizado informal**. A *Online Island* é divertida, e o aprendizado acontece, muitas vezes, de maneira inconsciente. Em vez de meramente reproduzir os formatos de atividades do *Student Book*, as atividades virtuais levam as crianças a aprender por meio da interação com os personagens na aventura. Eles lidam com tarefas parecidas com aquelas do mundo real, trazendo aos alunos um senso de responsabilidade e envolvimento ativo, o que é extremamente motivador. Os alunos aprendem escutando e lendo os diálogos, e por meio de exposição ao vocabulário-alvo com o uso de diálogos, do dicionário visual e nos jogos suplementares.

- **Domínio**. Atingir o equilíbrio entre o desafio e a capacidade de vencê-lo é um componente importante em qualquer jogo. A *Online Island* foi cuidadosamente desenvolvida para apresentar as habilidades necessárias para a realização de uma tarefa no começo de cada nível, para então, pouco a pouco, aumentar a complexidade da linguagem que os alunos encontrarão. É importante que eles vejam as tarefas da aventura como desafiadoras. Crianças com experiência prévia em jogos digitais já esperam falhar várias vezes antes de conseguir completar uma tarefa com sucesso. Isso torna a atividade mais — e não menos — prazerosa, quando realizada. O desafio também encoraja a exploração e a tomada de risco de maneira educacional, e o modelo de tentativa-erro-repetição-sucesso também é importante por proporcionar a exposição frequente à linguagem-alvo, assegurando que os alunos compreendam os conteúdos antes de seguir em frente.

- **Controle**. Os alunos adoram mundos virtuais e jogos on-line por se sentir livres nesses ambientes. Eles podem mover o avatar na velocidade que desejarem e na direção que escolherem. Além disso, eles também têm liberdade para experimentar e falhar sem nenhum tipo de censura ou observação. Esses aspectos oferecem às crianças confiança e motivação. A *Online Island* foi desenvolvida para dar liberdade suficiente às crianças, para que elas se divirtam com a aventura e com os jogos, mas, ao mesmo tempo, para direcioná-las cuidadosamente aos resultados de aprendizagem e expô-las gradualmente à linguagem-alvo. Um cuidadoso controle do sistema faz que os alunos tenham de completar certas atividades antes de progredirem para novas partes da aventura. O sistema de informe de desempenho os motiva a completarem todas as tarefas da cena, porém proporcionando um grau de liberdade para que as crianças determinem quando e como fazê-las.

- **Recompensa**. A *Online Island* inclui muitos dos recursos mais populares em jogos já existentes, como a coleta de itens, a customização, o design de avatares e as recompensas "escondidas" (novos personagens que aparecem assim que certas atividades são realizadas), além de feedback por meio visual ou por áudio.

## Apoio ao Professor

Sabemos que muitos professores podem não estar familiarizados com componente digitais, portanto, desenvolvemos manuais, disponíveis online e para impressão, a fim de ajudá-los a ganhar confiança usando a *Online Island* na sala de aula e, também, ajudar os alunos nas dúvidas sobre as tarefas ou atribuindo partes da *Online Island* para realização em casa. Adicionalmente, há um vídeo com o passo a passo de cada nível, para responder dúvidas sobre seções específicas da aventura, os quais também podem servir como introdução ou como suporte rápido para os professores que não têm tempo para percorrer todas as atividades do *Online Island*. Todos os professores receberão um Código de Acesso individual para a *Online Island* e, diferentemente da versão do aluno, ele contém um mapa, permitindo que os professores acessem as cenas sem ter de completá-las.

Para facilitar o gerenciamento da sala de aula, há um *Progress Review System* (PRS), no qual os professores podem registrar suas turmas e monitorar o progresso dos alunos.

## Film Studio Island

*Film Studio Island Online* é uma ilha divertida, onde os alunos podem visitar um estúdio de vida selvagem, um estúdio de efeitos especiais e um estúdio de dinossauros, entre outros locais. Eles seguem as aventuras de duas estrelas de cinema: Favolina Jolly e Madley Kool, personagens que os alunos reconhecerão do *Student Book*.

Os alunos precisam ajudar Favolina a encontrar todos os amuletos de seu bracelete, que foram perdidos. Eles também se divertem ao ajudar outros personagens em todos os diferentes *sets* de filmagem pelo caminho. Enquanto se movimentam por *Film Studio Island*, os alunos encontram e interagem com outros personagens, como Jenny, Ruby e Sam.

# Como Usar Histórias

As histórias desempenham papel essencial na aprendizagem de idiomas por permitirem que os alunos absorvam informações de uma maneira divertida e estimulante. Aprender além dos limites da sala de aula cria oportunidades para que os alunos desenvolvam a criatividade e as habilidades comunicativas. O uso de histórias na sala de aula aumenta significativamente a habilidade de compreensão auditiva e a habilidade de interagir com a linguagem-alvo e com as estruturas em uma atmosfera informal. Elas aumentam a motivação e encorajam os alunos menos confiantes a contribuir com suas ideias e opiniões, por não estarem limitados a determinadas estruturas. As histórias fornecem vários *chunks of language* contextualizados e propiciam aos alunos a oportunidade de produzirem a linguagem.

Há uma história na *Lesson 5* de cada unidade, com os personagens da *Island*, as quais servem para rever e reforçar o vocabulário e as estruturas de cada unidade. As imagens são estimulantes, e os efeitos de áudio asseguram que os alunos escutem a história avidamente do começo ao fim. Sugerimos quatro passos para usar histórias em sala de aula, que começa com uma antecipação em língua materna e termina com uma encenação (monitorada). Para manter a atenção de todos, recomendamos o uso do *Active Teach* ao trabalhar as histórias em sala de aula.

**Estágio I – Antecipando a História**

As perguntas a serem feitas antes que os alunos escutem a história oferecem ao professor a oportunidade de introduzir novo vocabulário ou de rever vocabulário e estruturas apresentadas anteriormente. Os alunos podem começar a formar uma ideia do tópico da história e de como ela se desenvolverá. Esse momento permite aos professores avaliar o quanto os alunos absorveram do conteúdo da unidade. Nesse estágio, as questões são simples, e o professor conduz uma breve discussão em língua materna. As perguntas não devem ser respondidas neste estágio, permitindo que os alunos tirem suas próprias conclusões.

**Estágio 2 – Escutando e lendo a História**

O *script* completo do áudio está no *Teacher Book*, portanto, se o acesso ao *CD player* for limitado ou se ocorrerem problemas durante a aula, os professores podem ler o texto no *Teacher Book*. Nesse estágio, os alunos escutam e leem a história, seguindo as ilustrações para confirmar suas hipóteses do estágio anterior.

**Estágio 3 – Compreendendo a História**

As perguntas a serem feitas após os alunos escutarem a história também podem ser encontradas nas instruções para o professor. Elas permitem que os professores avaliem o nível de compreensão que os alunos têm da história e da linguagem utilizada, bem como despertam a criatividade e a imaginação deles, encorajando-os a visualizar o desenvolvimento da história.

**Estágio 4 – Encenando a História**

Depois de escutar a história várias vezes, os alunos podem representá-la em grupos, tendo a oportunidade de usar *chunks of language* longos. *Realia* (objetos, fantasias, recortes de cenários ou de personagens) podem ser trazidos para a sala de aula e serem usados para tornar a experiência ainda mais estimulante. Os professores podem usar o áudio ou ler o *script* que está no *Teacher Book* enquanto os alunos representam, ou, então, os alunos podem representá-las de memória.

Seguem outras sugestões de atividades extras com as histórias.

- Enquanto os alunos escutam a história, eles fazem um gesto para o vocabulário-alvo (por exemplo, os alunos batem palmas quando escutam a palavra *purple,* ou batem os pés quando escutam a palavra *blue*);
- Os alunos acrescentam um detalhe ou desenho para determinado quadrinho da história;
- Os alunos criam um novo final para a história;
- Os alunos desenham seu personagem favorito;
- Os alunos discutem situações reais do cotidiano relacionadas à história;
- Os alunos comentam como eles se sentiriam ou como se comportariam se estivessem em uma situação semelhante à dos personagens na história.

Os **DVDs** trazem um novo contexto para a linguagem de *Our Discovery Island*, fazendo que os alunos possam reciclar a linguagem do *Student Book*. Sally, Jack e Albert sempre apresentam uma canção, e há também uma história animada de cada *Online Island*.

1 Canção
Os alunos assistem, escutam, e seguem as instruções. Ao ganharem mais confiança, eles podem cantar juntos.

2 História
Os alunos assistem à história. Pergunte o que aconteceu, passe a história novamente, parando a cada ponto-chave, e pergunte sobre a linguagem, as imagens ou a sobre história em si. Em seguida, peça aos alunos que representem a história. Atribua os papéis de dois dos personagens aos alunos mais confiantes, ao passo que outros alunos representam os demais papéis. Encoraje-os a dizer o máximo que conseguem do diálogo e ajude-os quando necessário.

O *script* do áudio e sugestões de outras atividades para o DVD podem ser encontrados no *Active Teach*.

# Dicas de Gerenciamento da Sala de Aula

*Our Discovery Island* apresenta diferentes dinâmicas de sala de aula. Elas vão desde atividades individuais até atividades em duplas, grupos e com a classe toda. Essa variedade de agrupamentos de alunos em um ambiente de aprendizado de idiomas é muito importante para o desenvolvimento de diferentes habilidades nos alunos.

Quando trabalham individualmente, os alunos têm a oportunidade de refletir sobre o que aprenderam e praticar sozinhos, seja internalizando o conhecimento ou verificando quais são suas dúvidas.

Por outro lado, quando trabalham em duplas, grupos ou com a classe toda, os alunos tomam parte de um aprendizado cooperativo, aprendendo uns com os outros. Os alunos tendem a participar mais em sala de aula quando estão engajados em uma atividade na qual podem se expressar em situações semelhantes às do dia a dia.

Diferentes agrupamentos de alunos também são positivos para o professor, que é, então, capaz de monitorar o desempenho dos alunos em duplas ou em pequenos grupos, em vez de ter de monitorar todos os alunos ao mesmo tempo.

De acordo com os professores, atribuir atividades individuais ou para a classe toda não é considerado uma tarefa difícil. Portanto, escolhemos explorar as instruções para outros tipos de agrupamento, uma vez que eles requerem um planejamento mais cuidadoso e demandam um gerenciamento maior da sala de aula por parte do professor, de acordo com o tamanho do grupo e/ou com o perfil dos alunos.

Todas as atividades apresentadas aqui são genéricas, podendo ser utilizadas com qualquer grupo (grande ou pequeno) e são apropriadas à faixa etária e ao interesse dos alunos.

### Ideias para Dividir os Alunos em Duplas e Grupos

***Alphabetical Order*:** Os alunos se juntam em duplas ou grupos, em ordem alfabética, de acordo com o primeiro ou último nome. Outra sugestão é dividi-los de acordo com o número de letras no nome.

***Animal Sounds*:** Este é um modo barulhento, mas divertido de dividir os alunos em duplas ou grupos. Escreva nomes de animais em tiras de papel e as distribua, pedindo aos alunos que não mostrem suas tiras aos demais. Quando estiverem prontos, peça a eles que reproduzam o som do animal que está escrito na tira de papel. Eles têm que encontrar outros membros de sua "família animal", agrupando-se de acordo com os sons.

***Birthday Order*:** Os alunos se juntam em duplas ou grupos de acordo com o mês ou dia de aniversário (por exemplo, Grupo 1 de janeiro a junho e Grupo 2, de julho a dezembro; dias pares e ímpares etc.).

***Candies*:** Distribua balas ou doces de cores variadas. Os alunos se juntam em pares ou grupos de acordo com a cor de sua bala/doce. Outra sugestão é pedir que eles formem um arco-íris de balas/doces e, então, formem o grupo. Eles podem comer os doces após a atividade.

***Class Band*:** Divida os alunos em grupos com quatro integrantes, seguindo o critério que desejar ou de acordo com a escolha dos próprios alunos. Cada grupo então distribui papéis a cada integrante: cantor, baterista, guitarrista e tecladista. Em seguida, peça para que todos os bateristas se juntem, em seguida os cantores, e assim por diante. Essa atividade também pode ser usada com categorias de esporte ou com partes da casa, por exemplo.

***Colored Chips*:** Entregue uma ficha colorida para cada aluno ou peça que eles retirem uma aleatoriamente de uma caixa ou bolsa. Você pode, então, combinar cores. Por exemplo, as mesmas cores juntas; cores diferentes juntas; misture dois com as mesmas cores e outros dois com cores diferentes etc.

***Colored Pencils*:** Coloque alguns lápis de cor em uma caixa ou bolsa. Os alunos que tirarem as mesmas cores estão no mesmo grupo (ou mesma dupla). Se você quiser formar grupos com quatro integrantes, tenha apenas quatro lápis de cada cor. Você pode formar duplas com lápis de cores claras com os de cores escuras (por exemplo, azul escuro – azul claro; verde escuro – verde claro).

***Concentric Circles*:** Os alunos fazem dois círculos. Os alunos do círculo interno conversam com os alunos do círculo externo. Em seguida, todos os alunos do círculo externo se movem para a direita e conversam com outros alunos. Desse modo, eles continuam encontrando alunos diferentes e tendo a oportunidade de repetir a atividade diversas vezes. Outra sugestão é manter metade dos alunos em seus lugares, ao passo que a outra metade circula pela sala, indo de carteira em carteira, em sentido horário, para falar com alunos diferentes.

***Facing Rows*:** Os alunos da fileira da frente se viram para falar com os alunos da segunda fileira; os alunos da terceira com os alunos da quarta, e assim por diante. O mesmo procedimento pode ser seguido com alunos da esquerda/direita.

***Favorites*:** Divida os alunos em grupos ou duplas de acordo com a atividade favorita deles (por exemplo, praticar esportes ou dançar). Outras categorias também podem ser escolhidas, como cores favoritas, animais favoritos etc.

***Fruit Salad*:** Cada aluno escolhe sua fruta favorita, ou, então, você pode distribuir uma foto de fruta para cada um deles. Em seguida, forme grupos de acordo com os tipos de fruta. Uma salada de frutas deve conter pelo menos quatro ingredientes diferentes.

***Horseshoe Setting*:** Os alunos organizam as carteiras em formato de ferradura. Esta formação coloca o foco na lousa, mas também há como trabalhar em duplas ou grupos. É possível unir as carteiras para formar duplas, ou colocar duas fileiras de carteiras lado a lado para formar grupos.

***Matching*:** Os alunos pegam uma foto de um animal de dentro de uma caixa ou uma bolsa e, então, são agrupados de acordo com o animal da foto (por exemplo, todos os cachorros, todos os pássaros etc).

***Numbered Flowers*:** Prepare flores pequenas feitas de palito de sorvete e papel colorido. Escreva um número na base de cada palito e "plante-os" em um vaso com terra ou areia. Cada aluno colhe uma flor e, então, se junta a um par ou grupo de acordo com o número inscrito no palito. Por exemplo, mesmos números, números sequenciais, pares ou ímpares, etc.

***Numbered Heads*:** Atribua um número para cada aluno, de acordo com o número de alunos por grupo. Por exemplo, em uma classe com vinte alunos, você pode ter cinco grupos com quatro integrantes em cada. Portanto, atribua números de 1 à 4 a cada aluno e, então, peça para todos os alunos com números iguais que se juntem.

***Opposites Attract*:** Os alunos se juntam a alguém que tenha alguma característica física diferente da deles. Por exemplo, cor de cabelo diferente; menino – menina; alto – baixo; olhos pretos – olhos verdes.

***Picture Puzzle*:** Separe conjuntos de fotos ou desenhos diferentes, cortados como se fossem quebra-cabeças (material preparado antes da aula). Ao cortar os quebra-cabeças, faça a quantidade de peças de acordo com o número de alunos que você quer por grupo. Cada aluno recebe um pedaço do quebra-cabeça, e eles circulam pela sala, tentando encontrar uma peça que se encaixe na peça deles. Todos que tiverem peças do mesmo quebra-cabeças ficam no mesmo grupo.

***Question & Answer*:** Metade dos alunos recebe perguntas e a outra metade, as respostas. Os alunos encontram seus pares ao relacionar perguntas e respostas.

***Rock, Paper, Scissors (or any other similar game)*:** Os alunos se juntam em duplas ou grupos após terminarem o jogo (por exemplo, todos os que vencerem o jogo ficam no mesmo grupo, e assim por diante). Qualquer jogo de sorte pode ser usado para dividir os alunos em duplas ou grupos, mas evite jogos que requerem habilidade ou qualquer outro tipo de estratégia.

***Similarities*:** Os alunos se agrupam de acordo com algo que tenham em comum (por exemplo, mesma cor de cabelo, mesma cor de roupa, tamanho do sapato, altura, tamanho de roupa, cor favorita etc.

***Stand and Sit*:** Metade dos alunos se levanta e a outra metade se mantém sentada. Desse modo, serão formados dois grupos. Você pode dividi-los em grupos menores, atribuindo uma ação diferente para uma parte de cada grupo.

***Strategic Grouping*:** Dependendo do propósito da atividade, você pode querer agrupá-los usando alguma dessas combinações: alunos mais confiantes e menos confiantes, alunos mais confiantes somente, alunos menos confiantes juntos, alunos mais expansivos com alunos menos expansivos etc. Qualquer que seja a sua escolha, não deixe que os alunos saibam o motivo da combinação do agrupamento.

### Sinalizando que a atividade se encerrou

Alguns professores relutam em usar diferentes tipos de agrupamento de alunos ou até mesmo de sugerir atividades de conversação e jogos para turmas grandes, em virtude do receio de barulho e desordem, e também por conta da dificuldade em encerrar a atividade e retomar a aula após uma atividade mais ativa. Pensando nisso, apresentamos algumas sugestões para ajudar os professores a lidar com esta situação.

Com crianças, especialmente as menores, é aconselhável ser consistente na atividade que você escolher para chamar a atenção delas para retomar aula. Portanto, use a mesma atividade por um período longo, para que os alunos se acostumem a ela. Quando decidir trocar de atividade, avise os alunos e pratique a atividade antes de usá-la efetivamente.

### Atividades para chamar a atenção dos alunos e retomar a aula

***Can You Hear Me?*** Comece a falar bem baixinho com os alunos e diga *If you can hear me raise your hand*. Os alunos escutam e erguem as mãos, o que chamará a atenção dos demais alunos, que farão o mesmo.

***Clapping*:** Bata palmas em diferentes ritmos e velocidades. Os alunos o seguem, batendo palmas também. Diga *Clap once if you can hear me*. Alguns alunos seguem o comando. Então diga *Clap twice if you can hear me*. E finalmente, *Clap three times if you can hear me*. A essa altura, os alunos já terão notado que a atividade se encerrou.

***Eyes on Me*:** Conte até três dizendo *One, two, three... eyes on me!* Os alunos interrompem a atividade e dizem *One, two three... eyes on you!* Desde modo, se os demais alunos não escutarem você, eles escutarão os colegas, e então perceberão que a atividade se encerrou.

***Give Me Five*:** Levante sua mão e diga, *Give me five*. Os alunos colocam as mãos para cima e dizem *Five*. Eles então começam a contar de 1 à 5. Se isso não chamar a atenção deles, diga *Give me five again*. Os alunos repetem a contagem.

***Lights Off*:** Apague a luz e a acenda novamente para chamar a atenção dos alunos.

***Raising Hands*:** Levante as mãos. Espere até que os alunos notem suas mãos para o alto e gradativamente parem de conversar.

***Ring a Bell*:** Programe um alarme para o tempo que você deseja que a atividade dure ou, então, toque um sino. Quando os alunos escutarem o som, eles param a atividade.

***Silent Request*:** Crie um sinal para silêncio. Então pratique o sinal com seus alunos até que saibam que, toda vez que fizer aquele sinal, é hora de encerrar a atividade.

***Singing*:** Toque ou cante uma canção de *Our Discovery Island*. Os alunos devem acompanhar.

***Stop Light*:** Faça um semáforo em papel, com círculos coloridos removíveis. Quando estiver no verde, os alunos podem conversar em duplas ou em grupos. Quando estiver em amarelo, eles devem se preparar para encerrar a conversa. Quando estiver em vermelho, é hora de parar de falar. Se eles estiverem conversando muito alto, você pode rapidamente mudar do verde para o vermelho. Ao ficarem mais quietos novamente, volte para o verde.

***Voices*:** Quando você disser *Voices*, os alunos dizem *Shhh...*, bem baixinho. Repita o procedimento até que tenha a atenção de todos.

### Critical Thinking

#### *Think*!

Nos níveis 3 à 5, *Our Discovery Island* fornece uma tarefa de extensão chamada *Think!* (que aparece na *Lesson* 6 ou na lição *Wider World*). Essas tarefas foram desenvolvidas com o objetivo de propiciar aos alunos um desafio extra e também a motivação para resolver um problema ou responder a uma pergunta, com intuito de desenvolver suas habilidades de pensamento crítico. As tarefas e as sugestões pedagógicas são totalmente explicadas nas orientações para o professor.

Se você decidir realizar uma tarefa da seção *Think!*, comece escrevendo-a na lousa. Então explique a tarefa em L1 e encoraje os alunos a fazerem um *brainstorming* em duplas ou em grupos pequenos. Peça a eles que citem algumas respostas possíveis como hipóteses e enfatize a importância da justificativa das respostas. Se o problema ou questão puderem ser pesquisados, convide os alunos a verificarem suas hipóteses procurando informações na biblioteca da escola ou *online*, na aula ou em casa.

Há certas perguntas que você poderá fazer que propiciarão o desenvolvimento das habilidades de análise e de raciocínio lógico. Elas podem ser feitas durante a atividade *Think!* e também durante outras atividades do livro. Veja alguns exemplos abaixo:

- O que você já conhece sobre este assunto?
- O que aconteceria se ________________________?
- Quais conexões você vê entre ________ e ________?
- Onde você poderia pesquisar para verificar esta informação?
- Quais evidências do texto lhe dizem que ________________________?
- O que você acha que (personagem da história) fará em seguida?
- Como você imagina ________________?

Se os alunos precisarem realizar algum tipo de pesquisa para completar a tarefa *Think!*, é importante que a contribuição de todos (texto, imagens, vídeos etc.) sejam apresentados ou compartilhados de algum modo com a sala toda. Aproveite esses momentos para discutir a relevância e a confiabilidade das fontes utilizadas na pesquisa. Você também pode aproveitar essa oportunidade para convidar um "especialista" no assunto (outro professor, um pai/responsável, ou um aluno que goste do assunto e que tenha estudado muito sobre ele) a visitar sua classe em uma data oportuna —ou use um aplicativo para bate-papo via Internet, se houver tecnologia disponível — para se aprofundarem no assunto.

# Conteúdo Programático

| Unit | Vocabulary | Structures |
|---|---|---|
| WELCOME | 50–100 / Months<br>jungle, movie star, make (a movie), shark, studio | |
| 1 FREE TIME | cooking, playing computer games/the guitar, riding a scooter, skateboarding, skiing, watching TV<br>help, find, lying in the sun, detective, listening, looking for / climbing the stairs, lighthouse / slide<br>stadium, water park | Does (he) like (reading)? / Yes, (he) does./ No, (he) doesn't. / What do you like doing? Do you like (playing the guitar)? Yes, I do./No, I don't. / I'm from (Canada). |
| 2 ANIMALS | crocodile, elephant, giraffe,hippo, lion, monkey<br>Africa, leaves, live<br>tongue, trunk | Do (lions/they) eat meat?<br>Yes, they do./No, they don't<br>(Lions/They) live in (Africa).<br>(My cat/He/She/It) lives (with me). |
| 3 WEATHER | cloud, rain, snow, storm, the sun, wind<br>stormy, wet<br>fall, spring, summer, winter, season, year<br>blow, fly my kite, laugh, shine, sky, splash | What's the weather like (today)?<br>It's (cold) and (snowy).<br>It's (spring).<br>It (snows) in the (winter). |
| 4 MY WEEK | do gymnastics, do karate, go skateboarding, go swimming, have ballet lessons, have music lessons<br>bus, car, train<br>far, singing lessons, work<br>children, plane, radio, rivers, roads, snowmobile | What do you do on (Saturdays)? / I (do gymnastics) at (ten o'clock). / (He) has (music lessons) at (four o'clock) / What time do you (do karate)? / I (do karate) at (two thirty) / How do you go to (school)? / I go to (school) by (bus). / How does (he) go to (the park)? / (He) goes to (the park) by (bike). / (He) walks to (the park). / Does (he) walk to work? / He goes to work by (car) |
| 5 JOBS | ballet dancer, builder, doctor, farmer, movie star, teacher<br>champion, medals, Olympic Games, go shopping<br>famous, goals, score | What do you want to be?<br>I want/don't want to be a (farmer).<br>Does (he) want to be a (builder)?<br>Yes, (he) does./No, (he) doesn't.<br>I love (dancing/animals). |
| 6 RAINFOREST | bridge, mountain, valley, waterfall / behind, in front of, next to / claws, jaws / curly, pretty, tiny / hippo, jaws, river bed / swing / hippo, hummingbird, spider, tapir | (It) is (behind/in front of/next to) the (box).<br>They have (curly tails). |
| 7 FEELINGS | thrilled<br>crying, laughing, shouting, smiling<br>naughty, long goodbyes, make faces,<br>always, diver<br>choir, fireworks, lantern, traditional | Why is (he) (crying)? / Because (he)'s (sad). / It's funny. / What makes you feel (happy)? / (Sunny days) make me feel (happy). / What makes you (cry)? / (Sad films) make me (cry). / How does it make you feel? / It makes me feel (happy). |
| 8 BY THE SEA | beach, fishing, horseback riding, sailing, snorkeling, surfing<br>crazy about, really, scene<br>butterfly fish, coral reefs, dead, global warming, parrotfish, save, seahorse, sea snakes, starfish | What's everyone doing?<br>What are you (scared of)?<br>I'm scared/not scared of (sharks).<br>I'm bored with (toy cars).<br>I'm fond of (fishing).<br>I'm terrified of (sharks). |
| Holiday • Mother's day | Mother's Day, toast, tea, rose, box of chocolates, care, know, treat, | |
| Holiday • Christmas | dessert, ham, potatoes, snow balls, snowman, turkey, vegetables, yard / special, turkey, sprouts, pudding, crackers / snowball, snowman, hanging | |

| Recycled Language | Cross-Curricular | Values |
|---|---|---|
| Appearance, Clothes / Hello. My name's (Ruby). / 'm (John). / This is my (sister), (Jenny). / (She) likes (movies). / Do you like (Daniel Radcliffe)? / Yes, I do./No, I don't. / I love (Madley Kool). / cool, favorite, monster | | |
| cleaning, eating, playing soccer, reading, riding a bike, sleeping, swimming<br>snowy, sunny<br>boat, favorite food | Social Science:<br>Special houses | Spending time with friends and family |
| They're (crocodiles) ./They're (big).<br>(Elephants) can (play with a ball), but they can't (jump).<br>They don't (sleep very much).<br>big, drink, ears, eat, feet, fruit, grass, insects, jump, meat, play, sleep, stand up, strong, swim | Science:<br>Amazing animals | Respecting animal life |
| Actions, Feelings<br>cold, hot, cloudy, rainy, snowy, sunny, windy<br>apples, birds, flowers, park, sing, trees<br>circle, houses<br>long (arms), zoo | Geography:<br>Hurricanes | The importance of preserving wildlife |
| bike, boat, park, school<br>busy<br>He can't swim. | Social Science:<br>How children go to school | The importance of study and education. |
| Actions<br>astronaut, basketball player, firefighter, police officer, soccer player<br>breakfast, lunch, shoes<br>I'm from (Russia). | PE:<br>I want to be a champion! | The importance of goals and aims |
| Animals, Actions, Food, Prepositions, Weather / rainforest, river, sea / (long) arms, eyes, feet, legs, (sharp) tails, wings small | Geography:<br>The Amazon rainforest | The importance of respecting small animals and plants |
| Animals, Clothes, Free-time activities, Weather<br>angry, funny, happy, hungry, sad, scared, thirsty, tired, eating, drinking, movies<br>sharp claws, teeth<br>bus, dragon, train | Music:<br>Movie posters and music | The importance of caring for others |
| Actions, Animals, Free-time activities, Weather<br>cheese, pasta, sea, toy cars<br>What's (Cleo) doing?<br>How does (this coral reef) make you feel? | Science:<br>Save the reefs | The importance of protecting the seas and sea life |
| Feelings<br>always , breakfast<br>present | | |
| Weather<br>board games, dinner, lunch lights | | |

# Our Discovery Island

## Film Studio Island

## 4

## LIVRO DO PROFESSOR

José Luis Morales

PEARSON

DISCOVERY STUDIOS
1
Wow!
FILM STUDIO ISLAND TOURS
2
Welcome to Discovery Studios.
3
STAGE 23
Do you like jungles?
Whoa! Sorry!
4
Hey! I **like** jungles. Look at **me!**
5
Aarrgh! I don't like monsters!
Miaoooow!
15
T02

STORY
6
Look! It's Madley Kool! I **love** Madley Kool.
7
He's tall **and** strong **and** he's **really** cool.
8
He's making a movie here.
9
Madley Kool? Really? Here?
He's my favorite movie star.
10
It's a movie about . . .
11
SHARKS!

# Discovery Studios

**Objetivos da aula**
Apresentar os personagens e a história.
**Linguagem-alvo**
*jungle; movie, movie star, studios; shark; He's tall and strong.*
**Linguagem reciclada**
*cool, favorite; Do you like (jungles)? I like (jungles). I don't like (monsters); I love (Madley Kool).*
**Materiais**
*Multi-ROM*

### Começando a aula

- Cumprimente os alunos dizendo *Hello/Welcome* à medida que eles forem entrando na sala de aula. Apresente-se dizendo, por exemplo, *I'm* (*nome*) ou *I'm Miss/Mrs./Mr.* (*sobrenome*), dependendo da cultura da escola.
- Aponte para um aluno e pergunte: *What's your name?* Faça o mesmo com os outros alunos até que todos tenham se apresentado. Se houver novos alunos na sala, apresente-os de modo diferenciado, dizendo, por exemplo, *Children, this is* (*nome*), *a new friend. Say hello to* (*nome*).

**SB pages 2-3**

### Apresentação

- Chame a atenção dos alunos para a história e incentive-os a descobrir do que se trata (L1). Eles podem olhar as outras páginas do livro para ter ideias. Em seguida, escreva as previsões dos alunos na lousa.
- Aponte para os personagens e diga os nomes deles — esses são, da direita para a esquerda no quadrinho 1, Sam, Jenny, John e Ruby. Aponte para o quadrinho 5 e apresente Cleopatra, a gata. Em seguida, escreva os nomes na lousa e repita-os um por um.
- Pergunte *Where are the children?* Aponte para o símbolo *Discovery Studios*, no quadrinho 1 e explique (L1) que eles produzem filmes em estúdios.
- Para apresentar os filmes, dê alguns exemplos de títulos famosos de que os alunos provavelmente gostam e, então, pergunte a vários deles *What's your favorite movie?* Para apresentar um *movie star*, use como exemplo alguns atores e atrizes famosos. Aponte para Madley Kool no quadrinho 6 e diga *He's a movie star*. Em seguida, apresente os outros itens do vocabulário de que os alunos precisam para entender a história.

## 1 Listen.

- Diga, *Now, we're going to listen to the story. Listen and look at the pictures*. Se necessário, faça algumas mímicas para deixar o significado mais claro.
- Toque T02 e peça aos alunos que ouçam e verifiquem se suas previsões estavam corretas. Em seguida, toque a faixa novamente e peça aos alunos que acompanhem em seus livros.
- Divida os alunos em grupos (veja algumas ideias para formação de grupos nas pp. XII e XIII) e determine um personagem para cada. Toque T02 novamente e peça aos alunos que, sem sair de seus lugares, repitam os trechos correspondentes a seus personagens. Você pode convidar alguns alunos para encenar a história.

**Encerrando a aula**

- Divida os alunos em dois grupos e peça a eles que fechem os livros. Reconte a história, cometendo alguns erros intencionais. Cada vez que um aluno identificar um erro, ele levanta as mãos e faz a devida correção. Os grupos ganham pontos por cada correção feita por um dos membros do grupo.
- Incentive os grupos a prever o que acontecerá na história nas unidades seguintes.

ATIVIDADE OPCIONAL

**Game**

Jogue *Pass the Secret* (ver p. T88) com um dos trechos da história.

# Welcome

**1** T03 **Listen and say.**

**2** T04 **Listen and answer.**

1 Sam, 2 Jenny, 3 Ruby, 4 John

**3** **Ask and answer.**

Do you like . . .?

Yes, I do.

No, I don't.

Workbook page 90, Activity 1.

## 4 T05 Listen and say.

## 5 T06 Listen and sing.

January, February,
March, April,
May or June.
What's your favorite?
What's your favorite?
What's your favorite month?
July, August,
September, October,
November or December.
What's your favorite?
What's your favorite?
What's your favorite month?

## 6 T07 Listen and say.

## 7 T08 Listen and point.

53 77 54
81 75 89
98 66



Workbook page 91, Activities 2 and 3.

## Lesson I

**Objetivos da aula**
Compreender uma descrição e identificar a si mesmo e aos outros; conversar sobre o que gosta/não gosta.
**Linguagem reciclada**
Appearance, Clothes, Colors; *movie star, movies; What's your name? I'm (John) / My name's (Ruby); Do you like (Jim Carrey)? Yes, I do. / No, I don't.*
**Materiais**
*Multi-ROM*, uma bola macia ou saquinho de areia/feijão, fotos de pessoas famosas

**Começando a aula**
- Jogue *Ball/Bean Toss* (ver p. T89) para rever a linguagem dos níveis anteriores. Essa também é uma oportunidade para os alunos se conhecerem melhor, apresentando-se e falando um pouco, por exemplo, sobre do que gostam e do que não gostam.

**SB page 4**

**Apresentação**
- Aponte para os personagens e pergunte *Who's this?* Se você ainda não trabalhou com a história do *Discovery Studios*, apresente os personagens e, então, aponte para a prancha de *skate* e pergunte, *What is it?*
- Use a aparência e as roupas dos personagens para revisar a linguagem. Aponte para (Ruby) e pergunte, *Does* (*she*) *have* (*a long dress*)? *Does* (*she*) *have* (*long hair*)?
- Convide alguns alunos e peça a eles para descreverem os personagens.

### 1 Listen and say.
- Direcione a atenção dos alunos para a imagem novamente e pergunte *Where are they?* (*At Discovery Studios*).
- Diga aos alunos (L1) que os personagens estão se apresentando e, então, toque T03 e peça a eles que acompanhem em seus livros.
- Peça aos alunos que fechem o livro e toque T03 pela segunda vez, pedindo a eles para adivinhar quem está falando.
- Agora divida os alunos em grupos de quatro pessoas, escolha um personagem para cada membro do grupo e peça a eles que, sem sair de seus lugares, repitam o trecho correspondente ao seu personagem.

### 2 Listen and answer.
- Aponte para os diferentes personagens e peça aos alunos para dizerem algo sobre cada um deles (ex.: no caso de Jenny, eles podem dizer *She likes Madley Kool*). Então, diga a seus alunos que eles ouvirão a descrição dos personagens e então deverão adivinhar quem está sendo descrito.
- Toque T04 enquanto os alunos olham cuidadosamente para a imagem. Você pode pedir a eles que escrevam seus palpites no caderno.
- Toque o áudio novamente, fazendo pausas após cada questão, para que os alunos possam dizer o nome correto.

**T04**
1 He has blond hair. He likes skateboards. He's 8. What's his name?
2 She likes music, movies and Madley Kool. She has a brother. She's 11. What's her name?
3 She has pink glasses. She's wearing a skirt. She's 9. What's her name?
4 He has a sister. He has red hair. He's 8. What's his name?

**Atividade em grupo**
- Divida os alunos em pequenos grupos (veja ideias de como dividir os alunos em grupos nas pp. XII e XIII). Peça a eles (L1) que escolham um personagem e escrevam mais uma pergunta para o restante da sala, por exemplo, *She has white sneakers and a purple T-shirt. What's her name?* (*Jenny*)

### 3 Ask and answer.
- Fixe imagens de pessoas famosas na lousa e peça aos alunos para nomeá-las. Então, pergunte, *Do you like...?* (*Yes, I do. / No, I don't.*) **Nota:** escolha fotos de pessoas famosas que sejam familiares aos alunos.
- Então, chame a atenção dos alunos para as fotos das pessoas famosas na página e pergunte se eles as reconhecem (são astros de cinema) e se lembram de algum filme estrelado por esses atores.
- Agora, divida os alunos em duplas (veja ideias de como dividir os alunos em duplas nas pp. XII e XIII). Os alunos perguntam e respondem sobre essas pessoas utilizando a linguagem dos balões de fala. Monitore as duplas e, se for necessário, ajude com a pronúncia.

**Jogo**
- Divida os alunos em dois grupos. Um aluno do Grupo A escolhe uma das pessoas famosas da Atividade 3 e a descreve, mas sem dizer o nome, e o Grupo B tenta adivinhar a quem corresponde a descrição. Em seguida, eles invertem os papéis. Você também pode trazer para a aula mais fotos de pessoas famosas, a fim de tornar a atividade mais desafiadora.

**Encerrando a aula**
- Jogue *Bingo* (ver p. T89). Deixe que os alunos escolham o tópico para o jogo.

**ATIVIDADE OPCIONAL**
**Game**
Jogue *Conversation Relay* (ver p. T89).

**WB page 90**

### 1 Read and write. Then match.
- Os alunos leem as descrições, as completam com o nome do personagem e, em seguida, as ligam às imagens corretas.

## Lesson 2

**Objetivos da aula**
Aprender os números de 50 a 100 e os meses.
**Linguagem-alvo**
*Months, Numbers 50 – 100*
**Linguagem reciclada**
*Days of the week, Numbers 1 – 50*
**Materiais**
*Multi-ROM*, calendário, cartões com os meses (preparados pelo professor), cartões com os números 10-50 preparados pelo professor, fita crepe

### Começando a aula

- Jogue *Bingo* (ver p. T89) para revisar os números de 1 a 50.
- Revise os dias da semana com um calendário, apontando para ele e perguntando *What day is today?* Escreva os dias da semana na lousa, pronuncie as palavras e peça aos alunos que repitam. Então, peça para cada aluno escolher um dia da semana. Em seguida, diga os dias da semana e, cada vez que os alunos escutarem o dia que escolheram, eles se levantam e sentam rapidamente.

**SB page 5**

### Apresentação

- Mostre o mês atual no calendário e diga em voz alta (*February*). Então, pergunte aos alunos (L1) qual mês vem antes dele (*January*) e qual vem depois (*March*). Escreva os meses em ordem cronológica na lousa e continue até que todos tenham sido escritos.

### 4 Listen and say.

- Toque T05 uma vez, mostrando as páginas do calendário uma a uma ou apontando para as palavras na lousa.
- Toque a faixa novamente, fazendo pausas após cada mês, e peça aos alunos que repitam. Então, os alunos dizem o nome dos meses em ordem cronológica. Continue o exercício até que todos os alunos da sala tenham participado.
- Chame a atenção dos alunos para o uso de letras maiúsculas quando se escreve o nome dos meses.

> January, February, March, April, May, June, **T05**
> July, August, September, October, November, December

### 5 Listen and sing.

- Toque T06 e peça aos alunos que acompanhem em seus livros. Então, toque a faixa novamente mais algumas vezes até que os alunos tenham segurança de cantar a música sozinhos.
- Entregue aos alunos os cartões feitos em casa com os nomes dos meses e peça a eles que se levantem quando for mencionado o mês que está em seu cartão.

### Extra!

- Fixe os cartões pela sala, toque T06 novamente e peça aos alunos que dirijam-se ao cartão correspondente ao mês favorito quando ouvirem a pergunta *What's your favorite month?* Peça a alguns voluntários para explicarem suas preferências (L1).

### Apresentação

- Revise os números de 10 a 50 com os cartões feitos em casa, contando os números juntamente com a classe. Quando chegar ao número 50, peça aos alunos que adivinhem qual número vem em seguida e, então, peça aos alunos que digam os outros números.

### 6 Listen and say.

- Toque T07 e peça aos alunos que apontem os números na página. Em seguida, toque novamente, fazendo pausas entre cada um dos números de modo que os alunos possam repetir.

### 7 Listen and point.

- Escreva na lousa alguns números entre 50 e 100 e convide um aluno a vir à frente da sala de aula. Diga um número e peça ao aluno que o circule na lousa. Faça o mesmo com os outros alunos.
- Toque T08 e peça aos alunos que ouçam, repitam e apontem o número correto na página.
- Peça aos alunos que fechem os livros e, então, toque T08 novamente, pausando depois de cada número. Convide os alunos a escrever na lousa os números que eles escutaram.

> 89, 77, 98, 54, 66, 81, 75, 53 **T08**

### Encerrando a aula

- Divida os alunos em grupos (veja ideias de como dividir os alunos em grupos nas pp. XII e XIII) e peça a eles que fiquem em pé. Diga aos grupos (L1) para formarem fila de acordo com a ordem cronológica dos meses em que nasceram e explique a eles que cada um só poderá dizer o mês em que nasceu (eles não podem utilizar português ou qualquer outra palavra em inglês). O primeiro grupo a formar a fila na ordem correta será o vencedor.

**ATIVIDADE OPCIONAL**
**Game**
Jogue *Jumping the Line* (ver p. T88) para revisar os números de 50 a 100, utilizando o conceito de números pares e números ímpares.

**WB page 91**

### 2 Read and complete. Then draw yourself.

- Os alunos completam sua descrição e, então, fazem um desenho de si próprios.

### 3 Look and number.

- Os alunos olham para os meses listados aleatoriamente e os numeram na ordem correta.

# 1 Free time

**1** T09 **Listen, point and say.**

**2** T10 **Listen and point.**



Workbook page 92, Activity 1.

## 3 Chant.

Madley Kool, Madley Kool,
He likes playing soccer,
and swimming in the pool.
Does he like skiing and watching TV?
Yes, he does. Just like me!

Does he like cooking?
Does he like cooking?
No, he doesn't.
And he doesn't like cleaning.

**LOOK!**

**Does** he **like playing** soccer?
Yes, he **does**./No, he **doesn't**.

## 4 What do Jenny and Sam like? Listen and circle.

## 5 Ask and answer.

Does Sam like cleaning?

No, he doesn't.

# 1 Free time

## Lesson 1

**Objetivos da aula**
Apresentar e praticar o novo vocabulário; apresentar a nova estrutura.
**Linguagem-alvo**
*cooking, skiing, watching TV; I like (cooking). (He) likes (playing soccer).*
**Linguagem reciclada**
*Actions*
**Materiais**
*Multi-ROM, Flashcards (Actions, Free time)*, cartões com os meses (preparados pelo professor), papel sulfite, lápis de cor e canetinhas

### Começando a aula

- Convide os alunos a vir à lousa e escolher um cartão com o nome de um mês. Eles desenham ou fazem mímicas para representar o mês (ex.: bandeira do Brasil para setembro ou fogos de artifício para dezembro) e o restante dos alunos adivinha qual é o mês.

**SB page 6**

### Apresentação

- Apresente as *free-time activities* utilizando os *flashcards*. Explique (L1) que são coisas que as pessoas fazem quando não estão na escola ou no trabalho. Levante-os um por vez e diga as palavras/frases e peça aos alunos que repitam. Levante os *flashcards* novamente e peça aos alunos (um de cada vez), que digam a palavra.

### 1 Listen, point and say.

- Chame a atenção dos alunos para as *free-time activities* na parte inferior da página e, então, toque T09, fazendo pausas após cada palavra/frase, para que os alunos possam encontrar a figura. Toque novamente, fazendo pausas entre cada palavra/frase, mas desta vez peça aos alunos que repitam.
- Pergunte aos alunos *What's number (three)?* Eles olham para as imagens e respondem à sua pergunta. Se você quiser tornar a atividade mais desafiadora, peças aos alunos que fechem os livros e tentem dizer as *free-time activities* apenas usando a memória.

### Apresentação

- Faça mímicas de atividades esportivas e diga, por exemplo, *I like playing tennis.* Dê mais alguns exemplos utilizando os *flashcards* do nível anterior e, então, pergunte individualmente a alguns alunos, *And you? What do you like doing?* Os alunos respondem à pergunta.
- Em seguida, diga, *I don't like swimming*, e peça aos outros alunos que deem outros exemplos, certificando-se de que eles utilizem verbo + *-ing* em suas respostas.
- Embaralhe os *flashcards* das *free-time activities* e das ações e peça a um aluno que escolha um. Ele mostra o *flashcard* para a sala e forma uma frase (ex.: *I like watching TV*). Use a frase do aluno para dar um exemplo da terceira pessoa do singular (ex.: *He likes watching TV*). Faça o mesmo com os outros alunos.
- Se os alunos quiserem manter um registro escrito da estrutura, escreva os exemplos deles na lousa e peça a eles que copiem no caderno.

### 2 Listen and point.

- Chame a atenção dos alunos para a ilustração principal, aponte os personagens e pergunte *Who's this?* Então, pergunte *Where are the children?* Os alunos olham para a figura e procuram pistas (ex.: fotografias na parede). Explique (L1) que Ruby, John, Jenny e Sam estão no *trailer* do estúdio de filmes do Madley Kool.
- Em seguida, diga aos alunos que eles ouvirão os personagens falarem sobre o trailer de Madley Kool. Toque T10 e aponte para as atividades à medida que elas forem sendo mencionadas.
- Foque na figura e diga, por exemplo, *He likes playing soccer*. Os alunos apontam para o objeto que representa a atividade (a bola de futebol). Faça o mesmo com os outros itens da ilustração principal.
- Pergunte (L1) aos alunos se eles acham que o trailer do Madley Kool está limpo e organizado. Você pode utilizar a ilustração principal para discutir a importância da limpeza.

**T10**

| | |
|---|---|
| **Jenny** | Where's Madley Kool? Is he here? |
| **John** | No, he isn't. |
| **Jenny** | Look at his room! |
| **John** | He likes playing soccer. |
| **Sam** | Look at the photos! He likes skiing. Hmm, does he like swimming? |
| **John** | Yes, he does. And he likes watching TV. |
| **Jenny** | But he doesn't like cooking. |
| **Ruby** | Ugh! He doesn't like cleaning! |

### Encerrando a aula

- Jogue *I Spy* (ver p. T90) com dois itens da ilustração principal.

**ATIVIDADE OPCIONAL**
**Make a poster**
Entregue uma folha de papel aos alunos (L1) para que eles desenhem a si próprios e as coisas que eles gostam de fazer. Eles escrevem algumas frases para descrever os desenhos (ex.: desenhar uma raquete e escrever *I like playing tennis*). Mostre os minipôsteres nas paredes da sala de aula.

**WB page 92**

### 1 Match.

- Os alunos identificam as palavras e as ligam às figuras correspondentes.

## Lesson 2

**Objetivos da aula**
Revisar o vocabulário da *Lesson* 1 com uma canção; apresentar a nova estrutura.
**Linguagem-alvo**
*Does (he) like (skiing)? Yes, (he) does./No, (he) doesn't.*
**Linguagem reciclada**
*Actions, Free-time activities*
**Materiais**
*Multi-ROM, Flashcards* (*Actions, Free time*), bola de papel

**Começando a aula**

- Convide os alunos a vir ao quadro e dê um *flashcard* a cada um deles. Eles erguem o *flashcard* e, então, sorriem ou franzem a testa. A sala diz a frase correta, por exemplo, *(He) likes (cooking).* Faça o mesmo outros alunos.

**SB page 7**

**Apresentação**

- Chame a atenção dos alunos para a ilustração principal e pergunte *Does Madley Kool like (cooking)?* Os alunos somente respondem *Yes* ou *No*. Repita as palavras e diga *Yes, he does./No, he doesn't.* Faça o mesmo com as outras *free-time activities*.

### 3 Chant.

- Chame a atenção dos alunos para a música, toque T11 e peça aos alunos que ouçam e acompanhem as palavras. Toque a faixa novamente, fazendo pausas depois de cada frase, para que os alunos possam repetir.
- Toque a faixa pela terceira vez para que os alunos cantem. Para ajudá-los, fixe os *flashcards* (*free-time activities*) na lousa e aponte para eles à medida que as palavras forem mencionadas.
- Agora, divida os alunos em dois grupos (veja ideias de como dividir os alunos em grupos nas pp. XII e XIII). Toque a música de novo e peça aos alunos que cantem as frases alternadamente.

**Apresentação**

- Chame a atenção dos alunos para as perguntas e respostas curtas na caixa *Look!* e as escreva na lousa (de modo que todos os alunos possam acompanhar sua explicação), apontando para as palavras destacadas. Explique (L1) que eles precisam usar uma ação que termina em *–ing* depois de *like* e que precisam usar *does* em questões e respostas curtas com *he* e *she*. Utilize diferentes cores (ou sublinhe/circule os itens nas frases) para ajudar os alunos a entender as estruturas e a regra.
- Peça aos alunos outras questões sobre Madley Kool e as escreva na lousa, juntamente com as respostas correspondentes. Peça aos alunos que copiem os exemplos no caderno.

**Extra!**

- Fixe os *flashcards* (*Free-time activities* e *Actions*) na lousa e peça aos alunos que escolham entre os *flashcards* alguma coisa que Madley Kool gosta de fazer e, então, desenhem o objeto que representa essa atividade.
- Quando eles terminarem, divida os alunos em duplas para brincarem com um jogo de adivinhação (veja ideias de como dividir os alunos em grupos nas pp. XII e XIII). O Aluno A faz perguntas para adivinhar quais atividades Madley Kool gosta de fazer na figura do Aluno B (ex.: *Does he like reading?*). O Aluno B pode apenas responder *Yes, he does* ou *No, he doesn't*. Quando o Aluno A acertar, eles invertem os papéis.

### 4 What do Jenny and Sam like? Listen and circle.

- Aponte para os personagens e pergunte, *Who's this?* Então, aponte para os objetos e diga quais atividades eles representam.
- Em seguida, diga aos alunos (L1) que eles ouvirão Ruby e John falar sobre coisas que Jenny e Sam gostam de fazer.
- Toque T12 e peça aos alunos que circulem os objetos que mostrem o que cada personagem gosta.
- Pergunte aos alunos *What does Jenny/Sam like?* Os alunos respondem.

**T12**

| | |
|---|---|
| **Ruby** | What does Jenny like? Does she like skiing? |
| **John** | No, she doesn't. |
| **Ruby** | Does she like playing soccer? |
| **John** | Yes, she likes playing soccer. And she likes watching TV. |
| **Ruby** | How about Sam? Does he like cooking? |
| **John** | Yes, he does. But he doesn't like cleaning. |
| **Ruby** | Does he like reading? |
| **John** | No, he doesn't. |
| **Ruby** | Oh, no! That's not good! |

### 5 Ask and answer.

- Divida os alunos em duplas (veja algumas ideias de como formar duplas nas pp. XII e XIII). Quando todos estiverem prestando atenção, foque na linguagem dos balões de fala (você também pode ler o diálogo com outro aluno). Então, os alunos se revezam perguntando sobre Sam e Jenny na *Activity* 4.
- Monitore as duplas para ajudá-los com a entonação nas perguntas e com o uso da linguagem. Se necessário, faça referência à linguagem da *Activity* 1.

**Encerrando a aula**

- Jogue *Aye, Aye, Captain!* (ver p. T89) com as *free-time activities*.

**ATIVIDADE OPCIONAL**
**Game**
Jogue *Basketball* (ver p. T89) com aquilo de que os personagens gostam e não gostam nas *Lessons* 1 e 2.

**WB page 92**

### 2 Read and circle.

- Os alunos leem as frases, observam as figuras e, então, circulam *like* e *don't like*.

## 6 T13 Listen and sing.

SONG

**What do you, do you like doing?**
**What do you, do you like doing?**

Do you like riding your bike?
Yes, I do. I like riding my bike.
Do you like playing the guitar?
Yes, I do. Look! Look! I'm a pop star.
**Chorus**
Do you like playing computer games?
No, I don't. I like riding my scooter.
Do you like skateboarding, too?
Yes, I like skateboarding! How about you?
**Chorus**

**LOOK!**

What **do** you **like doing**?
**Do** you **like playing** the guitar?
Yes, I **do**./No, I **don't**.


Workbook page 92, Activity 2.

## Lesson 3

**Objetivos da aula**
Ampliar o vocabulário da unidade; praticar o vocabulário com uma canção.
**Linguagem-alvo**
*What do you like doing?; playing computer games, playing the guitar, riding my scooter, skateboarding*
**Linguagem reciclada**
*Free-time activities; Do you like (playing the guitar)? Yes, I do. / No, I don't. riding my bike*
**Materiais**
*Multi-ROM, Flashcards* (*Action* e *Free time*)

### Começando a aula

- Divida os alunos em dois grupos (veja ideias de como dividir os alunos em grupos nas pp. XII e XIII) e, então, cante a canção da *Lesson* 2 (T11). Um dos grupos faz as perguntas e o outro responde. Depois, os alunos invertem os papèis e cantam novamente

**SB page 8**

### Apresentação

- Apresente o novo vocabulário utilizando os *flashcards* e as figuras no livro. Aponte para as figuras e diga, *I like playing the guitar*. Então, pergunte aos alunos, *Do you like playing the guitar?* Faça o mesmo para as outras figuras.

### 6 Listen and sing.

- Toque a música (T13) e peça aos alunos que mantenham o livro fechado. Os alunos fazem a representação das ações enquanto ouvem a canção, balançando a cabeça para cima e para baixo para *Yes, I do* e de um lado e para o outro para *No, I don't*.
- Então, peça aos alunos para abrirem o livro e toque T13 novamente, para que eles possam acompanhar as frases. Toque a música pela terceira vez para os alunos cantarem.
- Divida os alunos em grupos de meninos e meninas. Cada grupo canta uma estrofe e, no refrão, todos cantam juntos.

### Extra!

- Divida os alunos em dois pequenos grupos e peça a eles que escrevam um novo verso para a canção utilizando as diferentes atividades aprendidas (ex.: *Do you like cleaning your room?*). Se necessário, monitore os grupos para ajudar com a linguagem.
- Cante a canção novamente, adicionando os novos versos criados pelos grupos.

### Apresentação

- Foque nas perguntas e respostas da caixa *Look!* e as escreva na lousa. Peça aos alunos (L1) para prestarem atenção às palavras destacadas e ao uso de *do* nas perguntas e respostas curtas. Auxilie os alunos a criar uma regra simples (ex.: *In questions, use do with you; in short answers, use do and don't*). Escreva a regra na lousa e peça aos alunos que copiem no caderno.
- Pergunte a vários alunos *What do you like doing?* Escreva as respostas deles na lousa e use cores diferentes (ou sublinhe/ circule os itens nas frases) para ajudá-los a entender a estrutura. Você pode pedir aos alunos para escreverem os exemplos no caderno.

### Atividade em dupla

- Divida os alunos em duplas. Quando eles derem atenção total a você, explique (L1) a atividade. Os alunos escrevem no caderno três coisas que eles gostam de fazer, mas uma das sentenças deve ser falsa. Então, o Aluno A pergunta *What do you like doing?*, e o Aluno B responde utilizando suas três sentenças.
- Em seguida, o Aluno A decide se a sentença é falsa e pergunta ao Aluno B *Do you like (playing computer games?)* para confirmar suas suposições. Se a resposta de B for *No, I don't*, a suposição está correta. Então, o Aluno B agora é quem faz as questões.
- Demonstre a atividade com a ajuda de um aluno antes de eles começarem a trabalhar em duplas. Se necessário, escreva algumas palavras-chave na lousa para estimular os alunos. Monitore as duplas para ajudar no uso da linguagem.

### Encerrando a aula

- Divida os alunos em dois grupos. Eles se revezam na escolha dos personagens da figura da *Activity* 6 e fazem mímica do que gostam de fazer (ex.: tocar guitarra). O outro grupo, por sua vez, tenta adivinhar a ação (ex.: *He likes playing the guitar*).

**ATIVIDADE OPCIONAL**
**Flashcard game**
Jogue *Race to Touch* (ver p. T88) com os *flashcards*.

## Lesson 4

**Objetivos da aula**
Desenvolver as habilidade de leitura, escrita e a oralidade.
**Valores**
Passar o tempo com amigos e com a família.
**Linguagem reciclada**
*Actions, Free-time activities*
**Materiais**
*Multi-ROM*, papel sulfite, *mini cards* da *Unit* 4, tesoura

**Começando a aula**
- Cante a música da *Lesson* 3 (T13) novamente.

**SB page 9**

### 7 Look at Activity 6. Ask and answer.

- Divida os alunos em duplas (veja ideias sobre como formar duplas nas pp. XII e XIII) e, quando conseguir a atenção total deles, explique (L1) a atividade. O Aluno A escolhe uma das figuras da música na *Activity* 6, e o Aluno B pergunta *What do you like doing?* O Aluno A responde a essa pergunta. Em seguida, o Aluno B identifica a figura e diz o número correspondente a ela. Depois, os alunos invertem os papéis.
- Monitore as duplas para verificar a pronúncia. Como *follow-up*, você pode pedir aos alunos que escrevam o diálogo no caderno.

### 8 Listen and ✓ or ✗.

- Chame a atenção dos alunos para a garota na foto e diga *This is Fiona*. Peça a eles que imaginem o que ela gosta de fazer e escreva as ideias na lousa.
- Toque T14 para os alunos confirmarem suas hipóteses e, então, foque no quadro. Toque a faixa novamente para que os alunos assinalem ✓ ou ✗ nas atividades de acordo com o que ouvirem.

| | | |
|---|---|---|
| **Fiona** | Hi, I'm Fiona. I like skateboarding and I like swimming. I don't like watching TV. I like riding my bike. | **T14** |

**Desenvolvendo a escrita**
- Entregue aos alunos uma folha de sulfite e peça para escreverem um texto sobre eles de maneira similar ao que eles ouviram na *Activity* 8. Escreva um modelo na lousa utilizando suas próprias informações.
- Os alunos escrevem os textos individualmente. Monitore-os para ajudar no uso da linguagem.
- Se o tempo permitir, os alunos finalizam a atividade escrita na classe (de maneira alternativa, você pode deixar essa atividade para casa). Eles podem também decorar seus textos com desenhos ou, ainda, com fotos deles mesmos. Exponha os trabalhos dos alunos nas paredes da sala de aula.

**Valores**
- Fale (L1) sobre o que você gosta de fazer com seus amigos e sua família. Diga, por exemplo, *I like playing computer games with my dad.* Escreva alguns exemplos na lousa.
- Pergunte a vários alunos *Do you like (playing soccer with your friends)? What do you like doing with your family/friends?* Então, discuta com a classe (L1) a importância de passar o tempo com os amigos e com a família.

### 9 Go to page 73 and play the game.

- Divida os alunos em duplas e peça a eles que recortem os *mini cards* da p. 73. Quando eles tiverem recortado todos os *cards*, diga a *free-time activity* representada nos cartões (ex.: *playing the guitar*), e os alunos erguem o *mini card* correspondente. Faça o mesmo com as outras imagens.
- Foque na ilustração e na linguagem dos balões de fala e diga aos alunos (L1) que as crianças estão jogando e que a classe fará o mesmo com seus *cards*. Eles os colocam sobre a mesa com a face para baixo. Explique a atividade. O Aluno A pega um *card* da mesa e, sem olhar para ele, mostra para o Aluno B. Então, o Aluno A faz uma pergunta para tentar adivinhar qual é a atividade no *card*, por exemplo, *Does* (*she*) *like* (*cooking*)*?* Se a pergunta corresponder à imagem no *card*, o Aluno B responde *Yes*, (*she*) *does*; se não corresponder, ele responde *No, (she) doesn't*. O Aluno A fica com o *card* se ele acertar. Em seguida, os alunos invertem os papéis.

Em casa, os alunos discutem com seus familiares o que eles gostam de fazer juntos. Então, os alunos escrevem algumas frases (ex.: *I like skateboarding with my brother*). Convide alguns alunos a lerem suas frases para a classe na aula seguinte.

**Encerrando a aula**
- Os alunos jogam *What's Missing?* (ver p. T88) com os *mini cards*.

**ATIVIDADE OPCIONAL**
**Game**
Jogue *The Ball II* (ver p. T89), fazendo perguntas sobre os personagens, por exemplo, *Does* (*Madley Kool*) *like (cleaning)? What does (Madley Kool) like doing?* Utilize uma bola de papel ou uma bola macia.

**WB page 93**

### 3 Read and ✓ or ✗.

- Os alunos leem as frases e assinalam ✓ ou ✗ nas figuras que mostram o que Ruby e John gostam ou não de fazer.

7 Look at Activity 6. Ask and answer.

8 Listen and ✓ or ✗.

| | ✓ | ✗ |
|---|---|---|
| skateboarding | ✓ | |
| swimming | ✓ | |
| watching TV | | ✗ |
| riding my bike | ✓ | |

9 Go to page 73 and play the game.

Workbook page 93, Activity 3.

## 10 T15 Listen and read. Then act.

STORY

NOW GO TO FILM STUDIO ISLAND.



Workbook page 94, Activities 4 and 5.

## Lesson 5

**Objetivos da aula**
Consolidar a linguagem da unidade com uma história.
**Linguagem reciclada**
*Actions, Free-time activities; Where's (Madley)? I like (watching); She likes (sleeping).*
**Linguagem passiva**
*actually, detective, find, help, listening, looking for, lying in the sun*
**Materiais**
*Multi-ROM*, balões de diálogo com as falas da história

### Começando a aula

- Descreva a ilustração principal da *Lesson* 1 cometendo alguns erros deliberados (ex.: *Madley Kool likes cleaning the house*). Aponte para Jenny e diga, por exemplo, *This is Ruby.* Os alunos devem falar *False*! ao identificarem o erro. Eles, então, corrigem a informação.

**SB page 10**

### Apresentação

- Apresente as novas palavras que você considere relevantes para a compreensão da história. Se necessário, faça mímicas ou fale em português.
- Aponte para a gata e pergunte aos alunos (L1) se eles se lembram quem é ela (é Cleopatra, a gata que os alunos viram pela primeira vez na história de abertura do *Discovery Studios*).

### 10 Listen and read. Then act.

- Pergunte aos alunos (L1) o que eles se lembram dos personagens até o momento. Antes de ouvir a história, faça as seguintes perguntas sobre os quadrinhos correspondentes e tente discuti-las em inglês:
  1 *Where are the children?* [No estúdio.]
  2 (Aponte para Cleopatra.) *Is she a pretty cat?* [Discussão livre.]
  3 *Who are they talking about?* [Discussão livre.]
  4 *Where are the children going?* [Discussão livre.]
  5 *What's the cat thinking about?* [Discussão livre.]
  6 (Apontando para o balão de pensamento.) *Why is the cat dressed like this?* [Discussão livre.]
- Toque T15 e peça aos alunos que acompanhem a história no livro. Toque a faixa novamente, fazendo algumas pausas após cada frase, para que os alunos possam repetir.
- Em seguida, para verificar se os alunos compreenderam a história, faça as seguintes perguntas:
  1 *What are the children doing?* [Eles estão procurando por Madley Kool.]
  2 *What's the cat's name?* [Cleopatra.]
  3 *What does Cleo like doing?* [Ela gosta de dormir, comer e descansar sob a luz do sol.]
  4 *Where are the children going?* [Eles vão procurar por Madley Kool.]
  5 *Can Cleo help the children find Madley Kool?* [Sim, ela pode ajudar.]
  6 *What does she like doing?* [Ela gosta de assistir, observar e escutar.] *What is she?* [Ela é uma detetive.]
- Peça à sala (L1) para prever o que vai acontecer no próximo episódio da história.
- Divida os alunos em cinco grupos. Atribua um personagem a cada um deles. Os alunos leem suas partes sentados, pois isso pode encorajar os alunos mais tímidos a participar da atividade mais tarde.
- Convide cinco alunos a fazer os papéis de John, Ruby, Sam, Cleo e do homem. Peça aos voluntários para virem à frente da sala e encenarem a história. Encoraje-os a prestarem atenção ao tom de voz e às expressões, para que fiquem parecidas com as dos quadrinhos. Como alternativa, você pode pedir aos outros alunos que leiam as frases enquanto os cinco alunos encenam.

### Encerrando a aula

- Prepare balões de falas com as frases da história e entregue a alunos diferentes. Toque T15 novamente. Enquanto as frases estão sendo ditas, os alunos correm para a frente da sala e organizam-se de modo que mostrem seus balões de fala.

Os alunos agora podem acessar o *Film Studio Island* para se divertir e jogar tanto em casa quanto no laboratório de informática da escola. Peça a eles que encontrem o "cavalo" que Cleo está segurando em uma das páginas da unidade (p. 9). Então, diga aos alunos que eles devem encontrar o cavalo no *Film Studio Island* (que está entre o primeiro e o segundo prédios, imediatamente dentro do Discovery Film Studios). Quando clicarem no cavalo, os alunos serão direcionados a um jogo de linguagem suplementar baseado no vocabulário da *Unit* 1.

**ATIVIDADE OPCIONAL**
**Mini card game**
Jogue *Quick Peek* (ver p. T88).

**WB page 94**

### 4 Look and write. Use the words in the box.

- Os alunos completam as frases utilizando as palavras do quadro.

### 5 Look at the code and write a message.

- Os alunos observam a roda de códigos e utilizam (a) o alfabeto que está no círculo maior, no exterior da roda e (b) as letras em código que estão no círculo menor interior. Então, eles substituem as letras e escrevem a frase.

## Lesson 6

**Objetivos da aula**
Integrar outras áreas do currículo na aula de inglês; desenvolver o tópico interdisciplinar com um projeto.
**Foco interdisciplinar**
Ciências Sociais – Casas especiais
**Linguagem-alvo**
*boat, lighthouse, sea, climbing the stairs*
**Linguagem reciclada**
*Rooms; (She) likes (reading and playing the guitar). (He) doesn't like (climbing the stairs).*
**Materiais**
*Multi-ROM*, cartolina, lápis de cor e canetinhas, fotos de um iglu, um *trailer* e um moinho de vento

### Começando a aula

- Jogue *Give me One* (ver p. T89) para revisar os cômodos da casa.

**SB page 11**

### Apresentação

- Na lousa, trace linhas para representar uma casa com quatro cômodos e coloque os seguintes nomes em cada um deles: *kitchen*, *bedroom*, *bathroom* e *living room*.
- Pergunte aos alunos o que eles gostam de fazer em cada cômodo (ex.: *What do you like doing in the living room? Do you like playing computer games in your bedroom?*).
- Em seguida, desenhe um barco bem devagar e peça aos alunos que adivinhem o que você está desenhando. Apresente a palavra *boat*. Faça o mesmo com *lighthouse*.
- Pergunte aos alunos para que serve um *lighthouse* (L1) e se eles gostariam de viver em um.

### 11 Listen and read.

- Chame a atenção dos alunos para as crianças nas fotos e diga *This is Rosa, and this is Will*. Peça aos alunos (L1) que tentem adivinhar onde eles vivem e escreva as ideias na lousa.
- Toque T16 uma vez e peça aos alunos que confirmem suas suposições.
- Toque a parte de Rosa novamente e faça algumas perguntas, como, *Does she like living in a boat? What does she like doing in the boat house?*
- Antes de tocar a parte de Will novamente, pergunte, *Does Will like climbing stairs?* Faça mímicas para tornar o significado de *stairs* mais claro para os alunos. Então, toque a música.

### 12 Read and say *Rosa* or *Will*.

- Direcione a atenção dos alunos para as frases. Eles leem e decidem se elas se referem a Rosa ou a Will. Faça as primeiras frases juntamente com a classe.
- Peça aos alunos, individualmente, para lerem as frases. Os outros alunos dizem qual é o nome correto.

### Think!

**Nota:** Algumas lições (*Lesson* 6 ou *Wider World*) possuem tarefas adicionais chamadas *Think!*, as quais são designadas para ajudar os alunos a desenvolverem habilidades de pensamento crítico, motivando-os a solucionar problemas e responder a perguntas.

- Escreva as seguintes frases na lousa: *I don't like the cold. I don't like big houses. I don't want to stay in the same place all the time.*
- Fixe as figuras do moinho de vento, do iglu e do trailer na lousa e, então, divida os alunos em pequenos grupos. Incentive-os a discutir e escolher a melhor casa para a pessoa mencionada nas frases. Escreva as ideias dos alunos na lousa e peça a eles para justificarem suas escolhas.

### Miniprojeto

- Divida os alunos em pequenos grupos (veja ideias de como dividir os alunos em grupos nas pp. XII e XIII). Faça um *brainstorming* com eles (L1) sobre como seria uma casa incomum. Trace linhas para representar uma casa ou uma planta para que os alunos utilizem como modelo e, então, escreva na lousa as ideias deles para os cômodos e móveis.
- Entregue uma folha de cartolina para cada grupo e peça a eles para projetarem uma casa e nomearem os cômodos (se necessário, ajude-os com o vocabulário adicional). Incentive-os a serem criativos.
- Na parte inferior da folha, eles devem escrever algumas frases que descrevam o que eles gostam de fazer nos diferentes cômodos (ex.: *I like swimming in the pool*).
- Quando terminarem, convide alguns grupos para descrever seus pôsteres e suas *free-time activities* favoritas. Exponha os projetos na sala de aula.

### Encerrando a aula

- Divida os alunos em dois grupos. Diga uma palavra (ex.: *lighthouse*, *guitar* etc.) e os grupos dizem *Rosa* ou *Will*. Como alternativa, diga algumas frases incorretas, para que os grupos se revezem na correção. Você pode transformar essa atividade em uma competição, atribuindo pontos para as respostas corretas.

**ATIVIDADE OPCIONAL**
**Mini card game**
Jogue *Memory Buzz* (ver p. T88) com os *mini cards*.

**WB page 95**

### 6 Find out about Megan. Then write *T* (true) or *F* (false).

- Os alunos leem sobre Megan e escrevem *T* ou *F* de acordo com as informações apresentadas no texto.

### 7 Read the text in Activity 6 again and complete.

- Os alunos leem o texto sobre Megan novamente e completam a tabela.

11 T16 **Listen and read.**

# Special Houses

This is Rosa. Look at her house. It's a boat. Rosa likes her boat. She doesn't like watching TV. She likes reading and playing the guitar. She also likes riding her bike, but not on the boat!

This is Will. This is his house. It's a lighthouse! There are a lot of stairs. Will likes living in the lighthouse, but he doesn't like climbing the stairs. He likes playing computer games and watching TV. He likes cooking, too. His favorite food is fish.

12 **Read and say *Rosa* or *Will*.**

1 I don't like climbing the stairs. Will
2 I don't like watching TV. Rosa
3 I like reading. Rosa
4 I like playing computer games. Will
5 I like cooking. Will

# Wider World

## On the weekend

1 T17 **Listen and read.**

1

Hi, I'm Kelly. I'm from Canada. It's snowy here. I like skiing. It's fun. I can go very fast. Do you like skiing?

2

Hi, I'm Tumelo. I'm from South Africa. I like playing soccer at school with my friends. I can see the Soccer City stadium from my house. It's really big. My favorite team is the Mamelodi Sundowns.

2 T18 **Listen and say the name.**

1 Javier, 2 Anne, 3 Kelly, 4 Tumelo



Workbook page 96, Activities 8 and 9.

3

Hi, I'm Anne. I'm from France.
I like riding my bike with my mom and dad. It's good exercise. I like riding my bike on sunny days. My little brother likes riding, too!

4

Hi, I'm Javier. I'm from Spain.
I like swimming. Look! I'm at the water park with my friends. I like going down the slides. It's great!

## 3 Read and answer. *True* or *false*?

1 Kelly can't go very fast. False
2 Tumelo likes playing soccer at school. True
3 Anne likes riding her bike with her family. True
4 Javier is at the water park with his family. False

## 4 Ask your friend about his/her free-time activities.

Do you like playing soccer?

Yes, I do.

## 5 Talk about one of these free-time activities.

flying a kite | drawing | rock climbing | playing board games | juggling

Workbook page 97, Activities 10 and 11.

# Wider World

**Objetivos da aula**
Revisar a linguagem da *Unit* 1; personalizar a linguagem da unidade; aprender sobre outras culturas; propiciar uma oportunidade para autoavaliação.
**Linguagem-alvo**
*drawing, flying a kite, juggling, playing board games, rock climbing*
**Linguagem reciclada**
*Actions, Free-time activities, Weather; Do you like (playing soccer)? Yes, I do./No, I don't.*
**Linguagem passiva**
*slides, stadium, water park*
**Materiais**
*Multi-ROM*, um mapa-múndi ou globo, *mini cards*, fotos das novas atividades de lazer da *Activity* 5, cartolina, lápis de cor e canetinhas, *Flashcards* (*Actions* e *Free time*), *Worksheet* 1
**Observação:** As atividades da lição *Wider World* podem ser feitas em uma ou duas aulas, dependendo do uso das seções *Atividade em dupla*, *Extra!*, *Jogo* e *Atividades opcionais*. As atividades do *Workbook* também podem ser dadas como lição de casa em mais de uma aula.

### Começando a aula

- Jogue *Teacher Says* (ver p. T89). Em vez de dizer, por exemplo, *Teacher says, Sleep!*, diga *Teacher says, I like (playing the guitar)*. Os alunos, então, fazem mímicas da atividade.

**SB pages 12-13**

### Apresentação

- Leve um mapa-múndi para a aula. Diga *I'm from (Brazil).* Aponte para o seu país no mapa. Então, aponte o Brasil para os alunos e pergunte *And you?* Os alunos respondem à pergunta.
- Direcione a atenção dos alunos para a foto das crianças e, então, pergunte *What's her/his name?* Os alunos procuram as respostas no texto.
- Faça perguntas sobre o tempo e sobre as roupas que as crianças estão usando. Se necessário, você pode utilizar as figuras para introduzir vocabulário novo. Peça aos alunos que adivinhem de que país as crianças são e ajude-os a encontrar os países no mapa.
- Em seguida, diga o que as crianças estão fazendo e pergunte aos alunos se eles gostam de fazer as mesmas coisas. Essas atividades podem ser realizadas em seu país? Por quê? Por que não? (L1)
- Apresente outras *free-time activities* que são comuns no Brasil e liste-as na lousa. Se necessário, ajude com o vocabulário.

### 1 Listen and read.

- Diga aos alunos (L1) que eles ouvirão e escreverão um texto sobre crianças e suas *free-time activities*. Eles acompanham o texto à medida que ouvem a gravação. Toque T17 novamente, dando a eles o primeiro contato com o texto e, em seguida, toque a faixa novamente.
- Depois, toque cada parte separadamente e faça estas perguntas para verificar a compreensão:
  – *What does (Tumelo) like doing?*
  – *Does Anne like riding her bike with her friends?*
  – *Does (Javier) like (swimming)?*
- Como *follow-up*, você pode convidar os alunos individualmente a ler partes do texto. (Como alternativa, você pode trabalhar com *shadow reading*. Toque T17. Os alunos leem as palavras enquanto tentam acompanhar a mesma velocidade e o mesmo ritmo da gravação. À medida que os alunos mantiverem a leitura, você pode, às vezes, diminuir o volume do som).

### Jogo

- Diga e faça mímicas, por exemplo, *I like reading.* Peça aos alunos que repitam as frases, adicionando outros elementos e fazendo mímicas (ex.: *I like reading and drinking*).
- Continue da mesma forma e, depois de três rodadas diga, *BUT I don't...!* O próximo aluno diz uma frase negativa sobre uma ação que não havia sido mencionada anteriormente (ex.: *I like reading and drinking and eating, BUT I don't like playing tennis*).
- Se ele não repetir uma ação que não havia sido mencionado anteriormente, ele inicia uma nova rodada. Se ele repetir, fica fora da rodada seguinte.

### 2 Listen and say the name.

- Os alunos ouvem T18 e dizem quem está falando. Toque a gravação mais uma vez do início ao fim e, em seguida, toque uma segunda vez, mas agora fazendo pausas entre cada frase, para que os alunos possam dizer os nomes.

| | | | |
|---|---|---|---|
| 1 | **Javier** | I like going down the slides. | **T18** |
| 2 | **Anne** | I like riding my bike on sunny days. | |
| 3 | **Kelly** | I like skiing. | |
| 4 | **Tumelo** | I like playing soccer at school with my friends. | |

### 3 Read and answer. *True* or *false*?

- Os alunos leem as frases. Eles releem as informações sobre as crianças e decidem se as frases são verdadeiras ou falsas, corrigindo as falsas. Se necessário, esclareça o vocabulário.
- Como *follow-up*, você pode pedir aos alunos que copiem as frases no caderno, corrigindo as afirmações falsas.

**Atividade em dupla**

- Divida os alunos em duplas (veja ideias de como dividir os alunos em duplas nas pp. XII e XIII). Os alunos formam duas fileiras de *mini cards* com as imagens viradas para baixo.
- O Aluno A vira um dos *cards* e diz, por exemplo, *I like cooking.* Então, ele aponta para outro *card* e pergunta *What do you like doing?* O Aluno B vira o *card* e diz, por exemplo, *I like...* Se formar um par, ele fica com ambos os *cards* e faz a próxima pergunta; se não formar, ele vira o *card* para baixo novamente. Os alunos continuam se revezando até que tenham utilizado todas os *cards*.

**Jogo**

- Divida os alunos em dois grupos (veja ideias de como dividir os alunos em grupos nas pp. XII e XIII). Peça a um integrante do Grupo A para fazer a mímica de uma *free-time activity*. Pergunte *What does he/she like doing?* Seu grupo tenta adivinhar qual é a atividade. Se eles acertarem, ganham um ponto, mas se não acertarem, o Grupo B tem a chance de responder. Eles se revezam na atividade.

### 4 Ask your friend about his/her free-time activities.

- Divida os alunos em duplas. Quando tiver a atenção total deles, pergunte a eles sobre as diferentes atividades que eles realizam em seu tempo livre. Escreva as ideias deles na lousa, ajudando-os com o vocabulário adicional, se necessário.
- Chame a atenção dos alunos para a linguagem que aparece nos balões de fala. Demonstre a atividade com dois ou três alunos, usando o vocabulário da lousa. Em seguida, os alunos se revezam perguntando e respondendo sobre suas *free-time activities* favoritas. Monitore as duplas para ajudar com o uso correto da linguagem.
- Como follow-up, você pode pedir aos alunos que contem à classe as atividades favoritas de seu colega (e.x.: *Lucas likes playing soccer. He doesn't like cooking*). Como alternativa, eles podem escrever as frases em seus cadernos.

### 5 Talk about one of these free-time activities.

- Foque a atenção dos alunos para as *free-time activities*. Utilize as figuras para introduzir o vocabulário e peça aos alunos que repitam as palavras/frases diversas vezes. Fixe as figuras na lousa e pergunte aos alunos quais atividades eles gostam/gostariam de realizar.
- Divida os alunos em cinco grupos (dependendo do número de alunos que você tiver, pode dividi-los em dez grupos) e atribua uma atividade para cada um. Então, entregue aos grupos folhas de cartolina e peça a eles que desenhem uma cena com crianças desempenhando atividades e também escrevam frases para descrevê-las. Os alunos fazem referência a cores, ao clima, ao que as crianças estão fazendo. Ande pela sala para ajudar os alunos com o uso correto da linguagem.
- Quando os alunos tiverem terminado, convide alguns deles para descrever seu pôster. Exponha o trabalho dos alunos nas paredes da sala de aula.

**Dicionário visual**

- Chame a atenção dos alunos para a p. 140 e mostre a eles as imagens de *free-time*.
- Divida os alunos em duplas e peça a eles que leiam as palavras abaixo das figuras. Então, eles se revezam, desafiando uns aos outros a soletrar as palavras.

**Os alunos podem completar o *Worksheet* I.**

**Encerrando a aula**

- Jogue *Draw it Relay* (ver p. T89).

**ATIVIDADES OPCIONAIS**

**Game**

Jogue *Bingo* (ver p. T89) para revisar vocabulário.

**Make a sentence**

Mostre os *flashcards* e as figuras sobre atividades de *free time* que os alunos conhecem e divida-os em dois grupos. Um aluno de cada grupo se reveza na escolha das imagens e diz uma frase (ex.: *He likes skiing*). Cada frase correta vale um ponto. Os grupos podem reutilizar figuras, mas não podem usar as mesmas frases.

**WB pages 96-97**

### 8 Complete the puzzle.

- Os alunos utilizam as figuras como pistas para completar as palavras cruzadas.

### 9 Read, think and complete.

- Os alunos utilizam as listas de *likes* e *dislikes* para completar as frases.

### 10 What do you like doing? Draw a picture.

- Os alunos desenham sua atividade favorita na folha e a pintam.

### 11 What do you like doing? Use the words in the box.

- Os alunos escrevem uma descrição de seu desenho, utilizando as palavras do quadro.

**Self-assessment**

- Os alunos escolhem e colorem os números apropriados de estrelas, dependendo de como acham que foi seu desempenho na unidade. Discuta com os alunos o que eles aprenderam, o que eles são capazes de fazer agora, de quais atividades eles gostaram mais e quais delas foram difíceis.

# 2 Animals

1 (T19) **Listen, point and say.**

2 (T20) **Listen and say the missing word.**
Crocodile.



Workbook page 98, Activity 1.

## 3 T21 Chant.

Do hippos eat insects?
No, they don't. Hippos eat grass.
Do monkeys eat grass?
No, they don't. Monkeys eat fruit.
Do lions eat meat?
Yes, they do. Lions eat meat.
Do giraffes eat leaves?
Yes, they do. Giraffes eat leaves.

**LOOK!**

**Do** lions **eat** meat?
Yes, they **do**./No, they **don't**.

## 4 T22 Listen and circle the correct word.

1 Crocodiles eat *meat* / *insects*, too.
2 Giraffes eat *fruit* / *leaves*.
3 What do hippos *eat* / *do*?
4 Elephants eat leaves and *fruit* / *grass*, too.

## 5 Ask and answer.

Workbook pages 98 and 99, Activities 2 and 3.

# 2 Animals

## Lesson 1

**Objetivos da aula**
Apresentar e praticar o novo vocabulário.
**Linguagem-alvo**
*crocodile, elephant, giraffe, hippo, lion; leaves; (Lions) eat (meat).*
**Linguagem reciclada**
*Animals, Food, Body parts*
**Materiais**
*Multi-ROM, Flashcards* (*Animals* e outros)

### Começando a aula

- Faça um *brainstorming* com os nomes dos animais que os alunos já aprenderam anteriormente e escreva os resultados na lousa.
- Em seguida, escreva os títulos *Pets*, *Farm*, *Forest* e *Insects*. Então, aponte para um dos títulos e peça aos alunos que digam quais animais se enquadram naquela categoria.

**SB page 14**

### Apresentação

- Chame a atenção dos alunos para a ilustração principal e lembre-os (L1) do que aconteceu na *Unit* 1 (as crianças estavam procurando por Madley Kool e encontraram Cleo, a gata detetive).
- Faça perguntas para ajudar os alunos a descrever a ilustração, por exemplo, *Are they in the jungle? (No, they're in a movie set.) Who's this? How many birds are there?*
- Apresente o vocabulário utilizando os *flashcards*. Mostre os *flashcards* um de cada vez e diga as palavras para que os alunos possam repetir. Mostre os *flashcards* novamente, mas dessa vez peça aos alunos que, individualmente, digam a palavra.
- Fixe os *flashcards* na lousa e convide alguns alunos a virem à frente da sala. Aponte um *flashcard* aleatoriamente. Os alunos dizem a palavra correspondente ao *flashcard* para o qual você apontou.

### 1 Listen, point and say.

- Chame a atenção dos alunos para as figuras dos animais na parte inferior da página. Toque T19 e peça aos alunos que apontem as figuras no livro. Toque a faixa novamente, fazendo pausas após cada palavra, para que os alunos possam repeti-las. Peça a alguns alunos que digam as palavras individualmente.

### 2 Listen and say the missing word.

- Diga aos alunos (L1) que eles ouvirão os personagens conversarem sobre os animais da ilustração principal, mas que um dos animais da *Activity* 1 não será mencionado.
- Oriente-os para que prestem bastante atenção à ilustração principal. Toque T20 uma vez até *What's missing?*. Dê um tempo para que os alunos possam localizar os animais na ilustração e encontrar qual está faltando (*crocodile*). Toque novamente até o final.
- Toque T20 novamente, fazendo pausas após cada frase, para que os alunos possam repetir. Incentive os alunos a reproduzir o tom de voz e as expressões que foram apresentadas na gravação.
- Você pode fazer algumas perguntas para verificar se os alunos compreenderam, por exemplo, *Does Ruby like* (*the lion*)*?*

T20

| | |
|---|---|
| **Sam** | Where's Madley Kool? Is he here? |
| **Jenny** | No, he isn't. But look at all the animals! What's your favorite animal? I like the giraffe. Look at his long neck! |
| **John** | I like the monkeys. They're funny. |
| **Ruby** | I like the elephant. It's big! And I like the hippo. It's cool. |
| **Sam** | Look! It's a lion! What do lions eat? |
| **Ruby** | They eat meat. Quick, Run! |
| **Narrator** | What's missing? |
| **Children** | Crocodile! |

### Apresentação

- Direcione a atenção dos alunos às palavras relacionadas à comida apresentadas na ilustração principal – *meat*, *fruit*, *insects*, *grass* e *leaves*. Verifique se os alunos sabem o significado.
- Aponte para o leão e para a carne e diga *Lions eat meat*. Então, aponte para o elefante e para as folhas, e pergunte *And elephants? Do elephants eat meat?* Os alunos respondem *Yes* ou *No*. Diga *Elephants eat leaves*. Faça o mesmo com os outros animais.
- Como *follow-up*, você pode pedir aos alunos que reescrevam as frases no caderno.

### Encerrando a aula

- Brinque de jogo de adivinhação. Peça aos alunos que pensem em um animal. Peça a eles que adivinhem que animal é esse, por exemplo, *Is it big/small? Does it have four legs?* Utilize essa atividade para revisar uma variedade de questões, por exemplo, *Is it (big)? Is it (brown)? Can it (swim)?*
- Quando os alunos tiverem entendido a atividade, pense em um animal e diga a eles para fazerem as perguntas.

**ATIVIDADE OPCIONAL**
**Flashcard game**
Jogue *Flashcard Act Out* (ver p. T88).

**WB page 98**

### 1 Match.

- Os alunos ligam cada animal à palavra correta e ao setor do animal no parque.

## Lesson 2

**Objetivos da aula**
Revisar o vocabulário da *Lesson* 1 com uma canção e apresentar a nova estrutura.
**Linguagem-alvo**
*Do (lions) eat (meat)? Yes, they do./No, they don't.*
**Linguagem reciclada**
*Animals; fruit, grass, insects, leaves, meat*
**Materiais**
*Multi-ROM*, *Flashcards* (*Animals*), papel *kraft*, fotos de animais, canetões, cola

**Começando a aula**

- Jogue *Charades* (ver p. T88) para revisar o vocabulário.

**SB page 15**

### 3 Chant.

- Foque a atenção dos alunos na música e, então, toque T21 para que eles ouçam e acompanhem as palavras. Toque a faixa novamente, fazendo pausas após cada frase para que os alunos possam repetir.
- Toque a música mais uma vez para que os alunos possam participar. Se necessário, utilize os flashcards para ajudá-los a se lembrar das palavras.

**Apresentação**

- Chame a atenção dos alunos para as perguntas e para as respostas curtas no quadro *Look!* e as escreva na lousa (de modo que os alunos possam acompanhar sua explicação). Foque nas palavras destacadas. Explique que *they* é o plural de *he* e *she*. Então, foque no uso de *do* e ajude-os a criar uma regra simples (ex.: Use *do* em perguntas *com they;* use *do/don't* nas respostas curtas).
- Peça aos alunos que identifiquem outras perguntas sobre os animais na ilustração principal e as escreva na lousa, juntamente com as respostas correspondentes. Utilize cores diferentes (ou sublinhe/circule os itens na frase) para ajudar os alunos a compreender as estruturas e as regras. Peça aos alunos que copiem os exemplos no caderno.

**Extra!**

- Escreva na lousa as palavras *meat*, *insects*, *fruit*, *leaves* e *grass*. Faça um *brainstorming* com os alunos sobre que outros animais eles conhecem que comem essas coisas (ex.: *Dogs eat meat. Frogs eat insects*).
- Você pode querer explicar que os animais que comem carne são *carnívoros*; os que comem frutas, grama e vegetais são *herbívoros*; e aqueles que comem ambos são *onívoros* (ex.: ratos, ursos e humanos).

### 4 Listen and circle the correct word.

- Foque a atenção dos alunos nas frases e diga a eles (L1) que Sam, Ruby, Jenny e John estão falando sobre os diferentes animais e sobre os alimentos que eles comem. De acordo com o que for dito, os alunos circulam a palavra correta.
- Toque T22 uma vez e peça aos alunos que ouçam. Então, toque a gravação normalmente e peça a eles que circulem a palavra correta.
- Você pode querer fazer algumas perguntas para verificar a compreensão, por exemplo, *Do crocodiles eat insects? What do hippos eat?*

T22

**Sam** What do lions eat?
**Ruby** They eat meat. Crocodiles eat meat too. Quick, where's the meat?
**Jenny** And giraffes eat leaves from trees. Look at them!
**John** What do hippos eat?
**Ruby** They eat grass. Elephants eat leaves and grass too. What do frogs eat?
**John** They eat insects... and monkeys eat fruit! Hey, you! Monkey, come back! That's my fruit!

### 5 Ask and answer.

- Divida os alunos em duplas (veja ideias de como dividir os alunos em duplas nas pp. XII e XIII). Quando tiver a atenção total dos alunos, foque na linguagem dos balões de fala (você pode ler o diálogo com outro aluno). Então, os alunos devem se revezar fazendo perguntas sobre os animais na ilustração principal e os alimentos que eles comem.
- Monitore as duplas para ajudá-las com a entonação nas perguntas e com o uso da linguagem. No final da atividade, você pode convidar algumas duplas para representar os diálogos para a classe.

**Encerrando a aula**

- Jogue *Hot Seat* (ver p. T88).

**ATIVIDADE OPCIONAL**
**Animal poster**
Faça um pôster juntamente com a classe. Entregue aos alunos recortes de animais e escreva *Herbivores/Carnivores/Omnivores* no topo de uma folha grande de papel pardo e peça aos alunos que fixem as figuras correspondentes.

**WB pages 98-99**

### 2 Look and write.

- Os alunos adivinham qual é o animal apenas olhando para as partes do corpo. Eles, então, escrevem frases como as do exemplo.

### 3 Read and write.

- Os alunos olham para uma tabela com fotos de animais e os alimentos que eles comem e, depois, completam as frases com as informações que estão faltando.

## 6 T23 Listen and sing.

SONG

Lions live in Africa.
They're big and strong.
They like sleeping all day long.
They run very fast
To catch their lunch.
What do they eat?
They eat meat.
Crunch, crunch, crunch!

Oscar lives with me.
He's a very small mouse.
He likes sleeping in my house.
He runs very fast
To get his lunch.
What does he eat?
He eats cheese.
Munch, munch, munch!

**LOOK!**

Lions **live** in Africa.
They **live** in Africa.
My cat **lives** with me.
He/She/It **lives** with me.

## Lesson 3

**Objetivos da aula**
Ampliar o vocabulário da unidade e praticar o vocabulário com uma canção.
**Valores**
Respeitar a vida animal
**Linguagem-alvo**
*Africa, catch; (Lions) live (in Africa). (Oscar) lives (with me).*
**Linguagem reciclada**
*Animals, Food*
**Materiais**
*Multi-ROM, Flashcards* (*Animals*), um mapa-múndi, fotos de animais em extinção, papel sulfite, lápis de cor

### Começando a aula

- Jogue *Make a Sentence* (ver p. T88) para revisar perguntas e respostas curtas.

**SB page 16**

### Apresentação

- Apresente o mapa-múndi e pergunte *Where's Africa?* Convide os alunos a responder. Aponte para o mapa e diga *Here, this is Africa.* Pergunte, por exemplo, *Are there* (*monkeys*) *in Africa?* Os alunos respondem à pergunta.
- Introduza o novo vocabulário utilizando mímica e português, se necessário. Diga *I live in* (*city/town/neighborhood*) e, então, pergunte aos alunos *Where do you live?* Utilize as respostas deles para introduzir a terceira pessoa do singular (*Beatriz*) *lives in* (*city/town/neighborhood*).

### 6 Listen and sing.

- Toque T23 e peça aos alunos que sigam as palavras no livro. Crie mímicas e gestos para acompanhar as ações da música e, então, toque-a novamente, para que os alunos participem com palavras e mímicas.
- Divida os alunos em dois grupos (veja ideias de como dividir os alunos em grupos nas pp. XII e XIII). Toque T23 novamente. O Grupo A canta as frases referentes aos leões, e o Grupo B canta as frases correspondentes a Oscar. Então, eles invertem os papéis e cantam novamente.

### Apresentação

- Chame a atenção dos alunos para as frases na caixa *Look!* e as escreva na lousa. Aponte para o uso dos pronomes para substituir *Lions* e *My cat* nas frases. Então, pergunte aos alunos sobre as diferenças entre *live* e *lives* nas frases. Ajude-os a chegar a uma regra simples, lembrando os alunos dos outros usos dos pronomes (ex.: a adição do "s" à ação com *he, she* e *it*). Você também pode pedir aos alunos que copiem a regra no caderno.
- Peça outros exemplos para os alunos, utilizando outros verbos e animais, ambos nas formas singular e plural, e escreva esses exemplos na lousa. Utilize cores diferentes (ou sublinhe/circule os itens nas frases) para ajudar os alunos a entender a regra. Peça a eles que copiem os exemplos no caderno.

### Valores

- Converse com os alunos (L1) sobre a importância de respeitar a vida dos animais e pergunte qual é a opinião deles com relação à caça para a retirada da pele dos animais. Mencione, por exemplo, os crocodilos, que são alvos de caçadores, têm suas peles, utilizadas em bolsas e sapatos.
- Pergunte aos alunos (L1) o que eles sabem a respeito das espécies ameaçadas de extinção no Brasil (micos-leões-dourados, onças--pintadas e araras azuis, entre outros) e no mundo (pandas gigantes, tartarugas marinhas, tigres, ursos polares, borboletas monarcas e gorilas da montanha, entre outros). Você pode introduzir as palavras *endangered species*, *extinction* e *illegal hunting*. Mostre aos alunos algumas figuras de animais em extinção e ensine o nome deles em inglês.

Peça aos alunos que discutam sobre a ameaça à vida selvagem com um membro da família. Os alunos podem ensinar aos seus parentes as palavras em inglês para os animais em extinção que eles viram na sala de aula.

### Encerrando a aula

- Jogue *Draw it Relay* (ver p. T89).

**ATIVIDADE OPCIONAL**
**Drawing activity**
Em uma folha de sulfite, os alunos desenham e pintam a figura de um animal em extinção. Quando terminarem, eles escrevem uma pequena descrição do animal, por exemplo, *Pandas are endangered animals. They live in China. They're black and white and they're big. They eat bamboo. They don't usually eat meat, but sometimes they eat birds or rodents.* Ajude os alunos com o vocabulário novo, escrevendo algumas palavras na lousa para que eles possam consultar e usar.

## Lesson 4

**Objetivos da aula**
Desenvolver a oralidade, as habilidades de compreensão auditiva e de escrita.
**Linguagem reciclada**
*Animals; They eat meat; He eats cheese; Giraffes live in Africa*
**Materiais**
*Multi-ROM, mini cards* da *Unit* 2, tesoura, papel sulfite

**Começando a aula**

- Diga algumas frases verdadeiras ou falsas sobre a música da *Lesson 3*. (ex.: *Lions live in Brazil*; *Oscar eats cheese*, e assim por diante). Os alunos se levantam e batem palmas se as frases estiverem incorretas.

**SB page 17**

### 7 Look at Activity 6. Ask and answer.

- Divida os alunos em duplas (veja ideias de como dividir os alunos em duplas nas pp. XII e XIII). Chame a atenção dos alunos para os balões de fala e explique a atividade. O Aluno A olha para a música na *Activity* 6 e diz uma frase sobre leões ou Oscar, por exemplo, *They run fast*. O Aluno B responde, por exemplo, *Lions*. Então, eles invertem os papéis.
- Monitore as duplas para ajudar os alunos com o uso correto das formas verbais.

### 8 Listen and number.

- Foque a atenção dos alunos nas figuras e pergunte a eles o nome dos animais. Então, pergunte a eles o que sabem sobre esses animais. Faça perguntas como *Are they zoo animals? Are they pets? What do they eat? Where do they live? Can they swim?* Escreva as ideias dos alunos na lousa.
- Diga aos alunos que eles ouvirão uma gravação sobre esses animais. Toque T24, fazendo pausas depois de cada frase, para que os alunos possam identificar os animais.
- Toque a faixa novamente, mas dessa vez os alunos ouvem e numeram os animais nas figuras.

**T24**
They live in Africa, they eat meat and they can swim.
It lives in a house, it eats meat and it likes sleeping.
They live in Africa, they eat leaves and they're tall.
They live in Africa, they eat fruit and they can climb trees.

### 9 Go to page 75 and play the game.

- Divida os alunos em duplas e peça a eles para irem à página 75 e recortar os *mini cards*. Quando eles tiverem terminado de recortar todos, diga uma palavra que esteja representada no *card* (*hippo*), e peça a eles que segurem o *card* correspondente. Faça o mesmo com os outros *cards*.
- Os alunos colocam seu conjunto de *cards* em duas pilhas, com a face virada para baixo. O Aluno A vira um *card* de sua pilha e, em seguida, vira um *card* da pilha do Aluno B. Quando o Aluno A virar uma carta que seja igual à carta que retirou de sua pilha, ambos disputam para ser o primeiro a dizer *Snap!*.
- O aluno que disser *Snap!* primeiro, diz também o nome do animal do *card* (ex.: *They're giraffes*) e uma frase sobre ele (*Giraffes live in Africa*). Se a frase estiver correta, ele fica com ambos os cartões. Então, os alunos invertem os papéis e jogam novamente. O vencedor será aquele que tiver mais *cards* quando o jogo terminar.
- Demonstre o jogo com dois ou três alunos antes de eles começarem a brincar. Se necessário, monitore as duplas para ajudá-los com a linguagem.

**Desenvolvendo a escrita**

- Entregue a cada aluno uma folha de sulfite e peça que eles escolham três animais do seu conjunto de *mini cards* e escrevam sentenças sobre ele, similares a outras sentenças da lição.
- Os alunos trabalham individualmente em seus textos. Ajude-os com a linguagem. Eles também podem decorar seus textos com desenhos. Ao final, exponha os trabalhos dos alunos nas paredes da sala.

**Encerrando a aula**

- Os alunos jogam *What's Missing?* (ver p. T88) com seus *mini cards*.

**ATIVIDADE OPCIONAL**
**Game**
Jogue *Spelling Bee* (ver p. T89) com os nomes dos animais.

**WB page 100**

### 4 Read and circle.

- Os alunos observam o exemplo e circulam a palavra correta.

### 5 Find, think and write the questions.

- Os alunos observam as palavras e as utilizam para escrever as perguntas.

**7** Look at Activity 6. Ask and answer.

They eat meat.

Lions.

He eats cheese.

Oscar.

**8** T24 Listen and number.

**9** Go to page 75 and play the game.

Snap! They're crocodiles.

Crocodiles eat meat.

## 10 T25 Listen and read. Then act.

STORY

NOW GO TO FILM STUDIO ISLAND.



Workbook pages 100 and 101, Activities 6 and 7.

## Lesson 5

**Objetivos da aula**
Consolidar a linguagem da unidade com uma história.
**Linguagem reciclada**
*Animals; They're (big).They eat (grass and leaves). They like (eating meat).*
**Materiais**
*Multi-ROM, Flashcards (Animals), mini cards* da *Unit* 2

### Começando a aula

- Brinque com um jogo de adivinhação com os animais que aparecerão no novo episódio da história – *elephant, crocodile, hippo*. Comece desenhando um dos animais bem devagar e convide os alunos a adivinhar qual é.

**SB page 18**

### 10 Listen and read. Then act.

- Lembre os alunos da história da *Unit* 1 e pergunte, por exemplo, *Where are the children?* (*On a movie set.*) *Are there animals?* Os alunos respondem e nomeiam os animais.
- Antes de ouvir a história, faça estas perguntas para os quadrinhos correspondentes. Tente fazê-las e discuti-las em inglês:
  **1** (Aponte para os elefantes.) *What are these?* [Elefantes.]
  **2** *What's the elephant doing?* [Ele está comendo.]
  **3** *Do elephants eat cats?* [Discussão livre.]
  **4** *Where's John?* [Discussão livre.]
  **5** (Apontando para o hipopótamo.) *What's this?* [É um hipopótamo.]
  **6** *Where are the crocodiles?* [Eles estão na água.]
- Toque T25 e peça aos alunos que acompanhem a história no livro. Toque a faixa novamente, fazendo pausas após cada frase, para que os alunos possam repetir.
- Em seguida, verifique se os alunos compreenderam a história fazendo as seguintes perguntas:
  **1** *What's the name of the movie?* [*Jim of the Jungle*.]
  **2** *What do elephants eat?* [Grama e folhas.]
  **3** *Do elephants eat cats?* [Não.]
  **4** *Are there any hippos in the water?* [Sim.]
  **5** *Can John see the crocodiles? Where are they?* [Não./Eles estão na água.]
  **6** *What do crocodiles eat?* [Eles comem carne/garotos.]
- Peça aos alunos (L1) que prevejam o que acontecerá no próximo episódio da história.
- Divida os alunos em cinco grupos e atribua um personagem para cada. Os alunos leem suas partes em seus lugares, o que pode encorajar os alunos mais tímidos a participar da representação mais tarde.
- Convide cinco alunos para assumir os papéis de John, Ruby, Sam, Cleo e Jenny. Peça aos voluntários para virem à frente da sala e representarem a história. Encoraje-os a seguir o tom de voz e as expressões, para que fiquem parecidos com as dos personagens. Como alternativa, você pode pedir que outros alunos leiam as frases enquanto os outros cinco representam.

**Extra!**

- Descreva os quadrinhos na história cometendo alguns erros intencionais, por exemplo, *Elephants are small./There are two elephants in picture 1*.
- Cada vez que os alunos identificarem um erro, eles se levantam e fazem a devida correção.

**PARA A PRÓXIMA AULA**

- Peça aos alunos que pesquisem fatos interessantes sobre os animais dos quais eles gostam. Eles podem utilizar a Internet ou livros de referência para realizar essa pesquisa, bem como trazer fotos dos animais. Eles utilizarão essas informações para um miniprojeto na *Lesson* 6.

### Encerrando a aula

- Jogue *The Ball* (ver p. T88) com os *flashcards* de animais. Você pode dividir os alunos em dois ou três grupos para esse jogo.

Os alunos agora podem acessar o *Film Studio Island* para se divertir e jogar tanto em casa quanto no laboratório de informática da escola. Peça a eles que encontrem a "lâmpada" que Cleo está segurando em uma das páginas da unidade (que está na p. 19). Então, peça aos alunos que encontrem essa lâmpada no *Film Studio Island* (está dentro do *Wildlife Studio*, bem no alto da árvore onde fica a casa de Jungle Man.). Quando os alunos clicarem na lâmpada, serão direcionados a um jogo de linguagem suplementar baseado no vocabulário da *Unit* 2.

**ATIVIDADE OPCIONAL**
**Mini card game**
Jogue *Memory Buzz* (ver p. T88) com os *mini cards*.

**WB pages 100-101**

### 6 Write the animals in the correct columns. Add four more.

- Os alunos observam as figuras dos animais e os classificam em *big* ou *small*. Eles escrevem o nome dos animais no balão correto e adicionam mais nomes.

### 7 Look at the code on page 94 and write the message.

- Os alunos substituem as letras do código pelas letras correspondentes na roda da p. 94 e escrevem frases.

## Lesson 6

**Objetivos da aula**
Integrar outras áreas do currículo na aula de inglês e desenvolver o tópico interdisciplinar com um projeto.
**Foco interdisciplinar**
Ciências – Animais incríveis
**Linguagem-alvo**
*every day, standing up, tongue, trunk*
**Linguagem reciclada**
*Animals; They can (play with a ball), but they (can't jump).*
**Materiais**
*Multi-ROM*, papel A3, *mini cards* da *Unit* 2, lápis de cor, cola

### Começando a aula

- Revise o uso de *can/can't* e *have*. Diga algumas frases sobre diversos animais (ex.: *Birds can fly. Elephants can't jump*). Peça outros exemplos aos alunos.

**SB page 19**

### Apresentação

- Pergunte aos alunos (L1) se eles conhecem alguns fatos incríveis sobre animais. Pergunte, por exemplo, *Which birds have wings, but can't fly?* (Pinguins e galinhas, entre outros). *Which animals sleep for months when it's cold?* (Ursos e esquilos, entre outros).

### 11 Listen and read.

- Direcione a atenção dos alunos para o artigo. Explore as figuras e as utilize para introduzir o novo vocabulário.
- Diga aos alunos que eles lerão e ouvirão um texto sobre animais incríveis e que devem acompanhar esse texto no livro. Se necessário, esclareça dúvidas de vocabulário. Então, pergunte a eles que animal é mais incrível, se é o elefante ou a girafa.

### 12 Listen and answer. *True* or *false*?

- Diga aos alunos que agora eles ouvirão algumas frases sobre os animais na *Activity* 11, as quais eles precisam decidir se são verdadeiras ou falsas.
- Toque T27 mais uma vez do começo ao fim. Em seguida, toque a faixa novamente, fazendo pausas após cada frase, de modo que os alunos tenham tempo de responder.

T27

1 Elephants can swim.
2 Giraffes don't sleep very much.
3 Elephants can play tennis.
4 Giraffes have pink tongues.
5 Giraffes clean their ears with their tongues.

### 13 Ask and answer.

- Divida os alunos em duplas (veja ideias de como dividir os alunos em duplas nas pp. XII e XIII). Chame a atenção deles para os balões de fala e explique a atividade. O Aluno A olha para o texto na *Activity* 11 e forma uma frase sobre um dos animais, para que o Aluno B adivinhe que animal é esse. Depois, eles invertem os papéis.

### Think!

**Nota:** Algumas lições (*Lesson* 6 ou *Wider World*) possuem tarefas adicionais chamadas *Think!*, as quais são designadas a ajudar os alunos a desenvolver habilidades de pensamento crítico por meio da motivação da solução de problemas ou da resposta a perguntas.

- Escreva a tarefa na lousa: *Can gorillas survive in the desert? Explain your answer. Give two reasons.*
- Divida os alunos em pequenos grupos e incentive-os a discutir sobre a questão e pensar em possíveis explicações para suas respostas. Escreva as ideias dos alunos na lousa e, em seguida, peça a eles que expliquem suas escolhas.
- Leve os alunos à biblioteca ou ao laboratório de informática para pesquisar informações em livros ou *online* a fim de confirmar suas hipóteses. Eles também podem realizar essa tarefa como lição de casa. Se os alunos fizerem as pesquisas *online*, aproveite a oportunidade para discutir sobre a relevância/segurança das fontes que eles citam. Incentive-os a sugerir inúmeras fontes possíveis e a julgar se são confiáveis ou não.

### Miniprojeto

- Pergunte aos alunos (L1) quais foram os fatos interessantes que eles descobriram a respeito dos animais de que eles gostam. Se alguns alunos tiverem esquecido de trazer a informação, peça a eles que trabalhem com aqueles que trouxeram material.
- Distribua aos alunos uma folha de papel A3 e peça que escrevam frases sobre os animais e ilustrem com figuras ou desenhos. Auxilie os alunos com relação à linguagem e ao vocabulário extra.
- Quando eles tiverem terminado, convide alguns alunos a descrever seu pôster. Exponha os projetos na sala de aula.

### Encerrando a aula

- Jogue *Lexical Groups* (ver p. T90) utilizando o vocabulário da unidade.

**ATIVIDADE OPCIONAL**
**Mini card game**
Jogue *Memory Game* (ver p. T88) com os *mini cards*.

**WB pages 101-102**

### 8 Read the text on page 19 again. Then complete the crossword.

- Os alunos leem o texto, completam as frases, e, em seguida, completam as palavras cruzadas.

### 9 Find and write the words.

- Os alunos observam a silhueta dos animais e ordenam as palavras. Então, eles as escrevem embaixo de cada um dos animais.

### 10 Write about monkeys. Use the words in the box.

- Os alunos seguem os exemplos e utilizam as palavras do quadro para formar frases sobre macacos.

**11** T26 **Listen and read.**

# Amazing Animals!

## Elephants

Elephants say hello with their trunks.
They can play with a ball!
They can swim, but they can't jump.

## Giraffes

Giraffes can sleep standing up.
They don't sleep very much.
They have long, black tongues.
They clean their ears with their tongues!
They don't drink every day.

**12** T27 **Listen and answer. *True* or *false*?**
1 True, 2 True, 3 False, 4 False, 5 True

**13** **Ask and answer.**

They sleep standing up.

Giraffes!

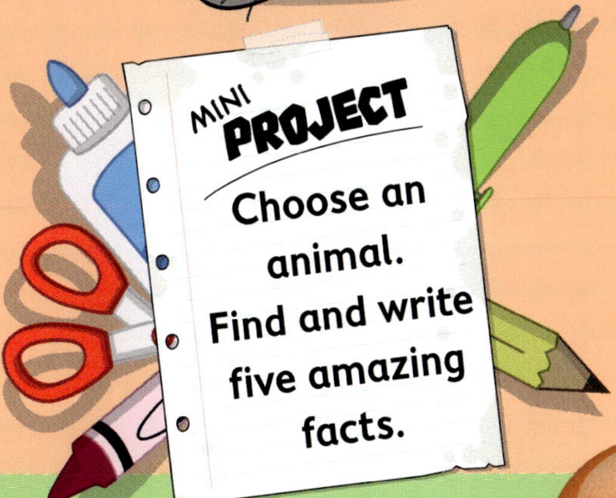



Workbook pages 101 and 102, Activities 8, 9 and 10.

# Review Units 1 and 2

# How to play

5
6
8
7
17
18
20
19
29
30
Finish

Giraffes eat leaves.

Cats like watching TV.

1
2
3
4
5
6

## Review Units 1 and 2

**Objetivos da aula**
Revisar a linguagem das unidades 1 e 2; personalizar a linguagem; propiciar uma oportunidade para autoavaliação.
**Linguagem reciclada**
Vocabulário e estruturas das *Units* 1 e 2.
**Materiais**
*Spinners* e marcadores de jogo, papel A3, lápis de cor, *Flashcards* (*Animals* e *Free time*), fotos de animais famosos de filme/desenho animado, um saco ou uma caixa, uma bola macia ou de papel, fita crepe
**Observação:** As atividades da lição *Review* podem ser feitas em uma ou duas aulas, dependendo do uso das seções *Atividade em dupla, Extra!, Jogo* e *Atividades opcionais*. As atividades do *Workbook* também podem ser dadas em mais de uma aula.

### Começando a aula

- Jogue *Question Chain* (ver p. T90) para revisar as questões aprendidas nas *Units* 1 e 2, e uma variedade de outras questões relacionadas a *animals* e *free-time activities*. Para ajudar os alunos menos confiantes, escreva algumas palavras na lousa e aponte para elas durante a atividade.
- Jogue *Letter Mess* (ver p. T90) para revisar o vocabulário sobre animais.

**SB pages 20-21**

### Atividade em grupo

- Divida os alunos em dois ou mais grupos (veja ideias de como dividir os alunos em grupos nas pp. XII e XIII) e peça a eles que fechem os livros. Então, atribua o papel de 'secretário' a um dos alunos de cada grupo e dê a ele uma folha de sulfite.
- Diga algumas frases verdadeiras e falsas sobre o que aconteceu com os personagens na *Unit* 1 (ex.: *Madley Kool likes playing soccer*; *Jenny doesn't like watching TV*; *Cleo likes sleeping, eating and lying in the sun*, e assim por diante).
- Os alunos ouvem em silêncio e, então, discutem com seus 'secretários' se a frase é verdadeira ou falsa. Os 'secretários', por sua vez, escrevem as respostas do grupo.
- Quando tiver finalizado, peça aos secretários que informem suas respostas. O grupo que tiver mais respostas corretas será o vencedor.

### Jogo

- Forme frases sobre os hábitos alimentares dos animais citados na *Unit* 2 (ex.: *Lions eat meat*). Peça a uma aluno que repita a frase e adicione outro elemento (ex.: *Lions eat meat*; *monkeys eat fruit*).
- Continue a atividade com outro aluno, mas diga *BUT they...* O aluno forma uma frase negativa (ex.: *But they don't eat pizza!*).
- Depois de algumas rodadas, convide um aluno para assumir a função de professor.

### Atividade em dupla

- Divida os alunos em duplas (veja ideias de como dividir os alunos em duplas nas pp. XII e XIII) e entregue a cada dupla uma folha de papel A3.
- Peça aos alunos (L1) que imaginem um animal que não existe e o desenhem. Em seguida, os alunos escrevem frases que descrevam de que cor é esse animal, se é pequeno ou grande, onde vive, o que gosta de fazer, o que come etc. Você pode elaborar um modelo (ou lembrete) na lousa para ajudar os alunos e, se necessário, auxiliá-los com o vocabulário e com a organização das frases.
- Quando tiverem terminado, os alunos descrevem seu animal para outra dupla par. Exponha os trabalhos na sala de aula.

### Jogo de tabuleiro

- Aponte para um animal no jogo de tabuleiro e peça aos alunos que digam o nome dele.
- Divida os alunos em duplas novamente ou utilize as mesmas duplas da atividade anterior. Entregue a cada dupla marcadores (utilize botões ou borrachas), clipes e um *spinner* (você pode encontrar um modelo fotocopiável de *spinner* em www.pearson.com.br/ourdiscoveryisland). Mostre aos alunos como utilizar o *spinner* com um lápis e um clipe (coloque o clipe no centro do *spinner* e, então, coloque a ponta do lápis dentro do clipe e gire-o).
- Explique (L1) as regras do jogo de tabuleiro. Os alunos colocam suas peças no quadrado *Start*. O Aluno A gira o *spinner* e movimenta seu marcador de acordo com a quantidade de casas. Se ele parar em uma casa em que o animal está comendo, diz (ex.: para a casa 4) *Giraffes eat grass*.
- Se ele parar em uma casa em que o animal está fazendo algo, deve dizer (ex.: na casa 14) *Parrots can fly*. Ou (ex.: na casa 15) *Cats like watching TV*.
- Se a frase estiver incorreta, o Aluno A move seu marcador para a casa onde estava antes de girar o *spinner*. Então, é a vez do Aluno B.
- Demonstre a atividade com um dos alunos antes de eles começarem a trabalhar em duplas. Monitore-os e ajude com a pronúncia e o uso correto da linguagem.

**Desenvolvendo a escrita**

- Peça aos alunos que escrevam cinco frases no caderno sobre as casas do jogo de tabuleiro. Verifique o trabalho deles com relação à gramática e ortografia, e corrija eventuais erros. Como alternativa, você pode pedir aos alunos que troquem de cadernos com um colega e corrijam o trabalho um do outro.

**Jogo**

- Divida a classe em dois grupos e convide um aluno de cada grupo para ir até a lousa. O aluno do Grupo A sussurra uma palavra das *Units* 1 ou 2 para o aluno do Grupo B.
- O aluno do Grupo B desenha na lousa uma figura que represente a palavra, e seu grupo tenta adivinhá-la. Em seguida, eles invertem os papéis. Peça a outros alunos que venham até o quadro e continuem o jogo.

**Atividade em grupo**

- Divida os alunos em pequenos grupos e entregue a figura de um animal a cada um deles. Você pode utilizar os personagens de filmes ou desenhos que sejam familiares para os alunos. Peça aos grupos que mantenham sua figura em segredo. Pegue uma das figuras para demonstrar a atividade.
- Peça aos alunos que descubram qual é o seu animal (ex.: *Is it a fish? Is it big? Can it swim? Does it eat insects? Does it like* (*jumping*)*? Does it have* (*legs*)*?*). Você apenas responde *Yes* ou *No*.
- Quando os alunos adivinharem qual é o animal, é a vez deles jogarem. Convide um grupo para vir à lousa e escolher um animal. Os alunos, então, fazem perguntas para tentar adivinhar qual é o animal. Se necessário, ajude-os com algumas perguntas. Para tornar a atividade mais desafiadora, você pode limitar o número de perguntas.

**Encerrando a aula**

- Jogue *Basketball* (ver p. T89) para revisar o vocabulário (ex.: *animals, food, free-time activities* e linguagem das *Units* 1 e 2).
- Ponha os *flashcards* (*Animals* e *Free time*) em um saco ou em uma caixa. Pegue um deles e comece a tirar bem lentamente. Os alunos tentam adivinhar qual figura é, e o primeiro que acertar assume seu papel.

**ATIVIDADES OPCIONAIS**

**Games**

Jogue *Jumping the Line* (ver p. T88) utilizando o vocabulário das *Units* 1 e 2.

Jogue *Stop the Bus* (ver p. T90) para revisar o vocabulário de ações, comidas e animais.

Jogue *Aye, Aye, Captain!* (ver p. T89) para revisar as ações dos animais.

**WB page 103**

### 11 Draw your favorite animal.

- Os alunos desenham o animal de que mais gostam e o colorem.

### 12 Write about your favorite animal.

- Os alunos escrevem uma descrição de seu animal, completando a frase.

**Self-assessment**

- Diga aos alunos (L1) que eles devem escolher e colorir o número apropriado de estrelas, dependendo de como acham que foi seu desempenho na unidade. Converse com eles sobre o que aprenderam, sobre o que são capazes de fazer agora, de quais atividades eles gostaram mais e quais delas foram difíceis.

# 3 Weather

**1** T28 **Listen, point and say.**

**2** T29 **Listen and say the missing word.**

Cloud.



Workbook page 104, Activities 1 and 2.

## 3 Chant.

T30

What's the weather like today?
It's cloudy and rainy. We're sad, we can't play.
What's the weather like today?
It's snowy and windy. We're sad, we can't play.
What's the weather like today?
It's cold, wet and stormy. We're scared, we can't play.
What's the weather like today?
It's hot and sunny. We're happy, let's play!

**LOOK!**

rain rainy    cloud cloudy    storm stormy

## 4 Listen and check the sentences you hear.

T31

1 It's cold and snowy. ✓
2 It's wet and rainy. ✓
3 It's cloudy and rainy.
4 It's stormy. ✓
5 It's snowy and windy.
6 It's hot and sunny. ✓

## 5 Ask and answer.

Number 4. What's the weather like?

It's windy.



Workbook page 105, Activities 3 and 4.

# 3 Weather

## Lesson 1

**Objetivos da aula**
Apresentar e praticar o novo vocabulário.
**Linguagem-alvo**
*cloud, rain, snow, storm, the sun, wind*
**Linguagem reciclada**
*Clothes; cold, hot*
**Materiais**
*Multi-ROM, Flashcards* (*Weather* e *Clothes*), roupas, um mapa do Brasil, *sticky notes*, lápis de cor

### Começando a aula

- Mostre algumas figuras e alguns *flashcards* de roupas que os alunos aprenderam nos níveis anteriores (ex.: *T-shirt, pants, skirt, socks, shoes, dress, boots, sweat suit*, entre outros). Para tornar a atividade mais interessante, leve roupas de verdade para a aula, se possível.
- Revise *hot/cold*. Mostre os itens de vestuário e pergunte *Is it for hot weather or cold weather?* Faça o mesmo com os outros itens.

**SB page 22**

### Apresentação

- Apresente o vocabulário relacionado ao tempo utilizando os *flashcards*, mostrando-os um por um e pedindo que os alunos repitam as palavras/frases que você disser. Mostre os *flashcards* novamente, mas desta vez pedindo aos alunos individualmente que digam as palavras.

### 1 Listen, point and say.

- Chame a atenção dos alunos para as figuras no final da página e, então, toque T28, fazendo pausas depois de cada palavra/frase de modo que os alunos possam encontrar a figura. Toque a faixa novamente, fazendo pausas entre cada palavra para que os alunos possam repeti-las.
- Pergunte aos alunos *What's number* (*three*)*?* Eles observam as imagens e respondem. Se quiser tornar a atividade mais desafiadora, peça aos alunos que fechem os livros e tentem dizer as palavras relacionadas ao tempo contando apenas com a memória. Depois, os alunos podem continuar o exercício em duplas.

### 2 Listen and say the missing word.

- Agora, foque na ilustração principal, aponte o personagem e pergunte *Who's this?* Em seguida, pergunte *Where are the children?* (*In the Film Studio*). Peça aos alunos que indiquem os itens de vocabulário diferentes relacionados ao tempo na ilustração. Aponte para Sam e pergunte *What's he doing?* Escreva as previsões dos alunos na lousa.
- Instrua-os a prestarem muita atenção à ilustração principal. Toque a T29 uma vez até *What's missing?*. Dê um tempo para que os alunos localizem as diferentes condições do tempo na ilustração e descubram o que está faltando (*cloud*). Toque a faixa novamente até o final.
- Toque T29 de novo, fazendo pausas após cada frase, para que os alunos possam repetir. Encoraje-os a seguir o tom de voz e as expressões, para que fiquem parecidas com as dos personagens.
- Verifique as previsões dos alunos sobre Sam (Ele está brincando com efeitos especiais no estúdio).

T29

| | |
|---|---|
| **Sam** | Wow! Look at this! |
| **Jenny** | Don't touch, Sam!... Where's Madley Kool? |
| **Sam** | Look at this big, red button! |
| **Jenny** | Sam! Don't touch! |
| **Sam** | What does this do? |
| **All** | Aaaarrgghh!!! Ooooh!!! |
| **Sam** | Oh! Wow! ... Rain! ...Wind! ... A storm! ... Snow! |
| **Ruby** | It's cold! Brr... Quick, Sam! Press the button again. Ah! There's the sun again! It's hot. |
| **Narrator** | What's missing? |
| **Children** | Cloud! |

### Atividade em grupo

- Divida os alunos em pequenos grupos (veja ideias de como dividir os alunos em grupos nas pp. XII e XIII) e dê a eles uma folha autoadesiva em branco (tente utilizar as mais largas).
- Mostre um grande mapa do Brasil na lousa e peça aos alunos (L1) que localizem no mapa o lugar onde eles moram, bem como outras cidades relevantes, e pergunte o que eles sabem a respeito do tempo nas diferentes partes do país. Você pode escrever as ideias na lousa.
- Em seguida, os grupos escolhem uma palavra relacionada ao tempo e fazem um desenho que represente essa palavra (ex.: uma nuvem de chuva) no papel. Então, eles escolhem em que lugar do mapa a colocarão. Convide os grupos para virem até o quadro e anexar seus desenhos ao mapa.
- Quando os grupos tiverem terminado, eles podem dizer como é o tempo em cada região, por exemplo, *There's a lot of rain in* (*place*), *It's hot/cold here in* (*place*). Ajude com a linguagem.

### Encerrando a aula

- Jogue *Hangman* (ver p. T89) utilizando palavras relacionadas ao tempo.

**ATIVIDADE OPCIONAL**
**Game**
Jogue *What's Missing?* (ver p. T88) utilizando os *flashcards*.

**WB page 104**

### 1 Match.

- Os alunos observam o mapa e as figuras e, então, ligam as palavras às figuras.

### 2 Look, read and complete.

- Os alunos leem a previsão do tempo e utilizam as palavras.

## Lesson 2

**Objetivos da aula**
Revisar o vocabulário da *Lesson* 1 com uma canção; apresentar a nova estrutura.
**Linguagem-alvo**
*rainy, snowy, stormy, wet, windy; What's the weather like today? It's (cloudy) and (rainy).*
**Linguagem reciclada**
*cloud, rain, snow, storm, the sun, wind; cold, hot; happy, sad*
**Materiais**
*Multi-ROM, Flashcards (Weather)*, papel sulfite

**Começando a aula**

- Utilize os *flashcards* para revisar o vocabulário da *Lesson* 1. Mostre os *flashcards* e apresente as palavras. Como alternativa, peça aos alunos que, individualmente, venham à frente da sala e escrevam as palavras na lousa.

**SB page 23**

**Apresentação**

- Mostre um *flashcard* (ex.: *rain*) e pergunte *What's the weather like?* Então diga *It's rainy.* Peça aos alunos que repitam as respostas depois de você. Faça o mesmo com os outros *cards* para introduzir *cloudy*, *windy*, *snowy* e *sunny*, e introduza *stormy* e *wet* com desenhos na lousa.

### 3 Chant.

- Foque a atenção dos alunos na música e, então, toque T30 para que eles ouçam e acompanhem as palavras. Toque a faixa novamente, fazendo pausas após cada frase para que os alunos possam repetir.
- Toque a música novamente para que os alunos possam participar. Se necessário, utilize os *flashcards* para ajudar a recordar as palavras.

**Apresentação**

- Chame a atenção dos alunos para as palavras na caixa *Look!* e as escreva na lousa, de modo que os alunos possam acompanhar sua explicação. Pergunte a eles o que perceberam a respeito de cada par e explique (L1) que denominamos o tempo como *rain*, mas que dizemos *It's rainy* ou *It's a rainy day*.
- Escreva alguns exemplos na lousa (tais como *Look at the rain. It's rainy today*) e peça aos alunos que copiem no caderno.

### 4 Listen and check the sentences you hear.

- Aponte para o personagem na ilustração principal e pergunte *Who's this? What's his/her name?* Então, diga a eles (L1) que os personagens ainda estão brincando com a máquina do tempo.
- Foque nas seis frases e explique que os alunos devem marcar aquelas que eles ouvirem (apenas as frases que serão mencionadas). Diga as frases e peça aos alunos que repitam.
- Toque T31 uma vez e peça aos alunos que marquem aquelas que eles ouvirem.

**T31**

**1**
**Sam** I like this weather machine. Let's play again. What's the weather like now, Ruby?
**Ruby** Oh, no! Now it's cold and snowy. Brrrr, I don't like the snow. Stop, Sam!
**2**
**John** And now it's wet and rainy. Where's my umbrella? I'm wet!
**3**
**Ruby** Oh, no! It's stormy now. Look at Cleo. She's scared. She doesn't like storms.
**4**
**Sam** What's the weather like now, Jenny?
**Jenny** Ah, it's a lovely day. It's hot and sunny. I'm happy.
**Man** Oh, no! My hat!

### 5 Ask and answer.

- Divida os alunos em duplas (veja ideias de como dividir os alunos em duplas nas pp. XII e XIII). Quando você conseguir a atenção total deles, foque na linguagem dos balões de fala (você pode ler o diálogo com outro aluno). Então, os alunos se revezam na elaboração das perguntas sobre as condições do tempo nas figuras.
- Monitore as duplas para ajudá-los com a pronúncia e com a linguagem. No final da atividade, você pode pedir a algumas das duplas que encenem o diálogo para o restante da classe.
- Como *follow-up*, os alunos podem escrever os diálogos no caderno.

**Encerrando a aula**

- Os alunos jogam *Picture Guess* (ver p. T88).

**ATIVIDADE OPCIONAL**
**Picture dictation**
Jogue *Picture Dictation* (ver p. T90) utilizando o vocabulário da unidade.

**WB page 105**

### 3 Look and write.

- Os alunos utilizam as palavras apresentadas no quadro relacionadas ao tempo para completar as frases abaixo das ilustrações.

### 4 Complete.

- Os alunos completam as frases para responder sobre a condição atual do tempo.

## 6 Listen and sing. T32

SONG

**Spring, summer, fall, winter.**
**Four seasons in the year.**

It's spring! It's spring!
It rains in the spring.
I jump and splash in the rain.
**Chorus**
It's summer! It's summer!
The sun shines in the summer.
I splash and swim in the sea.
**Chorus**

It's fall! It's fall!
The wind blows in the fall.
I fly my kite in the sky.
**Chorus**
It's winter! It's winter!
It snows in the winter.
I laugh and play in the snow.

**LOOK!**

It rains in the spring.
I splash in the rain.

## 7 Look at Activity 6. Ask and answer.

It snows. I play in the snow.

It's winter.



Workbook page 106, Activities 5 and 6.

## Lesson 3

**Objetivos da aula**
Ampliar o vocabulário da unidade; praticar o vocabulário com uma canção.
**Linguagem-alvo**
*fall, spring, summer, winter, year; blow, kite; shine, splash; It (rains) in the (spring).*
**Linguagem reciclada**
*fly, play, swim; months of the year*
**Materiais**
*Multi-ROM, Flashcards* (*Weather*), um calendário, cartões com os meses (preparados pelo professor)

**Começando a aula**

- Apresente os *flashcards* sobre o tempo um a um e pergunte *What's the weather like?* Os alunos respondem, por exemplo, *It's windy*. Então, pergunte aos alunos *What's the weather like today?* Você pode escrever as palavras na lousa (e, também, repetir as perguntas e escrever as respostas na lousa a cada início de aula).

**SB page 24**

**Apresentação**

- Mostre um calendário para os alunos e revise os meses do ano. Pergunte *When is* (*Christmas*)*? When is* (*Mother's Day*)?
- Então, pergunte *How many months are there in a year?* Pergunte, por exemplo *Is it cold/hot in July? Is it windy in January?*
- Escreva as datas das estações do ano na lousa e pergunte aos alunos o que há de especial com relação às datas. Então, introduza as estações do ano e peça aos alunos que repitam as palavras.
- Faça algumas perguntas sobre o tempo nas diferentes estações, por exemplo, *Is it* (*hot*) *in the* (*winter*)*? What's the weather like in the* (*winter*)*?*
- Utilize as figuras para introduzir outros termos relevantes na música.

### 6 Listen and sing.

- Toque T32 e peça aos alunos que acompanhem as palavras no livro. Crie mímicas para ilustrar as ações presentes na música. Então, toque a música novamente para que os alunos participem com palavras e mímicas.
- Divida os alunos em quatro grupos e atribua uma estação do ano a cada grupo. Toque T32 mais uma vez e peça aos grupos que cantem a parte correspondente à sua estação.

**Apresentação**

- Chame a atenção dos alunos para as frases na caixa *Look!* e as escreva na lousa. Peça aos alunos que encontrem as diferenças entre as duas frases (na primeira frase, iniciada com *it*, a palavra *rain* ganha um '*s*'; na segunda, que inicia com *I*, isso não acontece). Ajude os alunos a criar uma regra simples, baseada na estrutura que eles viram anteriormente. Eles podem copiar a regra no caderno.
- Apresente outros exemplos dos alunos, utilizando outros verbos (ex.: *I play tennis. He plays football*). Utilize cores diferentes (ou sublinhe/circule os itens na frase) para ajudar os alunos a entender a regra. Eles podem copiar os exemplos no caderno.

### 7 Look at Activity 6. Ask and answer.

- Divida os alunos em duplas (veja ideias de como dividir os alunos em duplas nas pp. XII e XIII). Chame a atenção dos alunos para a *Activity* 6. Apresente outras coisas que se pode fazer em diferentes estações do ano e escreva as ideias dos alunos na lousa.
- Então, explique a atividade. O Aluno A olha para a música na *Activity* 6 e escolhe a estação do ano (*spring*) e, então, forma uma frase para descrevê-la e, também, descreve um tipo de atividade que se faz nessa estação, ou faz referência a uma atividade contida na música. O Aluno B tenta adivinhar qual é a estação. Em seguida, eles invertem os papéis.

Em casa, os alunos pensam em quais atividades eles praticam no verão ou no inverno juntamente com seus familiares. Então, eles fazem um minipôster mostrando essas atividades. Quando tiverem terminado, eles escrevem algumas frases para descrevê-las.

- Convide alguns alunos para descreverem seus pôsteres na aula seguinte. Exponha o trabalho na sala de aula.

**Encerrando a aula**

- Escreva as estações do ano na parte superior do quadro e, então, mostre um *card* com o mês e diga, *It's* (*October*). *It's* (*winter*). Os alunos corrigem a informação. Eles vão até a lousa para fixar o *card* abaixo da estação do ano correta. Faça o mesmo com todos os outros meses.

**ATIVIDADE OPCIONAL**
**Game**
Jogue *Bingo* (ver p. T89) para revisar o vocabulário.

**WB page 106**

### 5 Look and write. Use the words in the box.

- Os alunos escrevem as estações do ano corretamente logo abaixo de cada figura utilizando as palavras do quadro.

### 6 Look and write. Then match.

- Os alunos observam as figuras 1 a 4 e completam as frases com as palavras do quadro. Então, ligam a estação do ano correspondente (1 a 4) à figura de uma criança fazendo algo.

## Lesson 4

**Objetivos da aula**
Desenvolver as habilidades de leitura, escrita e fala.
**Linguagem reciclada**
*Actions, Seasons, Weather; favorite, kite; I like (flowers).*
**Materiais**
*Multi-ROM,* papel A4, lápis de cor, *mini cards* da *Unit* 3, tesoura, *Flashcards (Weather)*

**Começando a aula**

- Escreva o dia e a data na lousa e pergunte *What's the weather like today?* Então, desenhe o símbolo apropriado com base na p. 23 e escreva uma pequena frase (ex.: *It's cold and cloudy*). Você pode repetir esse procedimento em todas as aulas, pedindo aos alunos que copiem no caderno.

**SB page 25**

### 8 Read and match.

- Foque a atenção dos alunos nos textos e nas figuras e diga a eles para lerem cada um dos textos em silêncio. Então, eles ligam os textos à estação do ano correspondente. Se necessário, ajude-os com o vocabulário individualmente.
- Verifique as respostas dos alunos e pergunte a eles (L1) o que os ajudou a chegar à resposta correta. Como *follow-up*, você pode convidar alguns alunos a ler o texto em voz alta.

**Extra!**

- Os alunos votam em sua estação do ano favorita. Você pode desenhar um gráfico de pizza ou outro tipo de gráfico na lousa com os resultados. Convide alguns dos alunos para explicarem suas escolhas.

**Desenvolvendo a escrita**

- Entregue aos alunos uma folha de sulfite e peça a eles que escrevam um pequeno parágrafo sobre sua estação do ano favorita, incluindo informações sobre o tempo e sobre o que eles fazem nessa estação. Você pode colocar na lousa um modelo para os alunos e, também, pedir a eles que façam referência à *Activity* 8.
- Os alunos trabalham em seus textos individualmente. Se necessário, monitore-os para ajudar no uso da linguagem. Eles podem decorar seus textos com desenhos. Exponha o trabalho dos alunos nas paredes da sala de aula.

### 9 Go to page 77 and play the game.

- Os alunos recortam os *mini cards* . Quando eles tiverem terminado, diga uma palavra que esteja representada no *card* (ex.: *windy*), e os alunos seguram o *card* correspondente. Faça o mesmo para os outros *cards*.
- Os alunos escolhem três *cards* e os colocam sobre a mesa com a face para baixo. Diga as palavras referentes ao tempo. Se você disser uma palavra do *card* que os alunos escolheram, eles o entregam a você.
- O vencedor será o aluno que entregar três *cards* primeiro. Jogue novamente, com um dos alunos exercendo seu papel.

**Jogo**

- Divida os alunos em dois grupos. Chame um aluno do Grupo A e entregue a ele um *flashcard* do tempo (todos exceto *cloud* e *wind*).
- O aluno faz mímicas como se estivesse se vestindo de maneira adequada às condições apresentadas no *flashcard*. Então, o Grupo A adivinha qual é a condição climática (ex.: *Rain!*). Se a resposta estiver correta, eles ganham um ponto. Então, é a vez do Grupo B.

**Encerrando a aula**

- Os alunos jogam *Memory Game* (ver p. T88) com seus *mini cards*.

**ATIVIDADES OPCIONAIS**
**Game**
Jogue *Category Writing* (ver p. T89) para revisar a linguagem das *Units* 1, 2 e 3.
**Weatherman**
Divida os alunos em pequenos grupos e explique (L1) o que é um metereologista. Peça aos alunos para imaginarem que eles são pequenos metereologistas na TV e escreva algumas frases na lousa, *Good morning./Good afternoon. The weather today is (hot and sunny). There is (wind) here. Goodbye.* Os grupos escolhem uma expressão de que gostem e escrevem a previsão do tempo para sua cidade/região e desenham os símbolos. Então, eles veem à frente da sala e representam como se fossem um repórter do tempo na TV.

**WB page 107**

### 7 Think and write the words.

- Os alunos observam os quadros e, então, adivinham qual estação do ano cada quadro representa e classificam as palavras na estação correta.

### 8 Look at the code on page 94 and write the message.

- Os alunos substituem as letras pelas corretas na roda da p. 94 e escrevem a frase.

8 Read and match.

**a** It's windy and I can fly my kite. There are a lot of apples on the tree!

**b** It's hot and I go to the park. It's my favorite season.

**c** I like flowers. The birds sing in the trees.

**d** It snows and it's cold. I play in the snow.

9 Go to page 77 and play the game.

10 T33 **Listen and read. Then act.**

STORY

NOW GO TO FILM STUDIO ISLAND.



Workbook page 108, Activity 9.

## Lesson 5

**Objetivos da aula**
Consolidar a linguagem da unidade com uma história.
**Linguagem-alvo**
*lie on the beach, quiet*
**Linguagem reciclada**
*Weather; We can (lie on the beach).*
**Materiais**
*Multi-ROM*, fotos de uma praia e de uma pessoa com o dedo indicador sobre os lábios (sinalizando silêncio), caixas de diálogo com os trechos da história, papel *kraft*, pedaços de cartolina, canetinhas, cola

### Começando a aula

- Jogue *Memory Buzz* (ver p. T88) com os *mini cards*.

**SB page 26**

### 10 Listen and read. Then act.

- Utilize as figuras para introduzir *lie on the beach* e *quiet*.
- Relembre os alunos da história das unidades anteriores e pergunte, por exemplo, *Where are the children?* (*On a movie set.*) Então, chame a atenção deles para o quadro e, pergunte *What's the weather like?*
- Antes de ouvir a história, faça algumas perguntas relacionadas aos quadrinhos. Tente fazê-las em inglês:
  1. *What are they doing?* [Fazendo um filme.]
  2. *Are the children happy?* [Não.]
  3. *Why is Sam's face green?* [Discussão livre.]
  4. *What are the children looking for?* [Discussão livre.]
  5. *Where are the children?* [Na praia.]
  6. *Where is Cleo?* [Em cima do holofote.]
- Toque T25 e peça aos alunos que acompanhem a história no livro. Toque a faixa novamente, fazendo pausas depois de cada frase para que os alunos possam repetir.
- Em seguida, para verificar se os alunos entenderam a história, faça as seguintes perguntas:
  1. Pergunte aos alunos se eles sabem por que o diretor diz *Action!*. (Explique, se necessário.)
  2. *Why does Ruby say Quiet!?* (L1) [Eles não podem fazer qualquer barulho no *set* de filmagem].
  3. *What's the weather like?* [Vai cair uma tempestade.]
  4. *What can they see?* [A praia.]
  5. *What can the children do on the beach?* [Eles podem ler, deitar na areia da praia, subir em árvores, pular e nadar.]
  6. *Is Cleo happy? Why?* [Sim, porque ela gosta de dormir.]
- Peça aos alunos (L1) que tentem adivinhar o que acontecerá no próximo episódio da história.
- Divida os alunos em seis grupos e atribua um personagem a cada um. Os alunos podem ler suas partes sentados em seus lugares, o que pode encorajar os mais tímidos a participar das atividades mais tarde.
- Convide cinco alunos para interpretar os personagens da história. Peço aos voluntários que venham à frente da sala para encená--la. Encoraja-os a seguir o tom de voz e as expressões, para que fiquem parecidas com as dos personagens. Uma alternativa é pedir aos alunos que leiam as frases enquanto os outros cinco alunos encenam a história.

### Encerrando a aula

- Prepare balões de fala com as frases da história e mostre-os aos diferentes alunos. Toque T25 novamente. Quando as frases deles estiverem sendo tocadas, os alunos vão rapidamente à frente da sala de aula. Eles se organizam de modo a erguer seus balões de fala.

Os alunos agora podem acessar o *Film Studio Island* para se divertir e jogar tanto em casa quanto no laboratório de informática da escola. Peça aos alunos que encontrem o "computador" que Cleo está segurando em uma das páginas da unidade (p. 9). Então, diga a eles que devem encontrar o computador na *Film Studio Island* (está no piso superior do estúdio de *Special Effects*, bem no lado esquerdo). Quando os alunos clicarem no computador, eles serão direcionados para um jogo de linguagem suplementar baseado no vocabulário.

**ATIVIDADE OPCIONAL**
**Weather chart**
Divida os alunos em pequenos grupos. Cada grupo desenha em uma folha de cartolina um símbolo para uma palavra que representa o tempo, e escreve a palavra correspondente nela. Quando terminarem, mostram e dizem o que significa (ex.: *It's snowy*). Em seguida, desenhe uma grade com os dias da semana em uma folha grande de papel pardo. Deixe quatro linhas em branco, de modo que os alunos possam acompanhar o tempo durante um mês. Peça aos alunos que escrevam os dias da semana no quadro. No início de cada aula, os alunos dizem, por exemplo, *Today's* (*Monday*). *It's* (*sunny*). Então, eles colocam o símbolo relativo ao tempo no dia e na semana correspondentes.

**WB page 108**

### 9 Complete the crossword.

- Os alunos observam as figuras e completam as palavras cruzadas.

## Lesson 6

**Objetivos da aula**
Integrar outras áreas do currículo na aula de inglês; desenvolver o tópico interdisciplinar com um projeto.
**Foco interdisciplinar**
Geografia – furacões
**Linguagem-alvo**
*camera, hurricane, round, waves, knock down*
**Linguagem reciclada**
*Weather; scared, sea*
**Materiais**
*Multi-ROM, Flashcards (Weather)*, papel A3, lápis de cor, cola, tesoura, um mapa-múndi, enciclopédias, *sticky notes, mini cards* da *Unit* 3

### Começando a aula

- Divida os alunos em dois grupos e peça que eles se levantem. Mostre os *flashcards* com palavras relacionadas ao tempo e diga uma frase (ex.: *It's sunny*). Cometa alguns erros intencionais. Se a frase estiver correta, os alunos dizem *Yes* e dão uma volta. Se você cometer um engano, eles dizem *No* e se sentam. Pratique algumas vezes. Peça a alguns alunos que, individualmente, assumam seu lugar.

**SB page 27**

### 11 Listen and read.

- Direcione a atenção dos alunos para o texto. Explore as figuras e as utilize para introduzir o vocabulário novo. Explique (L1) o que é um furacão.
- Diga à classe que eles lerão e ouvirão um texto sobre furacões. Eles acompanham o texto no livro. Se necessário, esclareça o vocabulário.
- Discuta com os alunos por que os furacões são tão perigosos e o que as pessoas podem fazer para ficar seguras quando tiverem de passar por uma situação como essa.

### 12 Read and answer. *True* or *false*?

- Os alunos leem as frases individualmente e decidem se são verdadeiras ou falsas. Você pode tocar T34 novamente enquanto os alunos estão lendo o texto.
- Então, peça aos alunos que, individualmente, leiam as respostas e corrijam as falsas.

### Think!

- Escreva as questões na lousa, *Is a hurricane the same as a typhoon or a cyclone? What's the same about them? What's different? How can you find out?*
- Divida os alunos em pequenos grupos e incentive-os a discutir as questões e a pensar em uma possível explicação para suas respostas. Escreva as ideias dos alunos na lousa e peça a eles que justifiquem suas escolhas.
- Leve os alunos para a biblioteca ou para o laboratório de informática para pesquisar informações em livros e *online* que confirmem suas hipóteses. Eles também podem fazer isso como lição de casa. Se os alunos fizerem pesquisas *online*, aproveite a oportunidade para discutir a relevância/confiabilidade das fontes que eles citam. Incentive-os a sugerir várias fontes possíveis e julgar sua confiabilidade.

### Atividade em dupla

- Peça aos alunos que fechem os livros e, então, divida-os em duplas (veja ideias de como dividir os alunos em duplas nas pp. XII e XIII).
- Escreva a primeira parte das frases do texto em um dos lados da lousa (ex.: *A hurricane is...; It can knock down...; There are big waves...*). Escreva o final delas embaralhado no outro lado da lousa. Os alunos copiam o conteúdo no caderno e, então, trabalham em duplas para ligar as duas partes. Quando eles tiverem finalizado, podem abrir o livro e verificar se suas respostas estão corretas.

### Miniprojeto

- Traga um livro de referência para a sala de aula e, se as condições permitirem, os alunos podem utilizar a Internet no laboratório de informática da escola.
- Pergunte aos (L1) alunos o que eles sabem sobre condições climáticas extremas. Apresente algumas palavras, como *earthquake, tsunami, heat cold waves, floods* e *cyclones.*
- Divida os alunos em pequenos grupos. Cada um deles deve escolher uma situação extrema de condição climática e procurar informações sobre isso. Entregue aos grupos uma folha de papel A3 para que eles possam escrever algumas frases sobre o tópico que escolheram. Eles podem ilustrar o texto com figuras copiadas de livros ou impressas da Internet. Ajude-os com a linguagem, se necessário.
- Os alunos descrevem seus projetos para a classe. Exponha os trabalhos nas paredes da sala de aula.

### Encerrando a aula

- Jogue *What's Missing?* (ver p. T88) com os *mini cards*.

**ATIVIDADE OPCIONAL**
**Where are hurricanes?**
Apresente um mapa-múndi e traga livros de referência ou, se as condições permitirem, utilize a Internet.
Divida os alunos em duplas e peça a eles que procurem informações sobre em que lugar do mundo os furacões ocorrem com mais frequência. Eles fazem uma lista de lugares. Entregue a eles notas autoadesivas e peça que escrevam o nome dos países/das regiões neles, localizem os locais no mapa e, então, colem suas notas.

11 Listen and read. T34

GEOGRAPHY

# HURRICANE!

## What is a hurricane?

A hurricane is a big storm. There's a lot of wind and a lot of rain. The hurricane goes round in a big circle. It can knock down trees and houses. There are big waves on the sea, too.

## What's the eye of a hurricane?

The eye is the center of the hurricane. It isn't windy and rainy there. Can you see the eye of the hurricane in the picture?

## When are there hurricanes?

There are hurricanes in the summer and the fall.

12 Read and answer. ***True*** or ***false***?

1 A hurricane is a big storm. True
2 It's hot and sunny during a hurricane. False
3 The eye isn't in the center of the hurricane. False

MINI PROJECT

Find out about other extreme weather conditions.

# Wider World

## Wildlife parks

**1** T35 **Listen and read.**

**1**

I'm Surian. I live in Borneo. There is an orangutan center near my house. Baby orangutans are cute. They eat bananas every day. Orangutans have long red hair and long arms. They like climbing trees.

orangutan

**2**

I'm James. I live in London. I like going to the zoo to see animals. My favorite animals are lions. There are some cute lion cubs, too.

lion cubs

**2** **Read and answer.**

1 What do baby orangutans eat? Bananas.
2 Where do orangutans live?
3 What does James like doing?
4 Where does Akeyo live?
5 What's the weather like in Kenya?
6 Which animals does Akeyo like?

2 In an orangutan center. / 3 He likes going to the zoo. / 4 In the Serengeti National Park. / 5 It's very hot. / 6 He likes giraffes.



Workbook page 108, Activity 10.

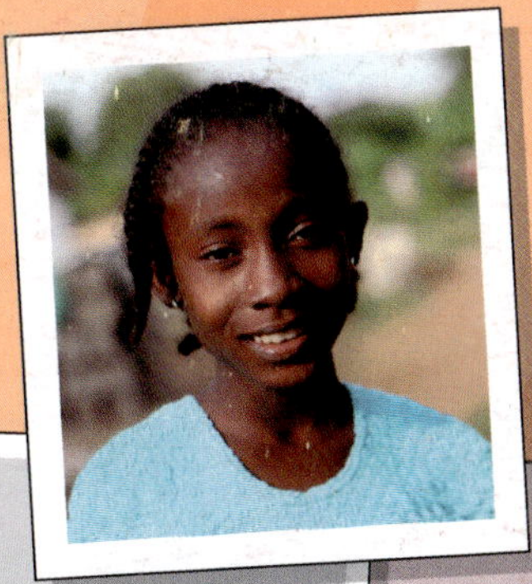

3

I'm Akeyo. I live in the Serengeti National Park in Kenya. It's very hot here. There are a lot of different animals in the park. I like the giraffes. They're tall and they have long necks.

## 3 Read and say the name.

1 He lives in London. James
2 They eat bananas. Orangutans
3 They are tall and have long necks. Giraffes
4 They have long arms. Orangutans
5 His house is near an orangutan center. Surian

## 4 Ask and answer. Answers will vary.

1 Is there a zoo near you? Which animals can you see there?
2 Do you go to the zoo with your family?
3 Are there national parks in your country? Where are they?
4 What's your favorite animal? Does it live in your country?

## 5 Write about wild animals in Brazil.

Workbook page 109, Activities 11 and 12.

## Wider World

**Objetivos da aula**
Personalizar a linguagem da unidade; aprender sobre outros animais selvagens e seus hábitats; propiciar uma oportunidade para autoavaliação.
**Valores**
A importância de preservar a vida selvagem.
**Linguagem-alvo**
*National Parks; lion cubs, orangutan*
**Linguagem reciclada**
*Body parts, Food, Seasons, Weather; They like (climbing trees).*
**Materiais**
*Multi-ROM, Flashcards (Weather), mini cards* da *Unit* 3, um mapa-múndi ou globo, enciclopédias, papel sulfite, um saco ou caixa, fotos de animais, revistas, *Worksheet* 3
**Observação:** As atividades da lição *Wider World* podem ser feitas em uma ou duas aulas, dependendo do uso das seções *Atividade em dupla, Extra!, Jogo* e *Atividades opcionais*. As atividades do *Workbook* também podem ser dadas em mais de uma aula.

### Começando a aula

- Jogue *Question Chain* (ver p. T90) para revisar questões relativas ao tempo, por exemplo, *Do you like (swimming) in the (summer)? Is it cold/hot in the winter? What's the weather like today?*
- Em seguida faça um *brainstorming* com os nomes de animais selvagens, fornecendo as palavras em inglês, se necessário. Então, desenhe os animais bem lentamente na lousa e peça que os alunos tentem adivinhar. Peça aos alunos também que descrevam o animal (ex.: *It's big. It eats meat. It has four legs*).

**SB pages 28-29**

### Apresentação

- Chame a atenção dos alunos para as figuras e peça a eles que deem os nomes dos animais: *orangutan, lion, giraffes, zebras*. Repita as palavras diversas vezes. Explique o que significa *lion cub* e diga, *Look, these are baby lions, they're lion cubs*. Então, discuta (L1) que tipo de clima são mais propícias para esses animais.
- Peça aos alunos que olhem o texto, encontrem os nomes dos países ou das cidades e as localizem no mapa ou no globo.
- Foque no terceiro texto e explique (L1) o que é um parque de vida selvagem.

### 1 Listen and read.

- Diga aos alunos (L1) que eles ouvirão e lerão um texto sobre três crianças e os animais selvagens de que elas gostam. Peça aos alunos que acompanhem o texto juntamente com a gravação e digam o nome das crianças. Toque T35 mais uma vez, para que os alunos tenham um primeiro contato com o texto e, em seguida, toque a faixa novamente.
- Depois, toque cada uma das partes separadamente e faça perguntas como estas para verificar se eles compreenderam o texto. Tire as dúvidas de vocabulário.
  - *What do baby orangutans eat?*
  - *What are James' favorite animals?*
  - *What's the weather like in the Serengeti National Park?*
- Como *follow-up*, você pode convidar os alunos individualmente para lerem partes do texto. (Se preferir, você pode trabalhar com *shadow reading*. Toque T35 e peça aos alunos que leiam as palavras enquanto tentam manter a mesma velocidade e o mesmo ritmo da gravação. À medida que os alunos conseguirem manter a leitura, você pode diminuir o volume do áudio algumas vezes).

### 2 Read and answer.

- Chame a atenção dos alunos para as perguntas e peça a eles que leiam os textos cuidadosamente e respondam às questões no caderno. Verifique as respostas juntamente com a classe.

### 3 Read and say the name.

- Chame a atenção dos alunos para as frases e peça a eles que leiam os textos novamente e escrevam o nome correto no caderno.
- Quando eles terminarem, divida-os em duplas (veja ideias de como dividir os alunos em duplas nas pp. XII e XIII). O Aluno A fala uma frase e o Aluno B, um nome. Em seguida, eles invertem os papéis.

### Extra!

- Peça aos alunos que fechem os livros. Divida-os em dois grupos e escolha um 'capitão' para cada grupo. Os dois capitães devem ficar a alguns metros do quadro.
- Leia os textos da *Activity* 1, cometendo alguns erros intencionalmente. Quando os alunos apontarem um erro, o capitão deve ir até o quadro e escrever a palavra correta. O aluno que fizer a correção primeiro ganha um ponto para seu grupo.

### Valores

- Foque no mapa-múndi ou no globo e pergunte aos alunos se eles sabem onde há animais selvagens (*in Africa, in South America, in Australia...*). Em seguida, pergunte o que eles sabem sobre os parques nacionais do Brasil (onde estão localizados, que tipo de animais podem ser encontrados nesses lugares). Porque existem os parques nacionais? Por que eles são importantes?
- Você pode levar livros de referência ou, se as condições permitirem, levar os alunos ao laboratório de informática para pesquisar informações sobre animais selvagens e parques nacionais na Internet. Peça a eles que compartilhem as informações que encontrarem com toda a classe.

## 4 Ask and answer.

- Os alunos discutem as perguntas em pequenos grupos. Eis algumas sugestões que o ajudarão a conduzir a atividade com sucesso:
  - Coloque os alunos em círculos, de modo que eles possam ver uns aos outros. Eles podem sentar no chão ou deslocar suas cadeiras.
  - Forneça o vocabulário adicional de que os alunos precisam para expressar suas ideias. Se os itens do vocabulário forem relevantes para todos os alunos, escreva-os na lousa.
  - Incentive diferentes alunos a expressarem suas ideias, mas respeitando aqueles mais quietos.
  - Incentive os alunos a expressar suas ideias em inglês o máximo que puderem. Você pode reformular as frases em português dos alunos para o inglês.
- Como *follow-up*, você pode pedir aos alunos que escrevam as respostas no caderno.

## 5 Write about wild animals in Brazil.

- Faça um *brainstorming* com nomes de animais selvagens que podem ser encontrados no Brasil. Em seguida, divida os alunos em duplas e distribua uma folha de papel A3.
- Peça aos alunos que escolham um ou dois animais selvagens e façam uma descrição. Eles podem incluir informações sobre onde esses animais vivem, o que comem e sobre sua aparência. Os alunos podem usar os livros de referência que você trouxe para buscar informações. Ajude-os com o vocabulário extra e com a estrutura das frases.
- Eles podem desenhar figuras para ilustrar seu trabalho. Quando tiverem terminado, convide algumas duplas para compartilharem seu texto com a classe. Exponha os trabalhos na sala de aula.

**Dicionário visual**

- Foque a atenção dos alunos na p. 140 e mostre a eles imagens de animais.
- Divida os alunos em duplas e peça a eles que leiam as palavras que estão logo abaixo das figuras. Então, eles escondem as palavras e se revezam tentando dizê-las.

**Os alunos podem completar o *Worksheet* 3.**

**Encerrando a aula**

- Divida os alunos em dois grupos. Um aluno do Grupo A imita um animal e o do Grupo B adivinha qual é o animal. Se eles adivinharem, ganham um ponto. Em seguida, os papéis são invertidos.

**ATIVIDADES OPCIONAIS**

**Game**

Jogue *Quick Peek* (ver p. T88) utilizando os *mini cards* da *Unit* 3.

**Coded message**

Escreva uma mensagem codificada na lousa e peça aos alunos que a decodifiquem utilizando a roda da p. 94. Então, divida os alunos em duplas para que eles possam escrever suas próprias frases codificadas. Peça às duplas que troquem as mensagens e os decodifiquem, e, em seguida, leiam para a classe.

**WB pages 108-109**

## 10 Read the email. Then complete the answer.

- Os alunos leem o e-mail e, então, completam as frases com a informação correta.

## 11 Draw your favorite season.

- Os alunos desenham e pintam uma cena relacionada à sua estação do ano favorita.

## 12 Write about your favorite season.

- Os alunos fazem uma descrição de seu desenho completando as frases (ex.: *My favorite season is summer/I like swimming/I go to the beach).*

**Self-assessment**

- Diga aos alunos (L1) que eles devem escolher e colorir o número apropriado de estrelas, dependendo de como acham que foi seu desempenho na unidade. Converse com eles sobre o que aprenderam, sobre o que são capazes de fazer agora, de quais atividades eles gostaram mais e quais delas foram difíceis.

# 4 My week

**1** (T36) **Listen, point and say.**

1 go skateboarding

2 go swimming

3 do karate

4 do gymnastics

5 have ballet lessons

**2** (T37) **Listen and say the missing phrase.**
Do gymnastics.



Workbook page 110, Activities 1 and 2.

## 3 Chant.

What do you do on Saturdays?
What do you do on Saturdays?
I do gymnastics at 10 o'clock.
She does gymnastics at 10 o'clock.
I go swimming at 11 o'clock.
He goes swimming at 11 o'clock.
I have ballet lessons at two thirty.
She has ballet lessons at two thirty.
I go skateboarding at 4 o'clock.
He goes skateboarding at 4 o'clock.

**LOOK!**

I go swimming at 11 o'clock.
He go**es** swimming at 11 o'clock.

## 4 Listen and answer. *True* or *false*?

1 John has music lessons at 3 o'clock. False
2 Ruby does karate at six thirty. False
3 Jenny does gymnastics at 10 o'clock. True
4 Sam goes skateboarding at 4 o'clock. True

## 5 Look and make sentences.

1 Ruby/ballet lessons
Ruby has ballet lessons at two thirty.

2 John/swimming
John goes swimming at eleven o'clock.

3 Madley Kool/music lessons
Madley Kool has music lessons at eleven thirty.

4 Madley Kool/karate
Madley Kool does karate at three thirty.

Workbook page 111, Activity 3.

# 4 My week

## Lesson 1

**Objetivos da aula**
Apresentar e praticar o novo vocabulário.
**Linguagem-alvo**
*do gymnastics, do karate, go skateboarding, go swimming, have ballet, have music lessons*
**Linguagem reciclada**
*What's your name? I'm John.*
**Materiais**
*Multi-ROM, Flashcards* (*My week*)

### Começando a aula

- Jogue *Teacher Says* (ver p. T89) para revisar esportes e ações. Diga, por exemplo, *Teacher says, Move your legs.*

**SB page 30**

### Apresentação

- Foque a atenção dos alunos na figura, lembrando-os (L1) de que os *sets* de filmagem foram abordados na unidade anterior.
- Aponte para as roupas de karatê e pergunte (L1) qual é tipo de *set* de filmagem desse filme (ex.: karatê ou artes marciais). Então pergunte *Can you see Madley Kool? Where is he?* Os alunos apontam para Madley Kool na figura.
- Apresente o vocabulário utilizando os *flashcards*. Mostre-os um por vez e diga qual é a atividade, para que os alunos possam repetir. Mostre os *flashcards* novamente, mas desta vez peça aos alunos que digam as frases, individualmente.
- Fixe os *flashcards* na lousa e convide um aluno para vir à frente e apontar os *flashcards* aleatoriamente. Os outros alunos dizem as palavras que esse aluno apontar.

### 1 Listen, point and say.

- Chame a atenção dos alunos para as palavras na atividade no final da página. Toque T36 e peça a eles que apontem as figuras nos livros. Toque novamente, fazendo pausas entre as frases para que os alunos possam repeti-las. Peça a alguns alunos, que individualmente, pronunciem as palavras.

### Atividade em dupla

- Divida os alunos em duplas (veja ideias de como dividir os alunos em duplas nas pp. XII e XII). Eles se revezam para fazer as perguntas da *Activity* 1, por exemplo, *What's number* (*three*)*?* (*Do karate.*)

### 2 Listen and say the missing phrase.

- Agora foque na ilustração principal, aponte para os personagens e pergunte *Who's this?* Peça aos alunos que nomeiem as diferentes atividades na ilustração. Então, aponte para os personagens e peça aos alunos que digam qual é a atividade correspondente nos balões de fala. Pergunte aos alunos (L1) o que está acontecendo e escreva as previsões deles na lousa.
- Diga aos alunos (L1) que eles ouvirão os personagens falando sobre as atividades na ilustração principal, mas que um item da *Activity* 1 estará faltando.
- Oriente-os a prestar atenção à ilustração principal. Toque T37 uma vez até *What's missing?*. Dê alguns minutos para os alunos compararem o diálogo com as figuras da *Activity* 1. Toque a faixa novamente até o final.
- Toque T37 de novo, fazendo pausas após cada frase, para que os alunos possam repetir. Encoraje-os a seguir o tom de voz e as expressões, para que fiquem parecidas com as dos personagens.
- Verifique as hipóteses dos alunos sobre a história (as crianças estão sendo entrevistadas sobre suas atividades).

**T37**

| | |
|---|---|
| **Tina** | Hi. I'm Tina from *Star* magazine. I'm here to talk to Madley. Madley Kool. Where is he? |
| **John** | I don't know. You can talk to me. |
| **Tina** | You? Erm... What's your name? |
| **John** | I'm John. |
| **Tina** | OK. Hi, John. |
| **John** | Hi. |
| **Tina** | John, what do you do on Saturdays? |
| **John** | I go swimming in the morning and I have music lessons in the afternoon. |
| **Ruby** | Hello, I'm Ruby. I do karate in the morning and I have ballet lessons in the afternoon. |
| **Sam** | I'm Sam. I go skateboarding in the afternoon. |
| **Jenny** | And I... |
| **Tina** | What's that? |
| **Narrator** | What's missing? |
| **Children** | Do gymnastics! |

### Encerrando a aula

- Divida os alunos em duplas. Eles se revezam na escolha dos personagens dos balões de pensamento na figura. Um dos alunos imita o que os personagens estão fazendo, enquanto o outro tenta adivinhar quem o primeiro aluno está imitando.

**ATIVIDADE OPCIONAL**
**Game**
Jogue *Charades* (ver p. T89) para revisar as ações aprendidas nesta lição e na *Unit* 1.

**WB page 110**

### 1 Look and write.

- Os alunos escrevem as frases para as figuras correspondentes.

### 2 Look, think and complete.

- Os alunos completam as frases com a palavra correta do quadro.

## Lesson 2

**Objetivos da aula**
Revisar o vocabulário da *Lesson* 1 com uma canção; apresentar nova estrutura.
**Linguagem-alvo**
*Telling the time; at, on*
**Linguagem reciclada**
*Activities*
**Materiais**
*Multi-ROM, Flashcards* (*My week*), um relógio de brinquedo, papel sulfite

**Começando a aula**

- Jogue *Aye, Aye, Captain!* (ver p. T89) para revisar o vocabulário da *Lesson* 1.

**SB page 31**

**Apresentação**

- Traga um relógio de brinquedo para a sala de aula ou desenhe um na lousa. Mostre dez horas e diga, *It's ten o'clock.* Os alunos repetem. Dê mais alguns exemplos e incentive os alunos a dizer as horas.
- Mostre 10h30 e diga, *It's ten thirty.* Pratique falando outros horários. Você pode pedir a um dos alunos para vir à frente e mover os ponteiros do relógio.

### 3 Chant.

- Foque a atenção dos alunos na música. Então, toque T38 para que eles ouçam e acompanhem as palavras. Toque novamente, fazendo pausas depois de cada frase para que os alunos possam repetir.
- Toque a música mais uma vez para que os alunos participem. Se necessário, utilize os *flashcards* para ajudar a fixar as palavras.

**Extra!**

- Desenhe relógios em branco e escreva, por exemplo, *It's nine o'clock* e *It's two thirty*, próximo a cada um deles. Peça aos alunos que digam que horas são e desenhe os ponteiros dos relógios. Eles podem copiar a atividade no caderno.
- Continue a praticar com outros horários.

**Apresentação**

- Chame a atenção dos alunos para as frases na caixa *Look!*. Escreva-as na lousa, de modo que os alunos possam acompanhar sua explicação. Peça a eles que prestem atenção às diferenças entre ambas as frases e ajude-os a concluir uma regra simples (ex.: *utilize* go *com* I *e* goes *with* he and *she*).
- Então, aponte para o uso de *at* com os horários. Utilize sentenças na música para mostrar o uso de *on* com os dias da semana.
- Solicite os exemplos dos alunos, utilizando a primeira e a terceira formas verbais. Escreva-os na lousa e peça aos alunos que copiem no caderno.

### 4 Listen and answer. *True* or *false*?

- Peça aos alunos que olhem para a ilustração principal. Lembre-os de que uma jornalista está entrevistando as crianças. Diga a eles (L1) que ouvirão o restante da conversa.
- Chame a atenção dos alunos para as frases verdadeiras e falsas. Então, toque T39. Se necessário, você pode repetir essa faixa duas ou três vezes. Confira as respostas pedindo aos alunos que leiam individualmente as frases.
- Toque a gravação novamente e pergunte (L1) qual aula as crianças não tiveram (*acting lessons*). Explique o significado de *acting lessons* e, então, pergunte aos alunos por que a jornalista foi embora (ela ficou desapontada com o fato de as crianças não serem atores).

T39

**Tina** Hello again. So, John, what time do you have music lessons?
**John** At three thirty.
**Tina** And Ruby... What time do you do karate?
**Ruby** At nine thirty.
**Tina** Jenny, what time do you do gymnastics?
**Jenny** At ten o'clock.
**Tina** Sam, what time do you go skateboarding?
**Sam** At four o'clock.
**Tina** So... John has music lessons at three thirty, and Ruby does karate at nine thirty. Jenny does gymnastics at ten o' clock, and Sam goes skateboarding at four o'clock. And when do you have acting lessons?
**Sam** Acting lessons? We don't have acting lessons.
**Tina** What?! Aren't you actors?
**Ruby** Actors? No, we aren't!
**Tina** Oh... well, thank you for talking to me. Goodbye.

### 5 Look and make sentences.

- Divida os alunos em duplas (veja ideias de como dividir os alunos em duplas nas pp. XII e XIII). Os alunos se revezam olhando os relógios e dizendo o que as crianças fazem nos diferentes horários. Faça o primeiro, para exemplificar. Monitore as duplas para verificar o uso da linguagem.
- Como *follow-up*, peça aos alunos que escrevam as frases no caderno.

**Encerrando a aula**

- Jogue *The Ball* (ver p. T89). Os alunos dizem as frases, incluindo a hora em que eles realizam as atividades (ex.: *I go swimming at two thirty*).

**ATIVIDADE OPCIONAL**
**Flashcard game**
Jogue *Hot Seat* (ver p. T88).

**WB page 111**

### 3 Look at the calendar and write.

- Os alunos olham para as entradas do calendário e formam frases sobre cada atividade.

## 6 Listen and sing.

**SONG**

How does she go to school?
Does she go by bike or car?
Does she go by bus or does she walk?
Is it very far? Is it very far?
She goes to school by bus.
Yes, she goes to school by bus.
She doesn't go by bike or car.
She goes to school by bus.

How does he go to the park?
Does he go by bike or car?
Does he go by bus or does he walk?
Is it very far? Is it very far?
He goes to the park by bike.
Yes, he goes to the park by bike.
He doesn't walk or go by bus.
He goes to the park by bike.

**LOOK!**

How **does** she **go** to school?
She **goes** to school **by bus**.
He **walks** to the park.

## 7 Play the game.

Workbook pages 111 and 112, Activities 4 and 5.

## Lesson 3

**Objetivos da aula**
Ampliar o vocabulário da unidade; praticar o vocabulário com uma canção.

**Linguagem-alvo**
*boat, far, walk; How does (she) go to (school)? Does (she) go by (bike) or (car)? (She) goes to (school) by (bus).*

**Linguagem reciclada**
*bike, bus, car, park, school, train*

**Materiais**
*Multi-ROM, Flashcards* (*My week*), um mapa da cidade, *spinners* ou dados

### Começando a aula

- Jogue *Bingo!* (ver p. T89) para revisar como dizer as horas.

**SB page 32**

### Apresentação

- Foque na figura e, então, aponte para os três veículos, um por vez, para revisar as palavras.
- Diga *I go to* (*the park*) *by* (*car*), *and you?* Pergunte para vários alunos. Então, aponte para um aluno e pergunte *How does (he) go to school?* Os alunos tentam se lembrar da resposta do colega. Reformule a frase dizendo *(He) goes to school by (car)*.
- Apresente a palavra *walk* por meio de alguns exemplos ou fazendo mímica. Então, use o mapa de sua cidade para explicar o significado de *far*.

### 6 Listen and sing.

- Toque T40 e peça aos alunos que acompanhem as palavras no livro. Crie mímicas para os diferentes modos de ir para a escola/ para o parque, de acordo com a canção. Em seguida, toque a faixa novamente para que os alunos participem da música e das mímicas.
- Divida os alunos em dois grupos – meninos e meninas. Os meninos cantam as frases sobre as meninas e as meninas, as frases sobre os meninos. Toque T40 novamente e peça aos grupos que cantem a música.

### Apresentação

- Foque a atenção dos alunos nas respostas na caixa *Look!* e escreva-as na lousa. Aponte para o uso de *does* em perguntas e do uso de *by* com meio de transporte. Então, chame a atenção deles para o uso de *walk*.
- Apresente outros exemplos dos alunos, escrevendo as frases na lousa na terceira pessoa do singular. Utilize cores diferentes (ou sublinhe/circule os itens nas frases) para ajudar os alunos a compreender a estrutura. Peça aos alunos que copiem os exemplos no caderno.

### 7 Play the game.

- Divida os alunos em duplas (veja ideias de como dividir os alunos em duplas nas pp. XII e XIII). Foque nas figuras e peça aos alunos que repitam os meios de transporte. Introduza/revise as palavras.
- Chame a atenção dos alunos para a linguagem nos balões de fala e explique (L1) a atividade. O Aluno A pergunta *How does he go to school?* O Aluno B gira o *spinner* (ou lança os dados) e responde de acordo com o número que sair, por exemplo, *Five! He goes to school by train.* Então, os alunos invertem os papéis.
- Se necessário, monitore as duplas, para ajudar com o uso da linguagem. Como *follow-up*, os alunos podem escrever as frases no caderno.

Diga aos alunos para ensinarem a canção a seus pais e cantá-la em casa juntamente com eles. Eles também podem cantá-la no caminho de ida e de volta da escola.

### Encerrando a aula

- Os alunos cantam a música novamente. Divida a sala em dois grupos. Um deles canta as perguntas e o outro, as respostas.

**ATIVIDADE OPCIONAL**

**Sentence building chain**

Os alunos constroem frases adicionando uma palavra cada. O aluno 1 diz, por exemplo, *Sam...* então, o aluno 2 diz, *Sam goes...* e o aluno 3 diz, *Sam goes to.* Eles devem continuar até que tenham construído a frase. Então, outro aluno começa uma nova sentença. Se um dos alunos esquecer uma letra ou fizer uma adição incorreta, o grupo perde a vez e o outro grupo começa uma nova sentença. Eles não podem repetir os meios de transporte. Você pode dividir os alunos em dois grupos para transformar o jogo em uma competição.

**WB pages 111-112**

### 4 How does he/she go to the park? Look, think and write.

- Os alunos observam os itens 1 a 4, fazem a associação correta na figura maior e completam as frases como no exemplo.

### 5 Follow and write.

- Os alunos descobrem qual meio de transporte cada uma das crianças utiliza para ir à escola, traçando seu caminho por meio do labirinto. Eles então completam as frases.

## Lesson 4

**Objetivos da aula**
Desenvolver as habilidades de leitura, compreensão auditiva e a oralidade.
**Linguagem-alvo**
*afternoon, evening, morning; go to a party; What do you do on (Saturdays)? What does (Fifi) do on (Saturdays)? What time does (she) have (ballet lessons)?*
**Linguagem reciclada**
*Activities, Days of the week, Telling the time; busy; How does (she) go to (her ballet lesson)? Does (she) walk? (She) loves (dancing). (She) doesn't like (walking).*
**Materiais**
*Multi-ROM, mini cards* da *Unit* 4, tesoura, relógio de brinquedo, papel sulfite, fita crepe

### Começando a aula

- Traga um relógio de brinquedo para a sala de aula. Mova os ponteiros e mostre diferentes horários, e os alunos dizem *It's (three thirty).* Então, mova os ponteiros do relógio e diga, por exemplo, *It's five thirty*. Se estiver correto, os alunos batem palmas, mas, se estiver incorreto, eles agitam os braços e dizem a hora correta.

**SB page 33**

### Apresentação

- Desenhe uma página de calendário na lousa, escreva o dia e a data no topo da página e, então, divida-o em três partes. Nomeie as partes da seguinte maneira: *morning*, *afternoon* e *evening*. Em seguida, escreva alguns compromissos para cada parte do dia e comente sobre o que você faz, por exemplo *I (go swimming) in the (morning)*. Pergunte aos alunos o que eles fazem durante o dia.
- Utilize as figuras para introduzir a expressão *go to a party*.

### 8 Look and read.

- Foque nas quatro figuras e pergunte o que Fifi está fazendo em cada uma delas. Então, os alunos leem sobre o dia de Fifi.
- Faça algumas perguntas para testar a compreensão (ex.: *What does she do in the morning? Does she like ballet lessons?*).

### 9 Listen and answer. *True* or *false*?

- Diga aos alunos (L1) que eles escutarão algumas frases sobre o texto e devem decidir se são verdadeiras ou falsas. Toque T41 uma vez, para que os alunos apenas ouçam.
- Então, toque uma frase de cada vez, fazendo pausas entre elas para permitir que os alunos decidam e escrevam *true* ou *false* nos quadros. Toque a faixa novamente, para que eles possam conferir suas respostas.
- Como *follow-up*, peça aos alunos que corrijam as frases incorretas no caderno.

**T41**

1 Fifi has ballet lessons at ten o'clock.
2 She walks to her ballet lesson.
3 She has ballet lessons in the afternoon.
4 She goes skateboarding in the afternoon.
5 She likes Saturdays.

### Desenvolvendo a escrita

- Entregue a cada aluno uma folha de sulfite e peça a eles que escrevam escreverem um texto sobre um personagem imaginário (ou sobre um amigo) semelhante ao texto apresentado na *Activity* 8, que os alunos podem utilizar como modelo.
- Os alunos trabalham individualmente em seus textos. Monitore--os para ajudar com o uso da linguagem. Se o tempo permitir, os alunos finalizam seus textos na classe; do contrário, eles podem finalizar em casa. Eles podem decorar os textos com desenhos. Exponha o trabalho dos alunos na sala de aula.

### 10 Go to page 79 and play the game.

- Divida os alunos em duplas (veja ideias de como dividir os alunos em duplas nas pp. XII e XIII). Peça a eles que recortem os *mini cards* da p. 79. Quando eles tiverem terminado de cortar todos os *cards*, diga uma atividade representada nos *cards (have ballet lessons)*, e peça aos alunos que levantem o *card* correspondente. Faça o mesmo com as outras imagens.
- Foque na ilustração e na linguagem dos balões de fala. Diga aos alunos (L1) que as crianças estão brincando com um jogo e que a classe fará o mesmo com seus *cards*. Os alunos os colocam sobre suas carteiras, com a face virada para baixo. Explique a atividade: O Aluno A pergunta *What do you do on Saturdays?* Então, o Aluno B pega um *card* da mesa, olha, mas não mostra ao Aluno A. O Aluno B faz mímicas para representar a atividade contida no *card*, e o Aluno A tenta adivinhar do que se trata, por exemplo, *You (have music lessons)*. Se a frase estiver correta, o Aluno A fica com o *card*. Eles então invertem os papéis.

### Encerrando a aula

- Escreva diferentes horários na lousa, em ordem aleatória e, depois, divida a sala em dois grupos (veja ideias de como dividir os alunos em grupos nas pp. XII e XIII). O alunos ficam em fila em frente ao quadro.
- Diga um dos horários que está listado na lousa. Um aluno de cada grupo deve correr até o quadro e circular o exercício correto. O primeiro a corrigir os horários ganha um ponto para seu grupo.

**ATIVIDADE OPCIONAL**
**Game**
Jogue *Jumping the Line* (ver p. T88) utilizando o texto da *Activity* 8.

**WB page 112**

### 6 Unscramble and write sentences.

- Os alunos desembaralham as palavras e escrevem frases.

## 8 Look and read.

### What does Fifi do on Saturdays?

*She has ballet lessons in the morning. She loves dancing!*

### What time does she have her ballet lesson?

*At 10 o'clock.*

### How does she go to her ballet lesson? Does she walk?

*No, she goes by car! She doesn't like walking.*

### What does she do in the afternoon?

*She goes skateboarding in the park at 2 o'clock. Then she goes to a party with her friends. She has a lot of fun on Saturdays!*

## 9 Listen and answer. *True* or *false*?

T41

1 True
2 False
3 False
4 True
5 True

## 10 Go to page 79 and play the game.

11 T42 Listen and read. Then act.

STORY

NOW GO TO FILM STUDIO ISLAND.

## Lesson 5

**Objetivos da aula**
Consolidar a linguagem da unidade com uma história.
**Linguagem-alvo**
*singing lessons, work*
**Linguagem reciclada**
*Activities; Does he walk to work? He goes to work by car. On (Mondays) he (does karate). He can't swim.*
**Materiais**
*Multi-ROM*, papel sulfite

**Começando a aula**
- Os alunos jogam *Quick Peek* (ver p. T88) usando os *mini cards*.

**SB page 34**

### 11 Listen and read. Then act.
- Utilizando mímicas e exemplos, apresente *work* e *singing lessons.*
- Lembre os alunos da história nas unidades anteriores e pergunte, por exemplo, *Where are the children?* (Em um *set* de filmagem.)
- Antes de ouvir a história, faça estas perguntas para os respectivos quadrinhos. Tente discuti-las em inglês:
  1 *Who are the children talking to?* [Discussão livre.]
  2 (Apontando para Madley Kool.) *Who's this?* [Madley Kool.]
  3 *What is Madley Kool doing?* [Discussão livre.]
  4 *What is he doing?* [Discussão livre.]
  5 *What's the weather like?* [Está um dia quente e ensolarado.]
  6 *Is Madley Kool happy?* [Não, ele está assustado.]
- Toque T42 e peça aos alunos que acompanhem a história no livro. Toque novamente, fazendo pausas depois de cada frase, de modo que os alunos possam repetir.
- Em seguida, verifique se os alunos compreenderam a história fazendo as seguintes perguntas:
  1 *Who are the children asking about?* [Madley Kool.]
  2 *How does he go to work?* [De carro.]
  3 *What does he do on Mondays?* [Ele pratica caratê.]
  4 *Is the teacher happy? Why?* [Não, porque Madley não sabe cantar.]
  5 *When does he go swimming?* [Aos sábados.]
  6 *Can Madley swim?* [Não, ele não sabe.]
- Peça aos alunos que (L1) prevejam o que acontecerá no próximo episódio da história.
- Divida os alunos em quatro grupos e atribua um personagem a cada um. Os alunos leem as partes correspondentes a seus personagens sentados em seus lugares. Isso motivará os alunos mais tímidos a participarem da encenação mais tarde.
- Convide cinco alunos para representarem os personagens da história. Peça aos voluntários que venham à frente da sala e encenem a história (um dos alunos desempenha as atividades de Madley Kool). Encoraje-os a seguir o tom de voz e as expressões, para que fiquem parecidas com as dos personagens. Como alternativa, você pode convidar outros alunos para lerem as frases enquanto os cinco encenam a história.

**Jogo**
- Divida os alunos em dois grupos (veja ideias de como dividir os alunos em grupos nas pp. XII e XIII). Reconte a história, mas cometendo alguns erros intencionais. Cada vez que os grupos apontarem um erro, eles devem levantar as mãos e fazer a correção.

**Jogo**
- Peça aos alunos (L1) que finjam que são espiões e que têm uma mensagem secreta para os outros espiões da organização.
- Divida os alunos em duplas e peça a eles que escrevam mensagens secretas para seus colegas de classe utilizando o código da p. 94. Eles trocam as mensagens e as decodificam. Convide algumas das duplas para lerem suas mensagens para toda a classe.

**Encerrando a aula**
- Revise o que acontece na história e escreva na lousa algumas frases incompletas sobre Madley Kool (ex.: *He goes to work... On Mondays he...* etc.) e peça aos alunos que as completem.
- Você pode transformar esta atividade em uma competição, dividindo os alunos em dois grupos e pedindo a um representante de cada grupo que complete a frase.

Os alunos agora podem acessar o *Film Studio Island* para se divertir e jogar tanto em casa quanto no laboratório de informática da escola. Peça a eles que encontrem o "guarda--chuva" que Cleo está segurando em uma das páginas da unidade (p. 32). Então, diga aos alunos que eles têm de achar o guarda--chuva na *Film Studio Island* (que está à esquerda da piscina, na área de recreação). Quando os alunos clicarem no guarda-chuva, serão direcionados para um jogo de linguagem complementar baseado no vocabulário da *Unit* 4.

**ATIVIDADE OPCIONAL**
**Game**
Jogue *Category Writing* (ver p. T89) utilizando o vocabulário desta unidade.

## Lesson 6

**Objetivos da aula**
Integrar outras áreas do currículo na aula de inglês; desenvolver o tópico interdisciplinar com um projeto.
**Foco interdisciplinar**
Ciências Sociais – como as crianças vão à escola
**Linguagem-alvo**
*plane, radio, rivers, roads, snowmobile*
**Linguagem reciclada**
*boat, cold, cool, home; How do you go to school?*
**Materiais**
*Multi-ROM*, um mapa-múndi ou globo, papel sulfite, *Flashcards* (*My week*)

### Começando a aula

- Divida os alunos em dois grupos (veja ideias de como formar grupos nas pp. XII e XIII). O Grupo A escreve os meios de transporte em um pedaço de papel e entrega aos alunos do Grupo B. Esses alunos vão até a lousa e fazem mímicas (ex.: *a car*). O Grupo B tenta adivinhar o que é.

**SB page 35**

### 12 Listen, read and match.

- Direcione a atenção dos alunos para o título do artigo. Então, cubra-o com um pedaço de papel e peça que tentem adivinhar (L1) sobre o que é o texto.
- Com os livros fechados, toque T43 e peça aos alunos que verifiquem suas hipóteses.
- Então, peça aos alunos que abram o livro. Eles leem e ligam os textos às figuras. Explique (L1) que eles não precisam entender todas as palavras do texto para ligá-las à figura correspondente.
- Agora, toque T43 novamente, fazendo pausas após cada texto para que os alunos possam verificar suas respostas.
- Faça algumas perguntas para verificar se eles compreenderam o texto (ex.: *How do Lanau and his friends go to school? Where is Ricky's school?*).

### 13 Find the words.

- Os alunos observam as figuras e tentam adivinhar em que lugar do mundo estas crianças vivem. Pergunte *Where are they from?* Os alunos tentam adivinhar (ex.: *Alaska, Canada, China*). Mostre o mapa e peça aos alunos que localizem os países.
- Foque nas palavras e peça aos alunos que as encontrem no texto. Chame os alunos individualmente para ler a frase com a palavra inserida. Tire as dúvidas de vocabulário.
- Pergunta aos alunos (L1) se eles gostariam de ir à escola de barco, de veículo de neve, ou estudar em casa, como Ricky.

**Extra!**

- Trabalhe com *shadow reading.* Toque T43 e peça aos alunos para lerem as palavras e tentarem manter a mesma velocidade e o mesmo ritmo da gravação. À medida que os alunos conseguirem manter a leitura, diminua o volume algumas vezes.

### 14 Look at Activity 12. Ask and answer.

- Divida os alunos em duplas (veja ideias de como dividir os alunos em duplas nas pp. XII e XIII) e chame a atenção deles para os balões de fala. Faça um *brainstorming* de perguntas que os alunos poderiam fazer sobre as crianças no texto e as escreva na lousa.
- Em seguida, os alunos se revezam nas perguntas e respostas sobre as crianças do texto. Incentive os alunos a utilizar as ideias listadas na lousa, mas também a elaborar novas perguntas.
- Como *follow-up*, os alunos escrevem as perguntas e respostas no caderno.

**Think!**

- Escreva as instruções na lousa, *Make a list of different ways children can get to school in your town. Which is the fastest? Which is the safest? Which is the 'greenest'?*
- Divida os alunos em pequenos grupos, incentive um *brainstorming* e apresente algumas respostas possíveis às hipóteses. Enfatize principalmente a necessidade de justificar suas respostas (em L1, se necessário). Escreva as ideias dos alunos na lousa e peça a eles que as expliquem.

**Miniprojeto**

- Leve os alunos ao laboratório de informática, de modo que eles possam fazer algumas pesquisas na Internet. Para ganhar tempo, você pode selecionar alguns *sites* previamente.
- Divida os alunos em duplas e pergunte (L1) se eles sabem como as crianças vão à escola em outros lugares do mundo. Em seguida, peça a eles que procurem a informação e escrevam algumas frases sobre os resultados. Eles podem ilustrar os textos com desenhos e com figuras impressas da Internet.
- Quando eles tiverem terminado, convide algumas das duplas para compartilhar o trabalho com a classe. Exponha os projetos nas paredes da sala de aula.

### Encerrando a aula

- Os alunos jogam *Make a Sentence* (ver p. T88) utilizando o vocabulário da unidade.

**ATIVIDADE OPCIONAL**
**Game**
Jogue *Conversation Relay* (ver p. T89).

**WB page 113**

### 7 Look and write.

- Os alunos observam as figuras das crianças e estabelecem a relação correta entre elas e os meios de transporte. Em seguida, completam as frases.

### 8 Look at the code on page 94 and write the message.

- Os alunos substituem as letras do código pela letra correspondente da roda da p. 94 e escrevem a frase.

12 T43 **Listen, read and match.**

# How do you go to school?

**Do you go by car or bus? Or do you walk? Read about how these children go to school.**

**a**

2 Lanau doesn't go to school by car. There aren't many roads where he lives, but there are a lot of rivers. So Lanau and his friends go to school by boat.

1

2

3

**b**

3 Ricky's school is far away, so he has his lessons at home. His lessons are on the radio and on the Internet. On Fridays, his teacher goes to his house by plane.

**c**

1 Susanna lives in a cold place. She doesn't walk to school. She goes to school by snowmobile. She likes riding her snowmobile. It's cool!

13 **Find the words.**

cold | boat | home | snowmobile | teacher | car

14 **Look at Activity 12. Ask and answer.**

Does Susanna go to school by boat?

No, she doesn't.

MINI PROJECT

Find out how other children go to school.

# Review Units 3 and 4

**1** T44 **Listen, point and say the number(s).**
6, 4 and 5, 2 and 8, 1 and 7

**2** **Look at Activity 1. Ask and answer.**

Workbook page 114, Activities 9 and 10.

## 3 Ask and answer. What's the weather like?

## 4 Listen and say the number. 4, 1, 6, 3, 5, 2

T45

## 5 Read and find.

On Saturdays he does karate at 10 o'clock. He likes computer games. He walks to school.

1

Name: Adam
Goes to school: car
Likes: soccer
Doesn't like: computer games
On Saturdays: swimming 10 o'clock

2

Name: Ben
Goes to school: walks
Likes: computer games
Doesn't like: cleaning
On Saturdays: karate 10 o'clock

## Review Units 3 and 4

**Objetivos da aula**
Revisar a linguagem das unidades 3 e 4; personalizar a linguagem; propiciar uma oportunidade para autoavaliação.
**Valores**
A importância do estudo e da educação
**Linguagem reciclada**
Vocabulário e estruturas das unidades 1 e 2
**Materiais**
*Multi-ROM*, fotos de crianças indo à escola, *Flashcards* (*Weather* e *My week*), uma caixa, papel sulfite, *Worksheet* 4
**Observação:** As atividades da lição *Review* podem ser feitas em uma ou duas aulas, dependendo do uso das seções *Atividade em dupla*, *Extra!*, *Jogo* e *Atividades opcionais*. As atividades do *Workbook* também podem ser dadas em mais de uma aula.

**Começando a aula**

- Coloque todos os *flashcards* referentes ao tempo sobre sua mesa ou dentro de uma caixa virados para baixo. Um aluno tira uma carta e diz a primeira letra da palavra. Os alunos tentam adivinhar qual é a palavra. Modele a atividade antes de pedir aos alunos que a façam sozinhos. Se a primeira tentativa estiver errada, o aluno diz outra letra. Faça o mesmo até que os outros alunos tenham adivinhado ou o primeiro aluno diga a palavra correta primeiro.
- Divida os alunos em dois grupos (veja ideias de como dividir os alunos em grupos nas pp. XII e XIII) e jogue *Spelling Bee* (ver p. T89).

**SB pages 36-37**

### 1 Listen, point and say the number(s).

- Foque a atenção dos alunos na figura e pergunte a eles *Where are they? What are they wearing? Do boys and girls wear the same clothes?*
- Peça aos alunos que descrevam o tempo. Pergunte *What's the weather like? (It's fall. It's cloudy and windy.)* Então, diga à classe que os alunos estão indo embora da escola e pergunte *How do they go home?* Permita que os alunos listem os meios de transporte que veem na figura.
- Agora, diga aos alunos que eles ouvirão uma gravação e que precisam identificar a pessoa correta na figura.
- Toque T44 uma vez e peça aos alunos que apenas ouçam.
- Toque a gravação de novo e peça aos alunos que apontem a pessoa correta e digam o número correto.

> T44
> I walk home.
> I go home by bus.
> I go home by bike.
> I go home by car.

**Valores**

- Discuta com os alunos sobre os diferentes meios que as crianças utilizam para ir à escola (ex.: ônibus, barco etc.). Se você tiver trazido figuras, mostre-as a seus alunos.
- Fale (L1) sobre como as crianças vão para a escola em seu país. Foque nas dificuldades que algumas crianças enfrentam para assistir às aulas e no esforço que as famílias dessas crianças fazem.
- Fale (L1) sobre o papel da educação na vida dos alunos e ressalte a importância do estudo para proporcionar um futuro melhor para eles.

### 2 Look at Activity 1. Ask and answer.

- Divida os alunos em duplas e chame a atenção deles para a linguagem nos balões de fala. O Aluno A diz uma frase sobre a figura e o Aluno B tenta identificar o número correto da figura a que o Aluno A se refere. Depois, eles invertem os papéis.
- Monitore as duplas para ajudar com o uso da linguagem. Como *follow-up*, você pode pedir aos alunos que escrevam suas perguntas e respostas no caderno.

### 3 Ask and answer. What's the weather like?

- Revise o vocabulário sobre o tempo utilizando as figuras. Então, diga um número *(Five!)*, e peça aos alunos que a descrevam (*It's snowy*).
- Os alunos trabalham em duplas. Faça a demonstração da atividade com a ajuda de um aluno. Pergunte: *What's the weather like in number* (*four*)*?* O aluno olha para a figura e responde *It's* (*stormy*).
- Se necessário, escreva as questões na lousa, para ajudar os alunos. Monitore as duplas para ajudar com o uso da linguagem. Como *follow-up*, você pode pedir aos alunos que escrevam as perguntas e respostas no caderno.

**Extra!**

- Escreva as estações do ano na parte superior do quadro e, então, apresente diferentes atividades que podem ser realizadas em cada uma delas. Peça aos alunos que copiem a lista no caderno.

**Jogo**

- Peça aos alunos que escolham três palavras referentes ao tempo e as escrevam no caderno. Em seguida, comece a mostrar os *flashcards*, mas sem dizer as palavras. O aluno que primeiro riscar suas três palavras será o vencedor.

### 4 Listen and say the number.

- Foque a atenção dos alunos nos relógios e diga a eles que ouvirão uma gravação e que devem dizer a qual relógio a gravação se refere.
- Toque T45 uma vez. Os alunos somente escutam. Em seguida, toque de novo, fazendo pausas depois de cada frase, para que os alunos tenham tempo de olhar e dizer o número.
- Como *follow-up*, os alunos escrevem as frases no caderno.

**T45**

It's nine thirty.
It's six o'clock.
It's twelve o'clock.
It's six thirty.
It's three thirty.
It's one o'clock.

### 5 Read and find.

- Chame a atenção dos alunos para as informações dos garotos e pergunte quais são os nomes deles.
- Em seguida, explique a tarefa. Os alunos leem o primeiro texto, na nota. Em seguida, leem os textos sobre Adam e Ben e decidem a qual deles se refere (Ben).
- Como *follow-up*, os alunos podem escrever uma nota similar sobre Adam no caderno.

**Extra!**

- Escreva as palavras *go*, *have* and *do* na lousa, dentro dos círculos. Então, pergunte aos alunos qual atividade é usada com cada verbo. Desenhe linhas a partir dos círculos e escreva as atividades. Os alunos copiam no caderno.
- Como *follow-up*, os alunos podem escrever as frases utilizando *collocations* no caderno.

**Os alunos podem completar o *Worksheet* 4.**

**Encerrando a aula**

- Coloque os *flashcards* (*My week*) em um saco ou em uma caixa. Pegue um e comece a retirá-lo bem lentamente. Os alunos adivinham qual é a figura. O primeiro aluno que adivinhar assume o papel do professor.
- Como alternativa, os alunos elaboram uma frase utilizando essa atividade (ex.: *I have music lessons in the morning*).

**ATIVIDADE OPCIONAL**

**Guess the action**

Desenhe um objeto (ex.: *a bus*) e peça aos alunos que formem uma frase utilizando esse objeto. Eles podem dizer *I go to school by bus*. Convide os alunos individualmente a assumirem seu papel. Você pode transformar essa atividade em uma competição dividindo os alunos em dois grupos.

**WB pages 114-115**

### 9 Complete the words and find the answer.

- Os alunos completam as palavras com as letras que faltam e, em seguida, organizam as letras de modo a formar um dia da semana.

### 10 Write about what you do on Mondays.

- Os alunos observam as atividades listadas no diário e escrevem frases sobre cada uma.

### 11 What do you do on Saturdays? Draw a picture.

- Os alunos criam e colorem um desenho sobre o que eles fazem aos sábados.

### 12 Write about what you do on Saturdays.

- Os alunos fazem uma descrição de seu desenho complementando as frases.

**Self-assessment**

- Diga aos alunos (L1) que eles devem escolher e colorir o número apropriado de estrelas, dependendo de como eles acham que foi seu desempenho na unidade. Converse com eles sobre o que aprenderam, sobre o que são capazes de fazer agora, de quais atividades eles gostaram mais e quais delas foram difíceis.

# 5 Jobs

1 T46 **Listen, point and say.**

2 T47 **Listen and say who's missing.**

The police officer.



Workbook page 116, Activities 1 and 2.

## 3 Chant.

What do you want to be?
What do you want to be?
I want to be, I want to be, I want to be a movie star.
I don't want to be a farmer.
I don't want to be a firefighter.
I want to be, I want to be, I want to be a movie star.
What do you want to be?
What do you want to be?
I want to be, I want to be, I want to be a movie star.

**LOOK!**

What **do** you **want to be**?
I **want to be** a movie star.
I **don't want to be** a farmer.

## 4 Match. Then listen and check.

1 I want to be a ballet dancer. Cathy
2 I want to be a farmer. Di
3 I want to be a basketball player. Al
4 I want to be a police officer. Ben

## 5 Ask and answer.

What do you want to be?

I want to be a police officer.

# 5 Jobs

## Lesson 1

**Objetivos da aula**
Apresentar e praticar o novo vocabulário.
**Linguagem-alvo**
*ballet dancer, basketball player, farmer*
**Linguagem reciclada**
*astronaut, firefighter, movie star, police officer*
**Materiais**
*Multi-ROM, Flashcards (Jobs)*, papel sulfite

### Começando a aula

- Comece desenhando uma parte de um veículo da *Unit* 4 bem devagar. Os alunos adivinham o que é. Pergunte, por exemplo, *Does he go to school by (train)?* Limite o número de tentativas (ex.: quatro) para tornar o jogo mais emocionante.

**SB page 38**

### Apresentação

- Utilize os *flashcards* para ensinar o vocabulário. Segure-os um por um e diga as palavras. Os alunos as repetem. Então, segure os *flashcards* novamente e peça aos alunos que, individualmente, digam as palavras.
- Aponte para os personagens da ilustração principal e diga a profissão deles. Os alunos as repetem.

### 1 Listen, point and say.

- Chame a atenção dos alunos para as figuras no final da página e, então, toque T46, fazendo pausas depois de cada palavra para que os alunos tenham tempo de encontrar a figura. Toque novamente, agora fazendo pausas depois de cada palavra, e peça aos alunos que as repitam.
- Pergunte aos alunos *What's number (three)?* Eles olham para as imagens e respondem. Se você quiser tornar a atividade mais desafiadora, peça aos alunos que fechem o livro e tentem dizer as palavras referentes às profissões apenas utilizando a memória.

### 2 Listen and say who's missing.

- Agora foque na ilustração principal. Aponte para os personagens e pergunte *Where are the children now?* Apresente a palavra *cafeteria*.
- Diga aos alunos (L1) que eles ouvirão os personagens falarem sobre as diferentes pessoas na ilustração principal, mas que uma das profissões da *Activity* 1 estará faltando.
- Oriente-os a prestar atenção à ilustração principal e toque T46 uma vez até *What's missing?*. Dê tempo aos alunos para que eles localizem as pessoas na ilustração principal e encontrem que profissão está faltando (*police officer*). Toque a faixa novamente até o fim.
- Toque T46 de novo, fazendo pausas depois de cada frase, e peça aos alunos que repitam. Encoraje-os a seguir o tom de voz e as expressões, para que fiquem parecidas com as dos personagens.

| | | |
|---|---|---|
| **Sam** | Wow! Look! Where's Madley Kool? Is he here? | T47 |
| **Jenny** | No, I can't see him. But look at her. She's very pretty. | |
| **Movie star** | Thank you. Thank you so much. Thank you, darling. | |
| **Jenny** | She's a movie star! | |
| **Sam** | Look! She can dance. She's a ballet dancer. | |
| **Ruby** | Look! He's a farmer! He has a hen! | |
| **John** | Look! A basketball player! Wow, cool ball! | |
| **Ruby** | Look at him, at the table. He's wearing big boots. He's an astronaut. | |
| **Jenny** | Oh! A firefighter! Cleo, watch out! | |
| **Narrator** | Who's missing? | |
| **Children** | The police officer! | |

### Atividade em dupla

- Forme duplas (veja ideias para dividir os alunos nas pp. XII e XIII). O Aluno A forma uma frase sobre uma das pessoas na ilustração principal, por exemplo, *He's wearing big boots.* O Aluno B, então, responde *Astronaut*. Demonstre a atividade com alguns alunos antes que eles comecem a trabalhar em duplas.
- Incentive os alunos a formar frases diferentes daquelas da gravação (ex.: *She has a pink dress*; *He likes basketball*).

### Extra!

- Distribua um pedaço de papel aos alunos e peça a eles que desenhem um objeto (ex.: uma bola de basquete) que identifique a profissão que escolheram. Faça um *brainstorming* dos itens de cada uma das profissões (*basketball, cow* etc.) e desenhe-os na lousa de modo que os alunos possam escolher quais desejam copiar.
- Aponte para (*cow*) na lousa e diga, *I'm (a farmer)*. Então, convide os alunos a se apresentar e dizer suas profissões, por exemplo, *I'm (name) and I'm a (basketball player).*
  **Nota:** Enfatize que dizemos *I'm an astronaut*. Os alunos aprenderão sobre *a*/*an* na *Lesson* 2.

### Encerrando a aula

- Embaralhe os *flashcards*, pegue um deles e segure. Os alunos dizem e fazem mímicas da profissão (ex.: para *basketball player*, eles devem fingir que estão arremessando uma bola).

**ATIVIDADE OPCIONAL**
**Game**
Jogue *Give me One* (ver p. T89) com as profissões.

**WB page 116**

### 1 Complete the words.

- Os alunos completam as profissões com as letras que estão faltando.

### 2 Look and write.

- Os alunos olham para a figura e completam as frases com a profissão correta.

## Lesson 2

**Objetivos da aula**
Revisar o vocabulário da *Lesson* 1 com uma canção; apresentar a nova estrutura.
**Linguagem-alvo**
*What do you want to be? I want to be (a movie star).*
**Linguagem reciclada**
*Jobs*
**Materiais**
*Multi-ROM*, *Flashcards* (*Jobs*), papel sulfite

**Começando a aula**

- Jogue *Run and Get it* (ver p. T88) para revisar as profissões.

**SB page 39**

**Apresentação**

- Escolha uma das profissões da ilustração principal e diga *I want to be a (ballet dancer).* Aponte para um dos alunos e pergunte *And you? What do you want to be?* O aluno responde à pergunta. Pergunte a mais alunos. Se necessário, ajude-os com o vocabulário novo.

### 3 Chant.

- Chame a atenção dos alunos para a canção e, então, toque T48 para que eles escutem e acompanhem as palavras. Toque novamente, fazendo pausas após cada frase para que os alunos possam repetir.
- Toque a canção de novo para que os alunos acompanhem. Se necessário, utilize os *flashcards* para ajudá-los a se lembrar das palavras.

**Extra!**

- Desenhe um *word map* juntamente com os alunos. Faça um círculo e escreva os nomes das profissões nele. Então, faça um *brainstorming* com as palavras que eles aprenderam nesta lição e com outras que eles escolherem. Escreva as palavras na lousa e peça aos alunos que copiem o mapa no caderno.

**Apresentação**

- Chame a atenção dos alunos para as perguntas e respostas na caixa *Look!*. Escreva as palavras na lousa de modo que os alunos possam acompanhar sua explicação. Peça a eles que prestem atenção às diferenças entre perguntas e respostas, entre as formas afirmativa e negativa. Ajude-os a criar uma regra simples.
- Então, ressalte o uso de *a* ou *an* com as profissões. Dê alguns exemplos utilizando *an*: *I want to be an engineer*; *I want to be an architect* etc. Explique a diferença do uso de *a*/*an* e peça aos alunos que copiem os exemplos no caderno.

### 4 Match. Then listen and check.

- Diga aos alunos para ligarem as frases aos personagens.
- Quando terminarem, toque T49 para que os alunos ouçam e verifiquem.

T49

**Man** What do you want to be, Cathy?
**Cathy** I want to be a ballet dancer. I love dancing!
**Man** What do you want to be, Di?
**Di** I want to be a farmer. I love animals!
**Man** And what about you, Al?
**Al** I like playing basketball. I want to be a basketball player.
**Man** And you, Ben? What do you want to be?
**Ben** I want to be a police officer.

### 5 Ask and answer.

- Forme duplas (veja ideias para formar duplas nas pp. XII e XIII). Quando tiver a atenção total dos alunos, foque na linguagem dos balões de fala (você pode ler o diálogo com outro aluno).
- Peça aos alunos que escolham uma das profissões da ilustração principal. Então, eles devem se revezar nas perguntas e respostas sobre as profissões. Como *follow-up*, peça aos alunos que copiem o diálogo no caderno.
- Como alternativa, você pode jogar *Conversation Relay* (ver p. T89) com o diálogo.

**Jogo**

- Escreva três ou quatro palavras na lousa utilizando o vocabulário desta unidade e das anteriores. Peça aos alunos que identifiquem e circulem as palavras diferentes (ex.: *farmer – firefighter –* <u>*cooking*</u> *– movie star*).
- Os alunos podem continuar jogando em pares, pensando em outras listas de palavras e se revezando no jogo.

**Encerrando a aula**

- Divida os alunos em três grupos. Toque a música (T48) novamente. O Grupo A canta a parte das questões, o Grupo B canta a parte da frases afirmativas, e o Grupo C canta a parte das frases negativas. Você pode criar uma mímica para acompanhar a música.

**ATIVIDADES OPCIONAIS**
**Games**
Jogue *Pass the Secret* (ver p. T90) utilizando o vocabulário da unidade.
Jogue *Picture Relay* (ver p. T90) utilizando o vocabulário da unidade.

## 6 Listen and sing.

**Teacher, farmer, builder, doctor,**
**What does he want to be?**
**Teacher, farmer, builder, doctor,**
**Just a minute! Let me see...**

Does he want to be a teacher?
No, no, no.
No, no, no, he doesn't.
Does he want to be a farmer?
No, no, no.
No, no, no, he doesn't.
Does he want to be a builder?
No, no, no.
No, no, no, he doesn't.
Does he want to be a doctor?
No, no, no.
Yes, yes, yes, he does.
He wants to be a doctor.
**Chorus**

**LOOK!**

**Does** he **want to be** a builder?
Yes, he **does**./No, he **doesn't**.

## 7 Play the game.

| |  |  |  |  |
|---|---|---|---|---|
| 1 | ✗ | ✗ | ✓ | ✗ |
| 2 | ✗ | ✗ | ✗ | ✓ |
| 3 | ✗ | ✓ | ✗ | ✗ |
| 4 | ✓ | ✗ | ✗ | ✗ |

Does she want to be a teacher?

Number 2.

Yes, she does.


Workbook page 117, Activities 3 and 4.

## Lesson 3

**Objetivos da aula**
Ampliar o vocabulário da unidade; praticar o vocabulário com uma canção.
**Linguagem-alvo**
*builder, doctor, teacher; Does (he) want to be a (builder)? Yes, (he) does./No, (he) doesn't.*
**Linguagem reciclada**
*Jobs*
**Materiais**
*Multi-ROM, Flashcards* (*Jobs*), *spinners*

### Começando a aula

- Jogue *Flashcard Act Out* (ver p. T88) para revisar as profissões.

**SB page 40**

### Apresentação

- Chame a atenção dos alunos para as profissões e apresente o novo vocabulário. Aponte para cada uma das figuras e diga, por exemplo, *He's a builder. Do you want to be a builder?*

### 6 Listen and sing.

- Toque T50 e peça aos alunos que acompanhem no livro. Crie uma mímica para acompanhar as diferentes profissões e, então, toque a música novamente para que os alunos possam participar da mímica.
- Divida os alunos em dois grupos (veja ideias para dividir os alunos em grupos nas pp. XII e XIII). O Grupo A canta a parte das questões e o Grupo B, a parte das respostas. Eles cantam a última frase todos juntos. Então, troque os grupos.

### Extra!

- Mostre um *flashcard*, mas diga uma frase incorreta (ex.: mostre um *firefighter* e diga, *I want to be a ballet dancer*). Os alunos dizem *No*. Então, peça a eles que formem a frase correta sobre a figura (ex.: *I want to be a firefighter*).
- Continue com as outras profissões, algumas vezes dizendo frases corretas sobre os *flashcards*, outras vezes dizendo frases incorretas.

### Apresentação

- Chame a atenção dos alunos para as perguntas e respostas na caixa *Look!* e, então, escreva as palavras na lousa. Ressalte o uso de *does* nas perguntas e de *does*/*doesn't* nas respostas curtas.
- Faça perguntas sobre os outros alunos ou sobre os personagens da *Activity* 4 (p. 39). Escreva os exemplos na lousa utilizando diferentes cores (ou sublinhando/circulando os itens nas frases) para ajudá-los a entender a estrutura. Os alunos copiam os exemplos no caderno.

### 7 Play the game.

- Forme duplas (veja ideias para dividir os alunos em duplas nas pp. XII e XIII). Foque no quadro e apresente as profissões para os alunos.
- Chame a atenção dos alunos para a linguagem nos balões de fala e explique (L1) que eles farão um jogo de adivinhação. O Aluno A escolhe uma das garotas no quadro (*Number* 1) e o Aluno B faz perguntas para adivinhar quem ela é, ex.: *Does (she) want to be a (doctor)?* (*No, she doesn't*). Quando o Aluno B adivinhar, é sua vez de escolher a garota.
- Se necessário, monitore as duplas para ajudar com a linguagem. Como *follow-up*, os alunos podem escrever os diálogos no caderno.

### Extra!

- Os alunos votam em sua profissão preferida entre as apresentadas nas *Lessons* 1 e 3. Você pode desenhar um gráfico de pizza ou outro tipo de gráfico na lousa com os resultados. Convide alguns dos alunos para explicarem suas escolhas. Ressalte que todas as profissões são igualmente importantes.

### Encerrando a aula

- Jogue *Lexical Groups* (ver p. T90).

**ATIVIDADE OPCIONAL**
**Spin and mime**
Divida os alunos em pequenos grupos e dê um *spinner* a cada grupo. Fixe os seis *flashcards* na lousa e numere-os de 1 a 6. Um aluno do grupo gira o *spinner* sem deixar que os outros vejam o número. Ele encena a profissão correspondente ao número em que o *spinner* parou. Os outros alunos do grupo tentam adivinhar, ex.: *He/She wants to be a (builder)* ou *You want to be a (builder)*.

**WB page 117**

### 3 Unscramble the words. Then complete the sentences.

- Os alunos desembaralham as palavras e as utilizam para completar as frases.

### 4 Unscramble and write questions.

- Os alunos reorganizam as palavras para fazer as perguntas.

## Lesson 4

**Objetivos da aula**
Desenvolver as habilidades de leitura, escrita e a oralidade.
**Linguagem reciclada**
*Jobs; I want to be (a basketball player).*
**Materiais**
*Multi-ROM*, *mini cards* da *Unit* 5, tesoura, papel sulfite

### Começando a aula

- Cante a canção da *Lesson* 2 (T48).

**SB page 41**

### 8 Read and match.

- Aponte para uma das fotografias de 1 a 4 e pergunte, por exemplo, *Is she (a firefighter)?*
- Os alunos leem as observações e ligam cada criança à foto correta (1 a 4). Faça a correção com toda a classe.

### 9 Look at Activity 8. Listen and answer.

- Diga (L1) aos alunos que você tocará uma gravação sobre as crianças na *Activity* 8. Eles ouvem e dizem quem está falando.
- Toque T51 uma vez e peça aos alunos que escutem.
- Toque a gravação novamente, fazendo pausas após cada questão para que os alunos possam responder.

| | T51 |
|---|---|
| **1** | |
| **Emma** | I can sing and dance. I want to be a movie star. |
| **Woman** | Who is it? |
| **2** | |
| **Tim** | I'm strong. I like climbing. I like helping people. I don't want to be an athlete. I want to be a firefighter. |
| **Woman** | Who is it? |
| **3** | |
| **Bob** | I like running. I can jump and I can catch a ball. I'm very tall. I want to be a basketball player. |
| **Woman** | Who is it? |
| **4** | |
| **Mary** | I like music. I can dance and I can jump. I want to be a ballet dancer. |
| **Woman** | Who is it? |

### 10 Go to page 81 and play the game.

- Forme duplas (veja ideias de como formar duplas nas pp. XII e XIII). Peça aos alunos que recortem os *mini cards* da p. 81. Quando eles tiverem recortado todos os *cards*, diga uma profissão representada nos cards (*teacher*) e peça aos alunos que mostrem o *card* correspondente. Faça o mesmo com as outras imagens.
- Foque na ilustração e na linguagem dos balões de fala. Diga aos alunos (L1) que as crianças estão brincando com um jogo e que eles farão o mesmo com seus *cards*. Eles os colocam em cima da mesa com a face virada para baixo. O Aluno A vira dois *cards* e forma uma frase sobre cada um (ex.: *I want to be a ballet dancer*). Se forem pares, ele fica com o *card*; se não forem, ele coloca os *cards* novamente na mesa com a face para baixo. Então, é a vez do Aluno B.
- Monitore os pares para ajudar com o uso da linguagem. Como *follow-up*, os alunos escrevem as frases no caderno.

### Desenvolvendo a escrita

- Escreva uma descrição para uma nova profissão na lousa, deixando lacunas para que os alunos completem com suas sugestões. Como alternativa, você pode fornecer uma seleção das palavras. Ex.: *Teachers work in a ____. They go to school in the ____ and in the ____. They have a busy ____. At night they're ______, but they like _____ (teacher, students/lessons, school, morning, afternoon, day, tired, teaching).*
- Os alunos copiam o texto no caderno e completam as lacunas. Faça a correção com toda a classe.
- Então, é a vez dos alunos escreverem sobre uma das profissões da unidade. Enquanto eles trabalham, circule pela sala, ajudando com vocabulário extra, se necessário. Quando eles tiverem terminado, podem ilustrar o trabalho com desenhos. Convide alguns dos alunos para lerem seus textos para a classe.

Peça aos alunos que encontrem as palavras em inglês para a profissão dos membros de sua família. Eles podem compartilhar suas descobertas na aula seguinte.

### Encerrando a aula

- Forme duplas para jogar *What's Missing?* (ver p. T88) utilizando os *mini cards*.

**ATIVIDADE OPCIONAL**
**Game**
Jogue *Picture Dictation* (ver p. T90) utilizando a linguagem e o vocabulário desta unidade.

**WB page 118**

### 5 Look, think and write.

- Os alunos olham o exemplo e, então, escrevem frases similares sobre as outras duas crianças.

## 8 Read and match.

1

2

3

4

Mary

I want to be a ballet dancer.

Emma

I want to be a movie star.

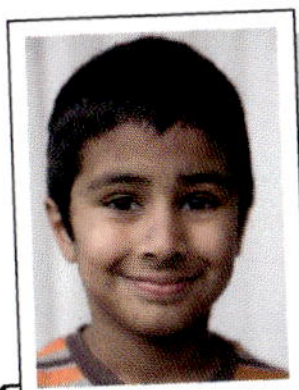

Tim

I want to be a firefighter.

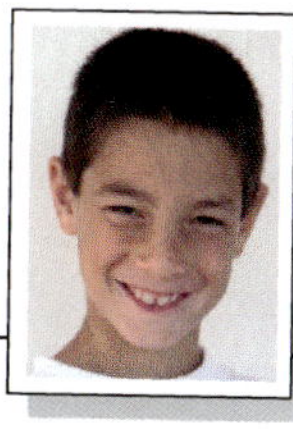

Bob

I want to be a basketball player.

## 9 Look at Activity 8. Listen and answer.

T51

1 Emma, 2 Tim, 3 Bob, 4 Mary

## 10 Go to page 81 and play the game.

I want to be a firefighter.

## 11 T52 Listen and read. Then act.

STORY

NOW GO TO FILM STUDIO ISLAND.



Workbook page 118, Activities 6 and 7.

## Lesson 5

**Objetivos da aula**
Consolidar a linguagem da unidade com uma história.
**Linguagem reciclada**
*Jobs; I love (dancing). What do you want to be? I want to be a (farmer). He wants to be (Madley Kool).*
**Materiais**
*Multi-ROM, Flashcards (Jobs)*

### Começando a aula

- Os alunos jogam *Memory Game* (ver p. T88) utilizando os *mini cards*.

**SB page 42**

### Apresentação

**11 Listen and read. Then act.**

- Lembre os alunos da história que eles viram na unidade anterior e, então, chame a atenção deles para a figura e pergunte, por exemplo, *What kind of movie is it?* (Um musical.)
- Antes de ouvirem a história, faça estas perguntas sobre os quadrinhos correspondentes:
  1. *What is Ruby thinking?* [Discussão livre.]
  2. (Apontando para o balão de pensamento.) *Does Sam want to be a dancer?* [Não.]
  3. (Apontando para o balão de pensamento.) *Does Jenny want to be a basketball player?* [Não.]
  4. *Who's Jenny talking to?* [Cleo.]
  5. *What is John doing?* [Discussão livre.]
  6. *What is John thinking about?* [Discussão livre.]
- Toque T52 e peça aos alunos que acompanhem a história no livro. Toque novamente, fazendo pausas depois de cada frase para que os alunos possam repetir.
- Em seguida, para verificar a compreensão dos alunos, faça as seguintes perguntas:
  1. *What does Ruby want to be?* [Dançarina.]
  2. *What does Sam like?* [Saltar.]
  3. *What does Jenny want to be?* [Fazendeira.]
  4. *What does Cleo want to be?* [Detetive.]
  5. *What is John thinking?* [Em um trailer de filme com seu nome.]
  6. *Who does he want to be?* [Madley Kool.]
- Peça aos alunos que (L1) prevejam o que acontecerá no próximo episódio da história.
- Divida os alunos em três grupos e atribua um personagem para cada um. Os alunos devem ler a parte correspondente ao seu personagem sentados em seus lugares. Isso pode encorajar os mais tímidos a participar da encenação mais tarde.
- Convide três alunos para representarem os três personagens da história. Peça aos voluntários para irem à frente da sala encenar a história. Encoraje-os a seguir o tom de voz e as expressões para que fiquem parecidas com as da história. Como alternativa, você pode pedir a outros alunos que leiam as linhas enquanto os outros três alunos representam.

### Jogo

- Divida os alunos em dois grupos (veja ideias de como formar grupos nas pp. XII e XIII). Reconte a história cometendo alguns erros intencionais. Cada vez que um grupo perceber um erro, eles levantam as mãos e fazem a correção.

Os alunos agora podem acessar o *Film Studio Island* para se divertir e jogar tanto em casa quanto no laboratório de informática da escola. Peça a eles que encontrem o "cabide" que Cleo está segurando em uma das páginas na unidade (p. 43). Então, diga aos alunos que eles devem encontrar o cabide na *Film Studio Island* (que está no sinal em frente ao *Costume Studio*). Quando os alunos clicarem no cabide, eles serão direcionados para um jogo de linguagem suplementar baseado no vocabulário da *Unit* 5.

### Encerrando a aula

- Divida os alunos em pequenos grupos e, então peça a eles que reescrevam a história, substituindo as profissões e a atriz de cinema, e adicionando novos elementos. Quando tiverem finalizado, os grupos leem suas novas histórias e a classe vota na melhor.

**ATIVIDADE OPCIONAL**
**Flashcard game**
Play *Hot Seat* (see p. T88).

**WB page 118**

**6 Match.**

- Os alunos olham para as figuras e, então, as ligam às profissões correspondentes.

**7 Look at the code on page 94 and write the message.**

- Os alunos substituem as letras do código pela letra correspondente na roda de código da p. 94 e, então, reescrevem a frase.

## Lesson 6

**Objetivos da aula**
Integrar outras áreas do currículo na aula de inglês; desenvolver o tópico interdisciplinar com um projeto.
**Foco interdisciplinar**
Educação Física – Quero ser um campeão.
**Valores**
Discutir a importância da disciplina para alcançar objetivos na vida.
**Linguagem-alvo**
*champion, go shopping, medal, Olympic Games*
**Linguagem reciclada**
*Days of the week, Sports, Telling the time; afternoon, breakfast, lunch, morning, shoes, watching TV*
**Materiais**
*Multi-ROM*, papel sulfite, fotos de campeões famosos, *mini cards* da *Unit* 5

### Começando a aula

- Divida os alunos em dois grupos (veja ideias para dividir os alunos em grupos nas pp. XII e XIII). O Grupo A escreve uma profissão em um pedaço de papel e entrega a um aluno do Grupo B. Esse aluno vai até a lousa e faz a mímica da profissão (ex.:. *um médico*). O Grupo B tenta adivinhar qual é a profissão.

**SB page 43**

### Apresentação

- Fixe figuras de campeões famosos na lousa (algumas sugestões são Gustavo Borges – natação; Jade Barbosa – ginástica olímpica; e Giba – vôlei). Então, pergunte (L1) o que esses atletas têm em comum (eles são brasileiros, participaram de olimpíadas e são campeões). Ensine as palavras *champion* e *medal* (ex.: *Gustavo Borges has a gold medal. He's a champion*).
- Ensine *Olympic Games* e pergunte (L1) onde os últimos Jogos Olímpicos foram realizados e o que a classe sabe sobre eles.

### 12 Listen, read and match.

- Direcione a atenção dos alunos para o título do artigo. Peça a eles que cubram o texto com um pedaço de papel e tentem adivinhar (L1) sobre o que é o texto.
- Com os livros fechados, toque T52 uma vez e peça aos alunos que verifiquem suas previsões.
- Então, peça aos alunos que abram os livros. Eles leem e ligam os textos às figuras. Explique (L1) que eles não precisam entender todas as palavras do texto para ligá-los às figuras.
- Agora, toque T52 novamente, fazendo pausas depois de cada texto a fim de verificar as respostas.
- Tire dúvidas de vocabulário e, então, faça algumas perguntas para verificar a compreensão (ex.: *What does Naomi want to be? Is she a swimmer/runner? How many medals does she want to win? What time does she go swimming? What does she do in the afternoon? What does she do on Sundays?*).

### 13 Ask and answer.

- Forme duplas (veja ideias de como formar duplas nas pp. XII e XIII) e foque nas pistas. Explique (L1) aos alunos que eles devem imaginar que estão treinando para ser campeões do esporte. Eles usam as pistas para fazer perguntas e responder uns sobre os outros. Antes de os alunos formarem duplas, apresente algumas perguntas e demonstre a atividade com um deles.
- Se necessário, circule pela classe, para ajudar os alunos com a linguagem. Como *follow-up*, você pode pedir a eles que escrevam as perguntas no caderno e as respondam.

### Valores

- Pergunte (L1) aos alunos se eles acham que Naomi se tornará uma campeã olímpica e por quê. Então, comente a importância da disciplina e foque na tabela de horário e na dieta, e por que ela precisa disso.
- Pergunte quais atletas os alunos admiram e o que eles sabem sobre esses atletas.

### Miniprojeto

- Diga aos alunos que eles farão uma pesquisa na classe e explique (L1) o que é pesquisa.
- Distribua a cada aluno uma folha de sulfite. Desenhe uma tabela com duas colunas e escreva *NAMES* no topo da primeira coluna e *JOBS* no topo da segunda coluna. Os alunos copiam essa tabela no caderno.
- Os alunos escrevem o nome de cinco colegas de classe na coluna *NAMES*, perguntam a esses alunos, *What do you want to be?* e escrevem as respostas na coluna *JOBS*. Se necessário, ajude os alunos com o vocabulário adicional.
- Coloque os resultados na lousa e ajude os alunos a escrever um relatório, ex.: *In our class, (number) students want to be (ballet dancers).*

**PARA A PRÓXIMA AULA**
- Peça aos alunos que tragam uma figura de uma pessoa famosa que eles admiram para a próxima aula.

### Encerrando a aula

- Jogue *Make a Sentence* (ver p. T88) utilizando a linguagem do vocabulário da unidade.

**ATIVIDADE OPCIONAL**
**Mini card game**
Jogue *Quick Peek* (ver p. T88).

**WB page 119**

### 8 Complete the article with words from the box.

- Os alunos devem completar o texto com as palavras do quadro.

### 9 Read and circle.

- Os alunos leem as perguntas, procuram as respostas na *Activity* 8 e, então, circulam as figuras correspondentes.

12 T53 **Listen, read and match.**

# I WANT TO BE A CHAMPION!

1 Naomi Johnson wants to be a champion. She wants to win three medals at the next Olympic Games.

2 At 6 o'clock in the morning Naomi goes swimming. She swims for two hours and then she has a big breakfast. Then she goes running and at 12 o'clock, she has lunch. In the afternoon, she goes swimming again.

3 Sundays are a special day. Naomi doesn't go swimming. She likes watching TV and she goes shopping. She loves shoes!

a

b

c

13 **Ask and answer.**
Answers will vary.

1 What/want to be?
2 What time/play/go/do ...?
3 What/eat for breakfast?
4 What/do after lunch?
5 What/do on Sundays?

What do you want to be?

I want to be a firefighter.

MINI PROJECT
Do a class survey. Ask 'What do you want to be?'

# Wider World

## My hero

**1** **Listen and read.** T54

1

Hi! I'm Alejandro. I'm from Spain and I love playing basketball. My favorite basketball player is Pau Gasol. He's cool! He's from Barcelona but he plays in the US. I want to be a famous basketball player.

Pau Gasol

Alina Somova

2

My name is Elena. I'm from Russia and I want to be a ballet dancer. I love dancing. I have ballet lessons every day. My favorite ballet dancer is Alina Somova. She's from Russia and she's a great dancer.

**2** **Look, find and say.**

Who wants to be...

**a)** a ballet dancer? Elena

**b)** a movie star? Kate

**c)** a basketball player? Alejandro

**d)** a soccer player? Santiago



Workbook page 120, Activities 10 and 11.

Lionel Messi

3

I'm Santiago. I'm from Argentina. I like playing soccer. My favorite team is Boca Juniors. There are a lot of good soccer players from Argentina. My favorite is Lionel Messi.
He can run very fast and he scores a lot of goals.

4

Hello! I'm Kate. I'm from Ireland. I like watching movies. I have singing and dancing lessons at school. I want to be a movie star. My favorite movie star is Emma Watson.

Emma Watson

## 3 Read and answer. *True* or *false*?

1 Alejandro wants to be a soccer player. False
2 Pau Gasol is from the US. False
3 Elena has ballet lessons every day. True
4 Santiago doesn't have a favorite soccer team. False
5 Kate likes Emma Watson. True

## 4 Tell your friend about your favorite famous person.

Answers will vary.

1 What does he/she do?
2 Where is he/she from?
3 What can he/she do?

Workbook page 121, Activities 12 and 13. 

## Wider World

**Objetivos da aula**
Personalizar a linguagem da unidade; aprender sobre pessoas famosas; propiciar uma oportunidade para autoavaliação.
**Linguagem reciclada**
*Activities, Jobs; I want to be (a famous basketball player). My favorite (ballet dancer) is (Alina Somova). I have (singing and dancing) lessons.*
**Materiais**
*Multi-ROM, Flashcards* (*Jobs*), um mapa-múndi, papel sulfite, papel *kraft*, cola, fotos de pessoas famosas, *mini cards* da *Unit* 5
**Observação:** As atividades da lição *Wider World* podem ser feitas em uma ou duas aulas, dependendo do uso das seções *Atividade em dupla, Extra!, Jogo* e *Atividades opcionais*. As atividades do *Workbook* também podem ser dadas em mais de uma aula.

### Começando a aula

- Jogue *Can you actions* fazendo perguntas relacionadas às profissões apresentadas na unidade (ex.: *Can you swim/make movies/play basketball?* e assim por diante).
- Escreva na lousa: *TTRNSAAOU* (*astronaut*), *OORCTD* (*doctor*), *FFGHTRREEII* (*firefighter*), *AERRMF* (*farmer*), *UEIRDLB* (*builder*), *AAEELLTBDRCN* (*ballet dancer*). Forme duplas (veja ideias de como formar duplas nas pp. XII e XIII) e peça aos alunos que desembaralhem essas palavras relacionadas às profissões.

**SB pages 44-45**

### Apresentação

#### 1 Listen and read.

- Chame a atenção dos alunos para as fotos de pessoas famosas e peça a eles que procurem qual é a profissão dessas pessoas e em que lugar do texto elas estão.
- Convide alguns dos alunos para virem à lousa e escreverem os nomes dessas pessoas famosas, de que lugar elas são e qual é a profissão delas. Os alunos encontram os países/as cidades no mapa.
- Diga aos alunos (L1) que eles ouvirão quatro crianças falando sobre seus heróis. Peça aos alunos que acompanhem o texto à medida que eles forem ouvindo a gravação. Toque T54 e, se necessário, tire dúvidas de vocabulário.

### Extra!

- Trabalhe com *shadow reading*. Toque T54 novamente e peça aos alunos que leiam as palavras enquanto tentam alcançar a mesma velocidade e o mesmo ritmo da gravação. À medida que os alunos forem lendo, você pode diminuir o volume do áudio algumas vezes.

#### 2 Look, find and say.

- Foque nas questões. Os alunos releem os textos, encontram as informações e tomam nota no caderno.
- Peça aos alunos que leiam as respostas para a classe.

### Extra!

- Descreva a si mesmo como se você fosse uma pessoa famosa, ex.: *I'm from the USA. I'm famous. I have long hair. I'm a good actress. I have six children. (Angelina Jolie.)*
- Você pode pedir aos alunos para escreverem um pequeno parágrafo no caderno, fingindo que são pessoas famosas. Convide alguns alunos para lerem suas descrições para que os outros alunos tentem adivinhar quem é.

### Atividade em dupla

- Divida os alunos em duplas. Eles desenham a figura de um personagem imaginário e escrevem sobre o que ele quer ser, utilizando a *Activity* 12 da p. 42 como modelo (ex.: *He/She likes making movies. He/She wants to be famous*).
- Quando eles terminarem, convide algumas duplas para mostrarem seu trabalho para a classe e lerem seu perfil.

## 3 Read and answer. *True* or *false*?

- Chame a atenção dos alunos para as figuras da *Activity* 1 e pergunte (L1) se eles se lembram de algo sobre as crianças e seus heróis. Os alunos leem o texto novamente e decidem se as frases são verdadeiras ou falsas.
- Corrija com toda a classe, e os alunos corrigem as frases incorretas no caderno.

**Extra!**

- Peça aos alunos que fechem os livros. Leia os textos da *Activity* 1 de novo, cometendo alguns erros intencionalmente. Quando os alunos identificarem um erro, eles devem se levantar, bater palmas e corrigir você.

**Think!**

- Escreva a tarefa na lousa: *Your friend wants to be a teacher. What personal qualities or skills does he/she need to be a good teacher?*
- Divida os alunos em pequenos grupos e os incentive a discutir e pensar sobre as características de um bom professor. Se necessário, ajude com o vocabulário extra. Os alunos preparam uma lista e a compartilham com a classe.

**Jogo**

- Divida os alunos em dois grupos (veja ideias de como formar grupos nas pp. XII e XIII) e jogue *Hangman* (ver p. T88) para praticar a ortografia das palavras aprendidas na unidade.

## 4 Tell your friend about your favorite famous person.

- Faça um *brainstorming* com os alunos com nomes de pessoas famosas que eles admiram, como outros atletas, estrelas de cinema etc.
- Forme duplas e, então, foque nas perguntas. Os alunos as utilizam para fazer a descrição das pessoas famosas favoritas. Demonstre a atividade antes de os alunos começarem a trabalhar em duplas. Convide os alunos a fazer cada uma das perguntas. Você pode escrever as respostas na lousa como modelo, por exemplo *She's a singer and a movie star. She's from the USA. Her most famous role is Hannah Montana. (Miley Cyrus.)*
- Se necessário, circule pela sala para ajudar com o vocabulário extra.

**Desenvolvendo a escrita**

- Os alunos devem escrever um pequeno perfil das pessoas famosas que eles descreveram na *Activity* 4. Se o tempo permitir, você pode levar os alunos ao laboratório de informática e deixar que eles pesquisem informações adicionais sobre essas pessoas famosas favoritas.
- Quando terminarem, recolha os textos e faça um grande pôster em uma folha de papel pardo. Os alunos colam as fotos próximas às descrições. Coloque o pôster na parede da sala de aula.

**Dicionário visual**

- Forme duplas. Chame a atenção dos alunos para a p. 141 e foque nas palavras da seção de profissões. Os alunos leem as palavras embaixo das figuras cuidadosamente e, então, cobrem as palavras e se revezam dizendo todas elas na ordem correta.

**Encerrando a aula**

- Divida os alunos em dois grupos. O Grupo A faz a mímica de uma profissão da lição e o Grupo B adivinha quem eles estão imitando. Então, eles invertem os papéis.
- Os alunos jogam *Memory Buzz* (ver p. T88) utilizando os *mini cards*.

**ATIVIDADE OPCIONAL**
**Flashcard game**
Jogue *I Spy* (ver p. T90) com os *flashcards* e com figuras de pessoas famosas.

**WB pages 120-121**

## 10 Look and write.

- Os alunos observam as figuras e escrevem a profissão correspondente.

## 11 Read and complete. Use the words in the box.

- Os alunos leem e completam as frases com a palavra correspondente do quadro.

## 12 What do you want to be? Draw a picture.

- Os alunos pensam sobre o que eles querem ser quando crescer e criam e pintam um desenho relacionado a isso.

## 13 Write about what you want to be.

- Os alunos escrevem sobre o desenho, completando as frases.

**Self-assessment**

- Diga aos alunos (L1) que eles devem escolher e colorir o número apropriado de estrelas, dependendo de como acham que foi seu desempenho na unidade. Converse com eles sobre o que aprenderam, sobre o que são capazes fazer agora, de quais atividades eles gostaram mais e quais delas foram difíceis.

# 6 Rainforest

**1** T55 **Listen, point and say.**

1 
waterfall

2 
mountain

3 
rainforest

4 
river

5 
bridge

**2** T56 **Listen and say the missing word.** Waterfall.



Workbook page 122, Activities 1 and 2.

## 3 T57 Chant.

Where's the snake?
It's behind Sam.
Where's the bird?
It's in front of Cleo.
Where's the crocodile?
It's under the bridge.
Where's the fish?
It's next to John.

**LOOK!**

in front of
behind
next to

## 4 T58 Listen and circle the correct words.

1 There's a crocodile *in* / *next to* the river.
2 It's *in front of* / *under* the bridge.
3 It's *next to* / *behind* you.
4 There's a snake *behind* / *next to* you.
5 There's a bird *next to* / *in front of* me!

## 5 Ask and answer.

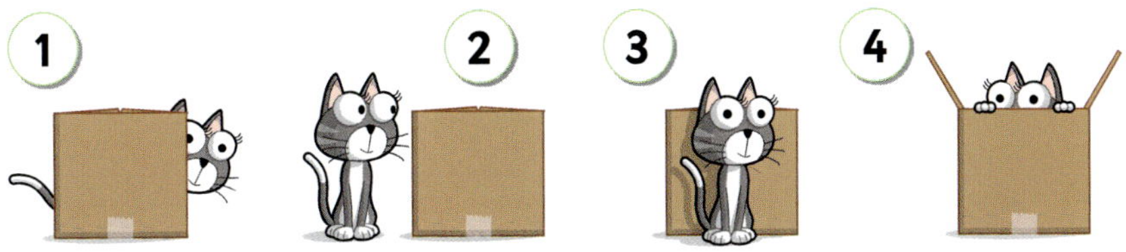


Number 1. Where's Cleo?

She's behind the box.



Workbook page 123, Activities 3 and 4.

# 6 Rainforest

## Lesson 1

**Objetivos da aula**
Apresentar e praticar o novo vocabulário.
**Valores**
A importância de respeitar animais e plantas pequenos.
**Linguagem-alvo**
*bridge, mountain, rainforest, river, valley, waterfall*
**Linguagem reciclada**
*Animals, Colors, Nature, Numbers; flowers, pond, rock; big, small; I'm swimming.*
**Materiais**
*Multi-ROM, Flashcards* (*The natural world*), um mapa-múndi ou globo, enciclopédias, cartolina, tesoura, lápis de cor, fita crepe

### Começando a aula

- Faça um *brainstorming* com os alunos utilizando nomes de animais selvagens que eles aprenderam até agora. Então, chame a atenção dos alunos para o título da unidade e pergunte *What's a rainforest? What can you see in a rainforest?* Pergunte se algum dos animais lembrados no *brainstorming* moram em uma floresta tropical.
- Reforce que os personagens estão agora em um novo *set* de filmagem: uma floresta tropical (deixe claro que não se trata de uma floresta tropical de verdade).

**SB page 46**

### Apresentação

- Apresente o vocabulário utilizando os *flashcards*. Segure os *flashcards* um de cada vez e peça aos alunos que repitam as palavras. Segure os *flashcards* novamente, mas agora pedindo aos alunos individualmente que digam as palavras.
- Então, mostre os *cards* aleatoriamente e pergunte *What is it?*

### 1 Listen, point and say.

- Chame a atenção dos alunos para as figuras no final da página e, então, toque T55, fazendo pausas depois de cada palavra para que os alunos tenham tempo para encontrar a figura. Toque novamente, pausando depois de cada palavra, para que os alunos possam repeti-la.
- Pergunte aos alunos *What's number (three)?* Eles olham para as imagens e respondem. Se você quiser tornar a atividade mais desafiadora, peça aos alunos que fechem o livro e tentem dizer o vocabulário sobre a natureza apenas utilizando a memória. Depois, os alunos continuam a atividade em duplas.

### Jogo

- Jogue *Pass the Secret* (ver p. T90) utilizando o *flashcard* da lição. Um aluno escolhe um *flashcard* e sussura a palavra para o outro aluno. Eles vão passando a palavra secreta para o restante da sala. O último aluno lhe diz a palavra e você a desenha na lousa. O primeiro aluno mostra o *flashcard* para que a classe possa verificar a resposta.

### 2 Listen and say the missing word.

- Agora foque na ilustração principal. Aponte para os personagens e pergunte *Who's this?* Peça que alguns alunos nomeiem os diferentes animais da ilustração.
- Peça que os alunos prestem bastante atenção à ilustração principal. Toque T56 uma vez até *What's missing?*. Dê alguns minutos aos alunos para localizarem os diferentes elementos da natureza na ilustração e dizerem qual está faltando (*waterfall*). Toque T56 novamente até o final.
- Toque de novo, fazendo pausas depois de cada fala para que os alunos possam repetir. Incentive o tom de voz e as expressões para combinar com a figura.
- Faça algumas perguntas para verificar se os alunos compreenderam (ex.: *Is Madley Kool in the rainforest? Is there a mountain in the rainforest? What can you see in the river?*).

T56

| | |
|---|---|
| **Jenny** | Where are we? |
| **Sam** | Wow! It's a rainforest. Phew! It's hot. |
| **Jenny** | Where's Madley Kool? Is he here? |
| **Sam** | I can't see him. Wow! Look at that mountain and the beautiful valley! Hey! |
| **Sam** | Hey! Look at Ruby! She's on the bridge. And look who's in the river! |
| **Ruby** | Help! |
| **Narrator** | What's missing? |
| **Children** | Waterfall! |

### Encerrando a aula

- Jogue *Hangman* (ver p. T89) para praticar o ortografia das novas palavras.

**ATIVIDADES OPCIONAIS**
**Poster – natural places around the world**
Traga um mapa grande e livros de referência para a aula ou, se as condições permitirem, utilize a Internet. Peça aos alunos que procurem nomes de rios, montanhas, cachoeiras etc. Eles escrevem os nomes e desenham uma figura nos pedaços de cartolina. Eles localizam os lugares no mapa e colam os desenhos no local correto. Jogue *Memory Buzz* com os *flashcards* (ver p. T88) utilizando as palavras relativas à natureza.

**WB page 122**

### 1 Look and write.

- Os alunos observam a figura e, então, nomeiam as partes dela utilizando as palavras do quadro.

### 2 Unscramble and write the sentences.

- Os alunos observam as figuras e as palavras embaralhadas. Eles desembaralham as palavras e escrevem as frases.

## Lesson 2

**Objetivos da aula**
Revisar o vocabulário da *Lesson* 1 com uma canção; praticar a nova estrutura.
**Linguagem-alvo**
*behind, in front of, next to; Where's (the snake)? It's (behind Sam).*
**Linguagem reciclada**
*Animals, Nature; in, on, under; box*
**Materiais**
*Multi-ROM, Flashcards* (*The natural world*), uma caixa de papelão, animais de brinquedo

**Começando a aula**

- Revise o vocabulário da *Lesson* 1. Segure os *flashcards* e peça aos alunos que venham à frente da sala de aula e escrevam as palavras na lousa.
- Traga uma caixa grande e coloque-a em um local onde todos possam vê-la. Pegue diferentes animais de brinquedo cujos nomes em inglês os alunos saibam. Então, revise as preposições *in*, *on* e *under* perguntando aos alunos *Where's the (animal)?*

**SB page 47**

**Apresentação**

- Tire proveito do *layout* da sala, aponte para um aluno e diga, por exemplo, *(Name) is in front of (name).* Repita com mais alguns alunos.
- Então, pergunte, *Where's (name)?* Os alunos respondem, *He/She's in front of (name).* Repita com *behind* e *next to*.
- Você pode utilizar animais de brinquedo novamente, mas desta vez para praticar as preposições. Os alunos vão à frente da sala e colocam os brinquedos em diferentes posições. Eles perguntam à classe, por exemplo *Where's the (cat)?* A classe responde.

### 3 Chant.

- Chame a atenção dos alunos para a música. Então, toque T57 para que eles ouçam e acompanhem as palavras. Toque novamente, fazendo pausas depois de cada frase para que os alunos possam repetir.
- Toque a música de novo para que os alunos participem. Se necessário, faça mímicas para ajudá-los a se lembrar das palavras.

**Apresentação**

- Chame a atenção dos alunos para as palavras na caixa *Look!* e ligue as preposições com as figuras corretas no lado esquerdo.
- Apresente outros exemplos de frases e as escreva na lousa. Então, os alunos desenham figuras e escrevem frases no caderno para ilustrar as preposições (ex.: *The cat is in front of the house*). Quando terminarem, convide alguns alunos para mostrar suas figuras para a classe e dizer as frases.

### 4 Listen and circle the correct words.

- Chame a atenção dos alunos para as frases. Deixe claro que *it*, nas frases 2 e 3, refere-se ao *crocodile*. Então, toque T58 e peça aos alunos que circulem as palavras corretas.
- Faça perguntas para verificar as respostas, por exemplo, *Where's the (snake)?*

| | | |
|---|---|---|
| **Ruby** | Look! There's a crocodile in the river. It's under the bridge! Help! | **T58** |
| **Sam** | Watch out, John! There's a fish in the river. It's next to you! | |
| **Jenny** | Sam! Watch out! There's a snake behind you! | |
| **Sam** | Aaargh! | |
| **Cleo** | And there's a bird in front of me! | |

### 5 Ask and answer.

- Forme duplas (veja ideias de como dividir os alunos em duplas nas pp. XII e XIII). Quando conseguir a atenção total deles, foque na linguagem dos balões de fala (você pode ler o diálogo com outro aluno). Então, os alunos se revezam fazendo as perguntas para Cleo.
- Monitore os pares para ajudar com a pronúncia e com o uso da linguagem. No final da atividade, você pode pedir a algumas duplas para encenarem os diálogos para a classe.
- Como *follow-up*, os alunos escrevem as palavras sobre Cleo no caderno.

**Encerrando a aula**

- Na lousa, escreva a primeira letra e deixe espaços para as letras que estão faltando em uma das preposições, por exemplo, *b _ _ _ _ _* (*behind*). Os alunos dizem as letras para tentar adivinhar as palavras.

**ATIVIDADES OPCIONAIS**
**Game**
Jogue *Picture Dictation* (ver p. T90) utilizando o vocabulário e a linguagem da unidade.
**Young writers**
Peça à classe para focar na figura do SB, p. 47. Peça a eles que sugiram novos versos para a música. Escreva as perguntas e respostas na lousa e diga as novas frases juntamente com a classe (ex.:, *Where's Ruby? She's on the bridge. Where's Sam? He's in front of the snake*).

**WB page 123**

### 3 Read, look and circle.

- Os alunos observam as figuras e as frases, e, então, escolhem a opção correta e a circulam.

### 4 Look and write. Use the words in the box.

- Os alunos observam a figura e as frases, e, então, as completam utilizando as palavras do quadro e os elementos da figura.

## 6 Listen and sing. SONG

**Animals live all around us,**
**All around you and me.**
**Animals live in the forest,**
**The mountains and the sea.**

Monkeys live in the forest
And they can swing in the trees.
They have long arms and curly tails
And they can swing in the trees.
**Chorus**
Eagles live in the mountains
And they can fly in the sky.
They have sharp claws and silent wings
And they can fly in the sky.
**Chorus**
Whales live in the sea
And they can swim and sing.
They have strong tails and tiny eyes
And they can swim and sing.
**Chorus**

**LOOK!**

They have...
curly/strong tails.
silent wings.
tiny eyes.

## 7 Look at Activity 6. Ask and answer.

They have curly tails.

Monkeys.

Workbook page 124, Activities 5 and 6.

## Lesson 3

**Objetivos da aula**
Ampliar o vocabulário da unidade; praticar o vocabulário com uma canção.
**Linguagem-alvo**
*forest, sky; eagles, whales; fly, swing; curly tails, sharp claws, silent wings, strong tails, tiny*
**Linguagem reciclada**
*Actions, Animals, Body parts; sea*
**Materiais**
*Multi-ROM, Flashcards* (*Animals* e *The natural world*), cartolina, lápis de cor e canetinhas

**Começando a aula**
- Jogue *I spy* (ver p. T90) para revisar as características naturais e os animais.

**SB page 48**

**Apresentação**
- Chame a atenção dos alunos para a figura. Aponte para o *monkey* e faça algumas perguntas (ex.: *How many legs does it have? Does it have long arms?*). Introduza a palavra *swing*.
- Aponte para a baleia e pergunte *Is it a fish? No, it's a whale. Look! It has a strong tail.* Então, aponte para os olhos e diga *Look at the eyes. Are they big or small? They're very small. They're tiny.*
- Aponte para as águias e pergunte *Are these birds? Yes, they're eagles.* Introduza as palavras *claws* e *wings.*

### 6 Listen and sing.

- Toque T59. Os alunos ouvem e acompanham as palavras no livro. Crie uma mímica para acompanhar a música (*swing*, *fly*, *swim* e *sing*) e, então, toque-a novamente, para que os alunos acompanhem as palavras e as mímicas.
- Divida os alunos em três grupos (veja ideias de como formar grupos nas pp. XII e XIII). O Grupo A canta o verso sobre *monkeys*, o Grupo B, o verso sobre *eagles,* e o grupo C, o verso sobre *whales*. Troque os grupos e cante a música novamente, até que todos os grupos tenham a oportunidade de cantar a música completa.

**Apresentação**
- Chame a atenção dos alunos para as frases na caixa *Look!* e as escreva na lousa. Explique que *curly* descreve a cauda do *monkey*, *tiny* descreve os olhos das *whales* e *silent* descreve as asas das *eagles*. Dê outros exemplos da canção.
- Escreva na lousa alguns nomes de animais que os alunos aprenderam e, então, apresente os adjetivos para descrevê-los (ex.: *tall giraffes*, *fat elephants*, *angry lions* etc.). Os alunos copiam os exemplos no caderno.

### 7 Look at Activity 6. Ask and answer.

- Forme duplas (veja ideias de como formar duplas nas pp. XII e XIII). Os alunos olham para as figuras e para a música. O Aluno A descreve o animal e o Aluno B tenta adivinhar que animal é esse.
- Para uma prática extra, os alunos também podem formar frases sobre a cor e o tamanho, por exemplo, *They're very big. They can swim.* (*Whales.*) *They're brown. They can fly.* (*Eagles.*) Como *follow-up*, os alunos escrevem as frases no caderno.

**Jogo**
- Forme duplas. Os alunos desenham a figura de um animal de que gostam. Quando terminarem, eles se revezam fazendo perguntas e respondendo às questões para tentar adivinhar qual é o animal. Eles podem apenas fazer *Yes/No questions* (ex.: *Is it big? Does it have four legs? Can it fly?*).

**Encerrando a aula**
- Jogue *Charades* (ver p. T89) para revisar o que os animais podem fazer.

**ATIVIDADES OPCIONAIS**
**Flashcard game**
Jogue *Hot Seat* (ver p. T88).
**Make a rainforest poster**
Forme duplas. Os alunos criam um pôster da floresta tropical, incluindo os animais de sua escolha. Apresente o trabalho deles para a classe e convide os grupos a descrever seus trabalhos, ex.: *There are birds in the trees. They can fly. The (hippos) are in the water. They can swim. They like swimming and they eat grass.*

**WB page 124**

### 5 Find and write the words.

- Os alunos observam a figura, desembaralham as letras e escrevem as palavras nas linhas fornecidas.

### 6 Read and complete.

- Os alunos leem os textos e, então, completam as descrições com as palavras do quadro.

## Lesson 4

**Objetivos da aula**
Desenvolver as habilidades de leitura, compreensão auditiva e a oralidade.
**Linguagem-alvo**
*Prepositions; hippo; jaws; river bed*
**Linguagem reciclada**
*Animals, Nature; boat, cool, sharp teeth*
**Materiais**
*Multi-ROM*, *mini cards* da *Unit* 6, tesoura, fotos de uma cachoeira e de um hipopótamo, um mapa-múndi ou um globo, papel sulfite, lápis de cor e canetinhas

### Começando a aula

- Dê aos alunos um sintagma nominal (adjetivo + substantivo) da frase (*long arms*, *curly tails*, *sharp claws*, *silent wings*, *strong tails* e *tiny eyes*). Toque a canção novamente (T59). Os alunos se levantam e andam em círculos ao ouvirem sua parte.

**SB page 49**

### Apresentação

- Foque na figura da cachoeira que você trouxe para a classe e pergunte, *What's this?* Os alunos respondem. Agora mostre a figura do hipopótamo e pergunte *What's this? Where do hippos live? Are there hippos in Brazil?* Não confirme ainda as respostas.

### 8 Look and read.

- Chame a atenção dos alunos para o texto e pergunte do que se trata. Explique (L1) que é um diário que alguém escreveu durante as férias.
- Os alunos leem o diário e procuram os nomes dos lugares: A cachoeira Victoria e o rio Zambezi. Traga um mapa-múndi ou um globo e, pergunte *Where's the Zambezi River? And the Victoria Falls?* Ajude os alunos a localizar esses locais (*In Africa*).
- Peça aos alunos que leiam o texto e encontrem informações sobre os hipopótamos. Quando eles terminarem, faça perguntas (ex.: *Are hippos big or small? Do they swim?*)
- Então, faça outra pergunta sobre o texto (ex.: *How do you go to the Victoria Falls? What animals can you see in the Zambezi River?*). Os alunos leem e respondem.

### 9 Listen and answer. *True* or *false*?

- Explique (L1) que os alunos ouvirão algumas frases sobre o texto e que eles precisam decidir se são verdadeiras ou falsas.
- Toque T60 uma vez. Os alunos apenas ouvem. Então, toque a faixa novamente, fazendo pausas após cada frase para que os alunos tenham tempo de escrever suas respostas nos boxes.
- Peça aos alunos que corrijam as frases incorretas.

**T60**
1 Victoria Falls is a small waterfall.
2 A lot of animals live next to the waterfalls.
3 Hippos have big jaws.
4 Hippos have long legs.
5 Hippos can swim.

### Jogo

- Divida os alunos em dois grupos (veja ideias de como formar grupos nas pp. XII e XIII) e explique a atividade (L1). Os alunos olham cuidadosamente a figura na *Lesson* 1 por um minuto e fecham os livros. Então, os alunos de cada um dos grupos devem se revezar dizendo o que há na figura (ex.: *There's a crocodile under the bridge*). Peça a eles que forneçam a maior quantidade de detalhes possível. Dê um ponto para cada frase correta.

### 10 Go to page 83 and play the game.

- Os alunos devem recortar os *mini cards*. Quando terminarem, diga uma palavra representada no *card* (*bridge*) e peça aos alunos que a mostrem. Faça o mesmo com os outros *cards*.
- Explique o jogo (L1): os alunos colocam um conjunto de *cards* na mesa e tentam memorizá-los. Em seguida, eles devem virar os *cards* para baixo e tentar descobrir onde estão os *cards* com as palavras *next to* e *under*. Os alunos viram os *cards* à medida que forem falando para verificar se está correto ou não.
- Monitore as duplas para ajudar com o uso da linguagem.

Os alunos desenham um animal selvagem e falam sobre ele em inglês. Lembre-os da linguagem que eles podem utilizar na descrição.

### Encerrando a aula

- Os alunos jogam *Quick Peek* (ver p. T88) utilizando os *mini cards*.

**ATIVIDADE OPCIONAL**
**Imaginary animals**
Distribua aos alunos uma folha de sulfite e peça a eles que criem um novo animal para a floresta tropical. Eles desenham o animal e escrevem uma descrição. Quando terminarem, os alunos fazem perguntas uns aos outros sobre o novo animal, ex.: *Is it big or small? What color is it? Does it have (four) legs? Does it have wings? Can it (swim)?* Exponha o trabalho deles na sala de aula.

## 8 Look and read.

*Victoria Falls*

Today I'm at Victoria Falls. There are a lot of big waterfalls here. They are on the Zambezi River.

It's cool! There are elephants, giraffes, monkeys, crocodiles and hippos.

Hippo is short for hippopotamus. Do you know that 'hippopotamus' means 'river horse'?

Look! You can see a hippo in the river. Hippos are very big and strong. They have big jaws with a lot of big, sharp teeth. They have short legs and big feet.

They can swim. They move their feet on the river bed like ballet dancers and walk in the water!

## 9 T60 Listen and answer. *True* or *false*?

1 False

2 True

3 True

4 False

5 True

## 10 Go to page 83 and play the game.

11 T61 Listen and read. Then act.

STORY

NOW GO TO FILM STUDIO ISLAND.

## Lesson 5

**Objetivos da aula**
Consolidar a linguagem da unidade com uma história.
**Linguagem-alvo**
*Spider*
**Linguagem reciclada**
*Animals, Prepositions of place; movie, star*
**Materiais**
*Multi-ROM, mini cards* da *Unit* 6, balões de diálogo com as falas da história

**Começando a aula**

- Os alunos jogam *What's missing?* (ver p. T88) com os *mini cards*.

**SB page 50**

**Apresentação**

**11 Listen and read. Then act.**

- Lembre os alunos da história da unidade anterior e pergunte, por exemplo, *Where are the children? (On a movie set.)* Então, chame a atenção deles para a imagem e pergunte, *What animals can you see? Who's this?*
- Utilize a imagem para introduzir a palavra *spider.*
- Antes de ouvir a história, faça as seguintes perguntas sobre os quadrinhos correspondentes. Tente fazê-las e discuti-las em inglês:
  1 (Apontando para o leopardo.) *What is this?* [Você pode aproveitar para introduzir a palavra *leopard*.]
  2 *Is Ruby happy?* [Não, ela está nervosa.]
  3 (Apontando para a cobra.) *What's this?* [Uma cobra.]
  4 *Does Ruby like spiders?* [Não, ela não gosta.]
  5 *What can the children see?* [Uma cidade.]
  6 *Where's Cleo? What she's doing?* [Ela está em um prédio. Discussão livre.]
- Toque T61 e peça aos alunos que acompanhem a história no livro. Toque novamente, fazendo pausas depois de cada frase, para que os alunos possam repetir.
- Em seguida, para verificar a compreensão dos alunos, faça as seguintes perguntas:
  1 *What's the leopard doing?* [Está assustando Ruby.]
  2 *Is it a real leopard?* [Não, é a Jenny.]
  3 *Is it a real snake?* [Não.]
  4 *Is it a real spider? How do you know?* [Não. É possível ver a mão de John segurando a aranha.]
  5 *What's the name of the city?* [Nova York.]
  6 *Do you know the name of the movie?* [Diga à classe que o nome do filme é *King Kong*.]
- Peça aos alunos (L1) que prevejam o que acontecerá no próximo episódio da história. As crianças encontrarão Madley Kool?
- Divida os alunos em quatro grupos e atribua um personagem a cada um deles (Ruby, Sam, John e Cleo). Os alunos leem as partes correspondentes sentados em suas carteiras. Isso pode encorajar os alunos mais tímidos a participar no futuro.
- Convide quatro alunos para assumirem os papéis dos personagens na história. Peça aos voluntários que venham à frente da sala e encenem a história. Encoraje-os a seguir o tom de voz e as expressões, para que fiquem parecidas com as dos personagens. Como alternativa, você pode pedir a outros alunos que leiam o texto enquanto os outros quatro encenam a história.

**Extra!**

- Divida os alunos em dois grupos (veja ideias para formar grupos nas pp. XII e XIII) e peça a eles que fechem os livros. Reconte a história, mas cometendo alguns erros intencionais. Cada vez que um grupo identificar um erro, os alunos levantam as mãos e o corrigem.

Os alunos agora podem acessar o *Film Studio Island* para se divertir e jogar tanto em casa quanto no laboratório de informática da escola. Peça a eles que encontrem a "guitarra" que Cleo está segurando em uma das págians da unidade (p. 48). Então, diga aos alunos que eles devem encontrar a guitarra na *Film Studio Island* (próxima ao *case* da guitarra que está encostada na cabine dentro do *Dino Park Studio*). Quando os alunos clicarem na guitarra, eles serão direcionados para um jogo de linguagem suplementar baseado no vocabulário da *Unit* 6.

**Encerrando a aula**

- Prepare balões de fala com as frases da história e mostre-as a diferentes alunos. Toque T61 novamente e, enquanto a fala deles está tocando, os alunos devem pular e vir à frente da sala. Eles devem se organizar para mostrar os balões de fala.

**ATIVIDADE OPCIONAL**
**Flashcard game**
Jogue *Race to Touch* (ver p. T88) utilizando a linguagem e o vocabulário desta unidade.

## Lesson 6

**Objetivos da aula**
Integrar outras áreas do currículo na aula de inglês; desenvolver o tópico interdisciplinar com um projeto.
**Foco interdisciplinar**
Geografia – A floresta amazônica
**Valores**
Discuta a importância de proteger as florestas tropicais e os animais que vivem nelas.
**Linguagem-alvo**
*humming bird, tapir; run through; nectar, pretty*
**Linguagem reciclada**
*Animals, Food, Nature, Weather*
**Materiais**
*Multi-ROM*, papel A3, um mapa-múndi, *Flashcards* (*The natural world*), *mini cards* da *Unit* 6, lápis de cor e canetinhas

### Começando a aula

- Jogue *Flashcard act out* (ver p. T88) com os *flashcards* e os *mini cards*.

**SB page 51**

### Apresentação

- Traga um mapa-múndi ou um globo para a sala de aula. Foque no título do artigo e pergunte *Where's the Amazon rainforest?* Então, localize-a no mapa e diga *It's in South America.*
- Foque nas figuras e introduza as palavras *tapir* e *humming bird*. Pergunte aos alunos (L1) o que eles sabem sobre os animais do texto. Escreva as previsões dos alunos na lousa.

### 12 Listen and read.

- Toque T62 uma vez. Os alunos acompanham no livro e verificam suas previsões. Se necessário, esclareça o vocabulário.
- Toque novamente e faça perguntas para testar a compreensão. (ex.: *Is the Amazon long or short? Where do parrots live?*).

### 13 Read and answer.

- Foque a atenção dos alunos nas questões. Peça aos alunos que leiam o artigo novamente e respondam no caderno. Em seguida, peça aos alunos individualmente que leiam as respostas.

### 14 Describe one of the animals in Activity 12. Ask your friend to guess.

- Forme duplas (veja ideias para formar duplas nas pp. XII e XIII). Demonstre a atividade, descrevendo um ou dois animais da *Lesson* 3.
- Em seguida, os alunos se revezam descrevendo um animal do texto da *Activity* 12 (ex.: *It's big. It has four legs. It lives next to the river. It eats fruit.*). O outro aluno adivinha qual é o animal.

### Valores

- Converse com os alunos (L1) sobre a importância de respeitar a natureza. Em seguida, pergunte aos alunos por que devemos cuidar da floresta tropical e discuta a importância de animais pequenos e grandes, insetos, árvores e flores.

### Think!

- Escreva a tarefa na lousa *How long is the Amazon river? In what ways is it important for the people and animals that live in the Amazon Rainforest? How can you find out?*
- Divida os alunos em pequenos grupos e incentive-os a discutir as questões e pensar em possíveis respostas. Escreva as ideias dos alunos na lousa e peça a eles que as expliquem.
- Leve os alunos para a biblioteca ou para o laboratório de informática para pesquisar informações em livros e *online* que confirmem suas hipóteses. Eles também podem fazer isso como lição de casa. Se os alunos fizerem pesquisas *online*, aproveite a oportunidade para discutir a relevância/confiabilidade das fontes que eles citam. Incentive-os a sugerir várias fontes possíveis e a julgar sua confiabilidade.
- Forme duplas e peça aos alunos que encontrem nomes de outros animais que vivem na floresta tropical. Traga livros de referência para a classe ou utilize a Internet. Na lousa, escreva os nomes dos animais que os alunos encontraram.
- As duplas devem escolher dois animais e trabalhar juntos à procura de informações sobre eles. Então, eles devem fazer um minipôster em uma folha de papel A3, com fotos ou desenhos e com uma descrição.
- Exponha os cartazes nas paredes da sala de aula e peça a algumas duplas que descrevam seus animais.

### Encerrando a aula

- Os alunos jogam *Lexical Groups* (ver p. T90) para revisar os animais selvagens que aprenderam em lições anteriores.

**ATIVIDADE OPCIONAL**
**Game**
Jogue *Bingo* (ver p. T89) com palavras relacionadas a animais, natureza e condições climáticas.

**SB pages 125-126**

### 7 Look, think and complete.

- Os alunos observam a figura e as descrições, e, em seguida, completam o texto com as palavras do quadro.

### 8 Find, circle and write eight words from Unit 6.

- Os alunos encontram palavras da unidade no caça-palavras. Em seguida, eles as listam de acordo com a primeira letra, como no exemplo.

### 9 Complete the crossword.

- Os alunos observam as figuras e completam as palavras cruzadas.

12 T62 **Listen and read.**

# The Amazon Rainforest

It's hot and wet in the Amazon rainforest and there are a lot of tall trees. The Amazon river runs through the rainforest. It's very long.

A lot of animals live in the rainforest and the river. Look!

parrot

These birds have very long tails. They have pretty colors.

humming bird

These birds are very small. They drink nectar from flowers. They like red, orange and yellow flowers.

tapir

These animals have short necks. They live next to the river. They eat leaves and fruit. They love bananas.

13 **Read and answer.**

1 What's the weather like in the rainforest?
2 Do parrots have short tails?
3 Where do tapirs live?
4 What do tapirs eat?
5 What color flowers do humming birds like?

1 It's hot and wet. / 2 No. / 3 Next to the river. / 4 They eat leaves and fruit. / 5 They like red, orange and yellow.

14 **Describe one of the animals in Activity 12. Ask your friend to guess.**

Answers will vary.

Workbook pages 125 and 126, Activities 7, 8 and 9.

# Review Units 5 and 6

## 1 Read and find.

1 He likes animals. He's in a car.
2 They eat fish. They're in a tree.
3 She can dance. She's behind the waterfall.
4 He wants to be a champion. He's next to the river.
5 It has a tail. It's black. It's in a tree.
6 He likes building. He's under the bridge.
7 They don't have legs. They're in the river.
8 It has strong jaws. It's long. It's next to a house.

## 2 Talk to a classmate.

He likes animals. He's in a car.

Farmer!

## Review Units 5 and 6

**Objetivos da aula**
Revisar a linguagem das unidades 5 e 6; personalizar a linguagem; propiciar uma oportunidade para autoavaliação.
**Linguagem reciclada**
Vocabulário e estruturas das unidades 5 e 6
**Materiais**
*Flashcards* (*Jobs* e *The natural world*), *mini cards* das *Units* 5 e 6, papel sulfite, duas caixas, brinquedos
**Observação:** As atividades da lição *Review* podem ser feitas em uma ou duas aulas, dependendo do uso das seções *Atividade em dupla*, *Extra!*, *Jogo* e *Atividades opcionais*. As atividades do *Workbook* também podem ser dadas em mais de uma aula.

### Começando a aula

- Diga aos alunos (L1) que você desenhará um animal e que precisa da ajuda deles. Pergunte aos alunos *Does it have a curly tail?* Os alunos respondem *No, it doesn't. It has (long arms).* Pergunte a outro aluno *Can it climb?* Continue e desenhe o animal de acordo com as respostas.

**SB pages 52-53**

### Jogo

- Jogue um *Bingo* diferente com os *mini cards* das *Units* 5 e 6. Em vez de desenhar imagens em uma tabela, peça que os alunos escolham seis *cards* para jogar e coloque-os sobre a mesa virados para baixo.
- Escolha um *card* e peça que um dos alunos diga o que é. Os alunos que tiverem esse *card* devem colocá-lo sobre a mesa com a face para baixo. Faça o mesmo com os outros *cards*, até que um dos alunos tenha virado todas os *mini cards* e gritado *Bingo!*

### Atividade em dupla

- Forme duplas (veja ideias de como formar duplas nas pp. XII e XIII). Em uma folha de sulfite, os alunos desenham um cenário de uma floresta e incluem um animal de que gostam (ex.: *a monkey*). Eles fazem uma descrição do animal e da cena. Incentive os alunos a usar a linguagem da *Unit* 6 e de unidades anteriores.
- Quando terminarem, convide algumas duplas para lerem sua descrição para a classe sem dizer qual é o animal, pois a classe deverá adivinhar qual é. Exponha os pôsteres nas paredes da sala de aula.

### 1 Read and find.

- Chame a atenção dos alunos para a imagem e explore-a juntamente com eles, apresentando o máximo de linguagem possível. Então, foque nas oito frases e explique (L1) que são descrições de pessoas e animais na foto.
- Os alunos leem as frases e circulam os itens na figura. Peça aos alunos individualmente que leiam as frases e, em seguida, a classe aponta para os itens.

### Extra!

- Forme duplas. O Aluno A descreve um animal ou pessoa da ilustração (ex.: *She's cleaning the house*). O Aluno B diz onde o animal ou a pessoa está ou identifica o item.
- Peça que os alunos escrevam no caderno as pistas e os itens que eles encontrarem. Então, agrupe as duplas em pequenos grupos de quatro alunos. Cada dupla lê uma nova pista para a outra dupla, que tenta adivinhar qual é a pessoa ou o animal que está sendo descrito.
- Circule pela sala, ajudando com o uso da linguagem. Quando eles terminarem, peça às duplas que compartilhem seu trabalho com a classe.

**Atividade em dupla**

- Os alunos trabalham em duplas. O Aluno A descreve uma profissão (ex.: *He likes dancing*). O Aluno B tenta adivinhar qual é a profissão (*He's a ballet dancer*). Então, é a vez do Aluno B fazer a descrição da profissão.

**Atividade em grupo**

- Divida os alunos em dois grupos. Chame um dos alunos do Grupo A até a lousa e pergunte *What do you want to be?* O aluno faz mímica para representar a profissão (ex.: *tennis player*).
- Os alunos adivinham qual é a profissão.
- Divida os alunos em dois times e transforme a atividade em uma competição em classe.

**Encerrando a aula**

- Divida os alunos em dois grupos. Um aluno de cada grupo deixa a classe por um momento, ou vira-se de costas ou, então, fecha os olhos.
- Esconda um *flashcard* em algum lugar da sala (ex.: em uma bolsa, atrás da cortina etc.).
- Os dois alunos voltam e fazem perguntas diretas [*yes – no*] para localizar o *card*, *Is it on the desk? Is it near the desk? Is it in the drawer? Is it under the chair?* E assim por diante.
- Quando o aluno finalmente encontrar, convide os demais alunos para brincarem em duplas utilizando seus *mini cards*.

**ATIVIDADES OPCIONAIS**

**Games**

Jogue *Picture Guess* (ver p. T88) utilizando o vocabulário desta unidade.

Jogue *Vocabulary tic-tac-toe*.

Divida os alunos em dois grupos e desenhe as linhas do jogo da velha na lousa com o vocabulário desta unidade. Em cada palavra está faltando uma, duas ou três letras (dependendo do nível de dificuldade que você quer ter no jogo). Chame um aluno de cada equipe para preencher as letras que estão faltando e dizer a palavra em voz alta. O grupo que completar três palavras corretas em sequência é o vencedor.

**Prepositions race**

Divida os alunos em dois grupos e peça a eles que formem duas filas em uma das extremidades da sala. Coloque duas caixas grandes no chão na outra extremidade da sala. Coloque alguns brinquedos e *flashcards* no chão, em frente ao primeiro aluno de cada fila. Diga, por exemplo, *Put the crocodile behind the box.* Assovie ou bata palmas para começar. Os alunos pegam o *flashcard* ou o brinquedo correto e correm para a outra extremidade da sala, atendendo às suas ordens, e voltam para a fila. O primeiro aluno que voltar para a fila ganha ponto para seu grupo. Se ele pegar um item errado ou colocá-lo no lugar errado, o grupo não ganha ponto.

**SB pages 126-127**

### 10 Look, think and write.

- Os alunos observam a ilustração e, em seguida, utilizam as palavras da esquerda para escrever frases sobre os papagaios.

### 11 Read and draw the animals.

- Os alunos desenham os animais listados na ilustração da floresta tropical.

### 12 Write about your picture. Use words in the box.

- Utilizando as preposições do quadro, os alunos escrevem frases que descrevam onde os animais estão na ilustração da *Activity* 11.

**Self-assessment**

- Diga aos alunos (L1) que eles devem escolher e colorir o número apropriado de estrelas, dependendo de como acham que foi seu desempenho na unidade. Converse com eles sobre o que aprenderam, sobre o que são capazes de fazer agora, de quais atividades gostaram mais e quais foram difíceis.

# 7 Feelings

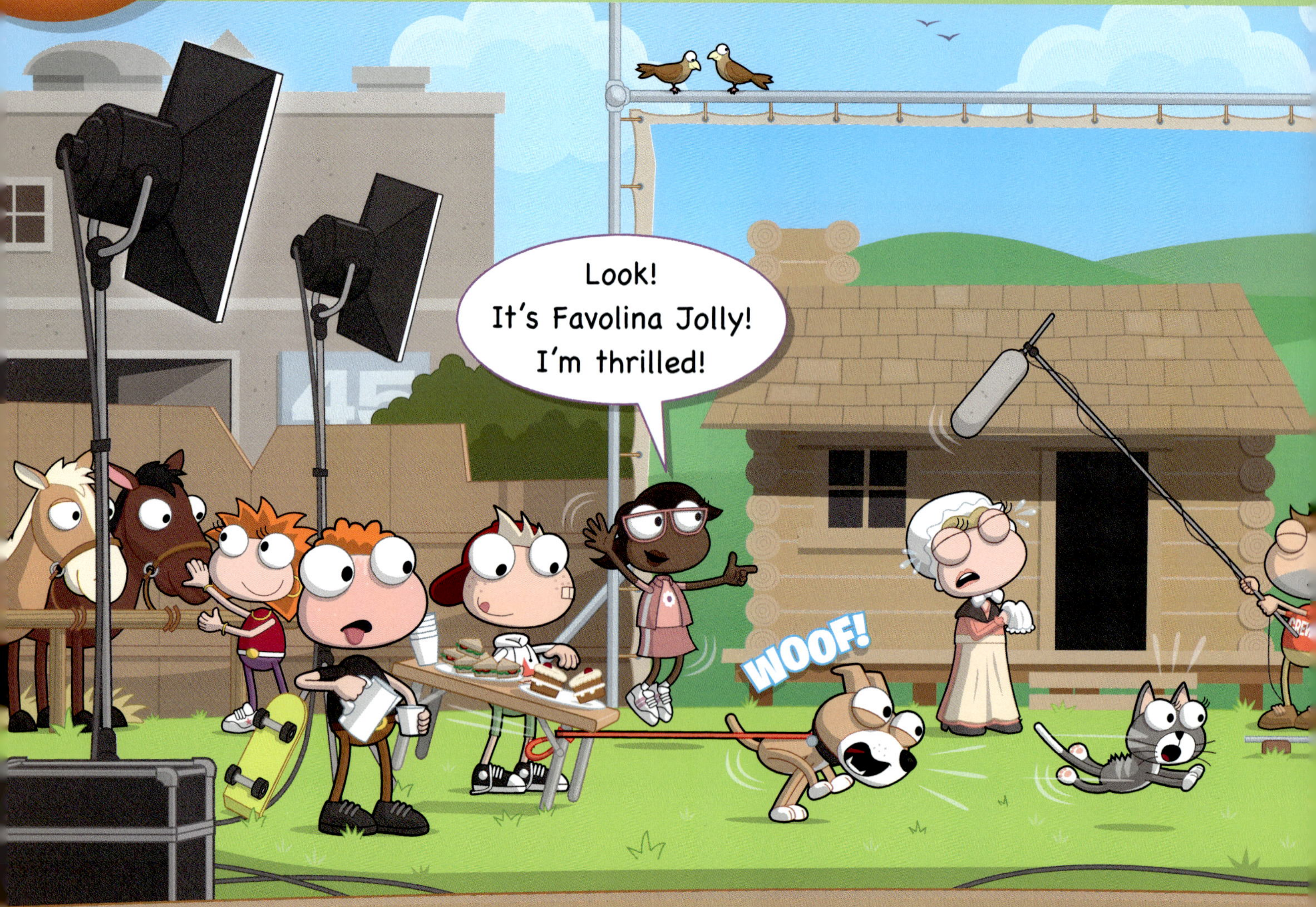


1 Listen, point and say.

2 Listen and say the missing word. Tired.



Workbook page 128, Activities 1 and 2.

## 3 Chant.

T65

Why is she smiling?
Because she's happy.
Why is she crying?
Because she's sad.
Why is he drinking?
Because he's thirsty.
Why is he eating?
Because he's hungry.
Why is he shouting?
Because he's angry.
Why is she laughing?
Because it's funny!

**LOOK!**

**Why** is she smiling? **Because** she's happy.

## 4 Listen and answer. *True* or *false*?

T66

1 Sam is laughing.
2 John is drinking.
3 Jenny is smiling.
4 Favolina is crying.

1 False / 2 True / 3 True / 4 False

## 5 Look at the chant. Ask and answer.

Number 1.
Why is she smiling?

Because she's happy.

# 7 Feelings

## Lesson 1

**Objetivos da aula**
Apresentar e praticar o novo vocabulário.
**Linguagem-alvo**
*farm, thrilled*
**Linguagem reciclada**
*angry, happy, hungry, sad, scared, thirsty, tired; I'm (happy). He's (angry).*
**Materiais**
*Multi-ROM, Flashcards* (*Feelings*), uma bola macia ou um saquinho de areia/feijão

### Começando a aula

- Jogue *Ball/bean Toss* (ver p. T88) para revisar o vocabulário das unidades anteriores.

**SB page 54**

### Apresentação

- Utilize os *flashcards* para ensinar e rever o vocabulário. Mostre--os um por um e diga as palavras. Os alunos as repetem. Então, mostre os *flashcards* novamente e peça aos alunos que digam as palavras.
- Foque na ilustração principal, apontando para os personagens e peça aos alunos que digam o que cada um está sentindo.

### 1 Listen, point and say.

- Chame a atenção dos alunos para as fotos na parte inferior da página. Em seguida, toque T63, pausando depois de cada palavra para que os alunos tenham tempo para encontrar as imagens. Toque novamente, fazendo pausas após cada palavra, de modo que os alunos possam repetir.
- Pergunte aos alunos, *What's number (three)?* Eles devem olhar para as imagens e responder. Se você quiser tornar a atividade mais desafiadora, peça aos alunos que fechem o livro e tentem dizer as palavras apenas utilizando a memória.

**Extra!**

- Comece desenhando uma face que expresse um sentimento ou um objeto que esteja associado a um sentimento (ex.: um sanduíche, que representa *hungry*). Desenhe bem lentamente e peça aos alunos que tentem adivinhar.

**Atividade em grupo**

- Desenhe um *word map* juntamente com a classe. Desenhe um círculo e escreva *Feelings*. Faça um *brainstorming* com as palavras referentes a sentimento que eles aprenderam nesta lição. Escreva as palavras na lousa e peça aos alunos que copiem no caderno.

### 2 Listen and say the missing word.

- Agora, foque na ilustração principal, aponte os personagens e pergunte, *Where are the children now?* Introduza a palavra *farm*. Explique (L1) que as crianças estão em um *set* de filmagens diferente e que agora o filme se passa no campo.
- Diga aos alunos (L1) que eles ouvirão os personagens conversar sobre o que eles e os outros personagens da ilustração principal estão sentindo, mas que um dos sentimentos da *Activity* 1 estará faltando.
- Oriente os alunos a prestar atenção especial à ilustração. Toque T64 uma vez até *What's missing?*. Dê tempo para que os alunos localizem as pessoas na ilustração e descubram qual sentimento não foi mencionado (*tired*). Toque T64 novamente até o fim, para que os alunos possam ver se estavam certos.
- Toque a faixa de novo, fazendo pausas após cada frase para que os alunos possam repetir. Encoraje-os a seguir o tom de voz e as expressões, para que fiquem parecidas com as dos personagens.

**T64**

| | |
|---|---|
| **Ruby** | Where are we? |
| **Jenny** | There's a house, and there are some horses. It's a farm. I'm happy! I like horses. You're a good horse. |
| **Sam** | I'm hungry. Wow, there's cake! I like cake! Yum! |
| **Ruby** | Look, Sam! |
| **Sam** | Is it Madley Kool? |
| **Ruby** | No, no! Look! It's Favolina Jolly! Oooh! I'm thrilled! |
| **Sam** | She's sad. |
| **Ruby** | She's a movie star! I love her movies. |
| **John** | I'm thirsty. Oh, no! |
| **Jenny** | Cleo's scared! Oh dear! |
| **Director** | Cut! Grrrr! |
| **John** | Oops! He's angry. |
| **Narrator** | What's missing? |
| **Children** | Tired! |

**Extra!**

- Peça aos alunos que olhem para a figura cuidadosamente por um minuto ou dois e, então, fechem o livro. Pergunte, por exemplo, *Who's (thirsty)?* Os alunos respondem.

### Encerrando a aula

- Forme duplas (veja ideias de como formar duplas nas pp. XII e XIII). Eles devem se revezar escolhendo um personagem da ilustração principal e fazendo mímica para representar o que o personagem está fazendo. O parceiro deve tentar adivinhar qual é o personagem.

**ATIVIDADE OPCIONAL**
**Game**
Jogue *Give me One* (ver p. T89) com o vocabulário desta lição.

**WB page 128**

### 1 Look and write.

- Os alunos olham para as figuras e escrevem as frases utilizando as palavras do quadro.

### 2 Draw how you and your friend are feeling. Then write.

- Os alunos desenham como eles estão se sentindo em uma das silhuetas. Então, eles escolhem um amigo para desenharem um ao outro. Quando terminarem, eles completam a frase.

## Lesson 2

**Objetivos da aula**
Revisar o vocabulário da *Lesson* 1 com uma canção; apresentar a nova estrutura.
**Linguagem-alvo**
*crying, laughing, shouting, smiling; funny; Why is she (smiling)? Because she's (happy). Why are you (laughing)? Because it's (funny).*
**Linguagem reciclada**
*Feelings*
**Materiais**
*Multi-ROM, Flashcards* (*Feelings*)

### Começando a aula

- Jogue *Spelling Bee* (ver p. T89) para revisar a ortografia do vocabulário da *Lesson* 1.

**SB page 55**

### Apresentação

- Utilize os *flashcards* ou as figuras da p. 54. Mostre a figura de *hungry* e pergunte *Why is he eating?* Faça o gesto apropriado para tornar claro o significado de *Why*. Os alunos devem responder (L1). Faça o mesmo para *thirsty*.
- Mostre a figura novamente e pergunte *Why is he (smiling)?* Aponte para o rosto e imite o gesto para deixar claro. Os alunos respondem (L1). Diga *Because he's happy.* Então, aponte para um aluno e pergunte *And you?* Incentive os alunos a sorrir também.
- Faça o mesmo com as outras ações (*crying*, *laughing* e *shouting*), utilizando as figuras da p. 55. Introduza a palavra *funny*.

### 3 Chant.

- Chame a atenção dos alunos para a música. Então, toque T65 para que os alunos a escutem e acompanhem as palavras. Toque novamente, fazendo pausas após cada frase para que os alunos possam repetir.
- Toque a música de novo, para que os alunos cantem junto.

### Apresentação

- Chame a atenção dos alunos para as perguntas e respostas na caixa *Look!*. Escreva-as na lousa, de modo que os alunos possam acompanhar sua explicação. Peça a eles que prestem atenção às diferentes palavras utilizadas nas perguntas e respostas, *Why* e *Because*. Ajude os alunos a criar uma regra (ex.: Utilize *Why* em perguntas e *Because* nas respostas). Os alunos copiam a regra em seus cadernos.

### Extra!

- Peça aos alunos que façam mímica de uma ação (ex.: *crying*). Vire-se para um deles e pergunte, por exemplo, *Why are you (crying)?* Ajude os alunos com a resposta *Because I'm (sad)*. Escreva essas frases na lousa e pratique com os alunos, substituindo as ações.

### 4 Listen and answer. *True* or *false*?

- Diga aos alunos (L1) que eles ouvirão o restante da conversa entre os personagens da ilustração principal.
- Chame a atenção dos alunos para as afirmações verdadeiras e falsas. Então, toque T66 e, se necessário, você pode tocar mais duas ou três vezes. Verifique as respostas pedindo aos alunos que leiam individualmente as frases. Os alunos podem corrigir as frases falsas no caderno.

T66

| | |
|---|---|
| **Director** | What's happening? Who is that boy? |
| **Ruby** | It's Sam. |
| **Director** | Why is he eating my cake? |
| **Ruby** | Because he's hungry. |
| **Sam** | Sorry! |
| **Ruby** | And that's John. He's drinking because he's thirsty. |
| **Director** | Hmm. What's your name? |
| **Jenny** | I'm Jenny. |
| **Director** | Why are you smiling? |
| **Jenny** | Because I'm happy! I love horses. |
| **Director** | Why are you laughing, Favolina? |
| **Favolina** | I'm laughing because it's funny! |

### 5 Look at the chant. Ask and answer.

- Forme duplas. Os alunos se revezam fazendo perguntas e respondendo às questões sobre as figuras na *Activity* 3. Você pode escrever lembretes na lousa para ajudar os alunos a relembrar a linguagem ou, simplesmente, pedir a eles que verifiquem a caixa *Look!*.
- Como *follow-up*, os alunos devem escrever os diálogos no caderno.

### Encerrando a aula

- Divida os alunos em dois grupos e cante a música novamente (T65). O Grupo A canta a parte das perguntas e o Grupo B, a parte das respostas. Em seguida, eles invertem os papéis.

**ATIVIDADE OPCIONAL**
**Flashcard game**
Jogue *Hot Seat* (ver p. T88).

**WB page 129**

### 3 Look and write. Use words in the box.

- Os alunos olham para a figura e, então, completam as frases utilizando as palavras do quadro.

### 4 Look at Activity 3. Read and match.

- Os alunos olham para a figura na *Activity* 3 e, então, leem as perguntas e as ligam à resposta correta.

## 6 T67 Listen and sing.

SONG

What makes you feel happy?
What makes you feel happy?
Sunny days.
Sunny days and holidays
Make me feel happy.

What makes you cry?
What makes you cry?
Sad movies.
Sad movies and long goodbyes
Make me cry.

What makes you feel scared?
What makes you feel scared?
Big storms.
Big storms and green monsters
Make me feel scared.

What makes you laugh?
What makes you laugh?
My friends.
My friends and naughty monkeys
Make me laugh.

## 7 Ask and answer.

| | | |
|---|---|---|
| feel scared | feel happy | |
| feel sad | feel angry | |
| laugh | cry | thrilled |

What makes you feel scared?

Storms make me feel scared.

**LOOK!**

What **makes** you **cry**?
Sad movies **make** me **cry**.
What **makes** you **feel happy**?
Ice cream **makes** me **feel happy**.



Workbook page 130, Activities 5 and 6.

## Lesson 3

**Objetivos da aula**
Ampliar o vocabulário; praticar o vocabulário com uma canção.
**Valores**
A importância de cuidar dos outros.
**Linguagem-alvo**
*naughty; What makes you (feel happy)? (Sunny days) make me (feel happy.)*
**Linguagem reciclada**
*Animals, Feelings, Weather*
**Materiais**
*Multi-ROM, Flashcards (Animals, Free time, The natural world, Weather* e outros), *spinners*

**Começando a aula**

- Jogue *I Spy* (ver p. T90) para revisar os sentimentos. Diga, *I spy with my little eye a feeling beginning with...*

**SB page 56**

**Apresentação**

- Traga uma variedade de *flashcards* para a aula (ex.: *Weather*, *Nature*, *Animals*, entre outros). Mostre um *flashcard* de algo de que você realmente goste (ex.: o mar), olhe com alegria e diga *The sea makes me feel happy. What about you?*
- Mostre uma figura de algo assustador (ex.: uma tempestade) e diga *Storms make me feel scared.* Faça os gestos apropriados para deixar claro o significado. Faça o mesmo com os outros sentimentos.

### 6 Listen and sing.

- Toque T67. Os alunos ouvem e acompanham no livro. Faça uma mímica para acompanhar os sentimentos e as ações na música (*feel happy*, *cry*, *feel scared* e *laugh*) e, então, toque T67 novamente, para que os alunos possam acompanhar as palavras e a mímica.
- Divida os alunos em quatro grupos e atribua um verso da música para cada um.

**Apresentação**

- Chame a atenção dos alunos para as perguntas e respostas na caixa *Look!* e as escreva na lousa. Reforce que utilizamos *makes you/me feel + a feeling adjective* (ex.: *happy*, *sad*, *angry*) e que utilizamos *makes you/me + an action verb* (ex.: *cry*, *laugh*).
- Peça aos alunos que escrevam as perguntas e respostas na lousa e, também, copiem no caderno.

### 7 Ask and answer.

- Forme duplas (veja ideias de como formar duplas nas pp. XII e XIII). Os alunos se revezam fazendo perguntas e as respondendo com as palavras e as frases do quadro.
- Circule pela sala, ajudando com a linguagem e com o vocabulário extra. Como *follow-up*, peça aos alunos que copiem as respostas no caderno.

**Extra!**

- Revise alguns dos itens de vocabulário que os alunos aprenderam há algum tempo. Desenhe *word map* na lousa para diferentes categorias lexicais (ex.: *Nature*, *Sports*, *Activities*, *Animals* etc.) e apresente as palavras aos alunos. Utilize os *flashcards* para ajudá-los a se lembrar de todas elas.
- Peça aos alunos que escolham um *flashcard* e digam à classe (ex.: *Mountains make me feel happy*; *Hippos make me feel scared*).

**Valores**

- Fale sobre (L1) coisas que deixam as pessoas tristes na escola (ex.: ser ridicularizado, não ter permissão para entrar em um jogo etc.). O que os alunos podem fazer para evitar que as pessoas fiquem tristes? (Pensar antes de dizer coisas rudes, tomar cuidado para não ferir as pessoas com comportamentos grosseiros etc.) De que modo eles podem ajudar os demais alunos da sala que se sentem tristes? (Sendo amigáveis, sendo um bom ouvinte etc.)

**Encerrando a aula**

- Diga aos alunos que eles escreverão novos versos para a música com coisas que os deixam felizes, tristes, com medo etc. Peça aos alunos que contribuam com frases similares às originais da *Activity* 6. Copie os versos na lousa, e ajude os alunos com as novas frases e faça uma nova música. Cante junto com a sala.

**ATIVIDADE OPCIONAL**
**Spinner game**
Divida os alunos em pequenos grupos e dê um *spinner* (ou um dado) a cada um deles. Fixe os *flashcards* de sentimento na lousa e numere-os de 1 a 6. Um aluno de cada grupo gira o *spinner*, escondendo-o do restante. Ele deve representar o sentimento e o aluno do outro grupo deve tentar adivinhar qual é, por exemplo, *He/She feels (happy).*

**WB page 130**

### 5 Read the answers and complete the questions. Use the words in the box.

- Os alunos leem as perguntas e respostas e, então, completam as perguntas com as palavras do quadro.

### 6 Look, think and write.

- Os alunos olham para as figuras e, então, focam no exemplo e escrevem frases semelhantes sobre cada figura.

## Lesson 4

**Objetivos da aula**
Desenvolver as habilidades de leitura, compreensão auditiva, escrita e a oralidade.
**Linguagem reciclada**
*Feelings; because*
**Materiais**
*Multi-ROM, mini cards* da *Unit* 7, tesoura, *Flashcards* (*Animals, Free time, Weather* e outros)

**Começando a aula**

- Jogue *Flashcard Act Out* (ver p. T88) para revisar o vocabulário.

**SB page 57**

**Apresentação**

- Chame a atenção dos alunos para o artigo e explique (L1) que foi retirado de um *website*. Aponte para o garoto na figura e pergunte *What's his name? (Ricky.) Is he famous? (Yes, he is.)* Pergunte aos alunos (L1) se eles já visitaram algum *website* de seu cantor ou ator favorito.

### 8 Look and read.

- Aponte para a figura de Ricky e pergunte *What makes Ricky feel happy?* Os alunos leem o texto e encontram a resposta.
- Então, aponte para Sam e pergunte *What makes Sam feel sad?* Os alunos leem o texto e encontram a resposta. Se necessário, auxilie-os com vocabulário.

### 9 Listen and circle.

- Explique (L1) que os alunos ouvirão algumas perguntas sobre o texto. Toque T68 e peça aos alunos que apenas ouçam as perguntas. Então, toque novamente, fazendo pausas depois de cada pergunta, de modo que os alunos tenham tempo para encontrar e circular a resposta correta no texto.
- Toque a faixa das perguntas de novo e peça aos alunos que o ajudem a escrever na lousa. Verifique com toda a classe e, também, peça aos alunos individualmente que respondam às perguntas. Os alunos devem copiá-las no caderno.

T68

**1** Which two things make Ricky feel happy?
**2** Which two things make Sam laugh?
**3** What makes Sam feel sad?
**4** What makes Ricky feel sad?

**Apresentação**

- No texto da *Activity* 8, chame a atenção dos alunos para as frases com *because*. Escreva-as na lousa e dê alguns exemplos (ex.: *Snakes make me feel scared because they're dangerous*).
- Peça aos alunos que deem outros exemplos utilizando *because* e o vocabulário da unidade. Escreva as frases deles na lousa e peça aos alunos que copiem no caderno.

### 11 Go to page 85 and play the game.

- Os alunos recortam os *mini cards*. Quando eles tiverem terminado, diga uma palavra representada no *card* (*thrilled*), e peça aos alunos que o mostrem. Faça o mesmo para os outros *cards*.
- Forme duplas e explique o jogo (L1): os alunos devem embaralhar seus *cards* e colocá-los em uma pilha na frente deles.
- Cada aluno vira o *card* do topo de sua pilha e o descreve dizendo, por exemplo, *I'm (happy)*. Quando os dois *cards* das pilhas forem iguais, o aluno diz *Snap!*. Então, ele descreve o *card*. O aluno que disser *Snap!* primeiro ganha ponto. Os alunos continuam jogando.

**Desenvolvendo a escrita**

- Distribua uma folha de sulfite a cada aluno e peça a eles que imaginem ter um *website* ou um *blog* e que eles escreverão um texto sobre o que os faz se sentirem feliz, triste, com medo etc. Explique que o texto deve ser parecido com o texto do Ricky.
- Eles escrevem frases isoladas ou um parágrafo. Incentive-os a explicar o seu sentimento utilizando *because*. Circule pela sala, auxiliando com linguagem adicional e com o vocabulário. Quando eles terminarem, exponha o trabalho nas paredes da sala de aula.

**Extra!**

- Os alunos jogam *Memory Game* (ver p. T88) utilizando seus *mini cards*. Para tornar a atividade mais emocionante, eles podem utilizar conjuntos de *mini cards* de outras unidades para jogar.

Os alunos dizem aos seus familiares o que os faz feliz. Eles também perguntam a eles o que os faz feliz. Peça aos alunos que ensinem a música aos seus familiares.

**Encerrando a aula**

- Jogue *Hangman* (ver p. T89) para revisar o vocabulário desta unidade.

**ATIVIDADE OPCIONAL**
**Mini card game**
Jogue *Memory Game* (ver p. T88) utilizando os *mini cards*.

**WB page 131**

### 7 Read and match.

- Os alunos leem as frases e ligam as duas partes.

8 Look and read.

# Ricky Fansite!

**Dear Ricky,**
**What makes you feel happy?**
**Sam**

Hi Sam,
Good question. Playing the guitar makes me feel happy. Also, my friends make me feel happy because they make me laugh. We go skateboarding and play computer games. What makes you laugh?
Ricky

**Funny movies make me laugh. My brother makes me laugh because he can make funny faces. But it makes me feel sad when he doesn't want to play soccer with me. What makes you feel sad?**
**Sam**

Winter makes me feel sad because it's cold. But I love summer. Sunny days make me feel happy.
Ricky

9 T68 Listen and circle.

10 Go to page 85 and play the game.

## 11 T69 Listen and read. Then act.

STORY

NOW GO TO FILM STUDIO ISLAND.



Workbook page 131, Activities 8 and 9.

## Lesson 5

**Objetivos da aula**
Consolidar a linguagem da unidade com uma história.
**Linguagem-alvo**
*always, diver; They're six meters long.*
**Linguagem reciclada**
*Feelings; shark; Do they have (sharp claws)? They have (very sharp teeth).*
**Materiais**
*Multi-ROM, mini cards* da *Unit* 7, papel A3, livros de referência, tesoura, cola, lápis de cor e canetinhas

### Começando a aula

- Os alunos jogam *Memory buzz* (ver p. T88) utilizando os *mini cards*.

**SB page 58**

### 12 Listen and read. Then act.

- Lembre os alunos da história da unidade anterior e pergunte, por exemplo, *Where are the children? (On a movie set.)* Então, chame a atenção deles para a imagem e pergunte *What animal can you see? Who's this?*
- Antes de ouvir a história, faça as seguintes perguntas para os quadrinhos correspondentes. Tente fazê-las e respondê-las em inglês:
  1. (Apontando para o letreiro.) *What are Great Whites?* [Discussão livre.]
  2. *Is the movie about monsters?* [Discussão livre.]
  3. *Is the shark scared of the children?* [Não.]
  4. (Apontando para o mergulhador.) *Who is this?* [Introduza a palavra *diver*.]
  5. *What does the shark want to do?* [Comer o assistente.]
  6. (Apontando para os rostos.) *Do the children understand the message?* [Discussão livre.]
- Toque T69 e peça aos alunos que acompanhem a história no livro. Toque novamente, fazendo pausas depois de cada frase para que os alunos possam repetir.
- Em seguida, verifique se os alunos compreenderam a história fazendo as seguintes perguntas:
  1. *Where are the children going?* [Para outro *set* de filmagem.]
  2. *What are great white sharks?* [São um tipo de tubarão, vivem no mar, têm seis metros de comprimento e estão sempre famintos.]
  3. *What do sharks have?* [Eles têm dentes afiados.]
  4. *Why does Ruby feel scared?* [Porque ela não gosta de tubarões.]
  5. *What's the diver doing?* [Ele está escrevendo.]
  6. *What does the message say? Can you spell it?* [A mensagem diz HELP de trás para a frente.]
- Peça aos alunos (L1) que prevejam o que acontecerá no próximo episódio da história. As crianças encontrarão Madley Kool?
- Divida os alunos em dois grupos e atribua um personagem a cada um. Os alunos leem a sua parte sentados em seus lugares. Isso pode encorajar os alunos mais tímidos a participar mais tarde.
- Convide os alunos para representarem os personagens da história. Peça aos voluntários que venham à frente da sala e encenem a história. Encoraje-os a seguir o tom de voz e as expressões para que fiquem parecidas com as dos personagens. Como alternativa, você pode pedir a outros alunos que leiam o texto enquanto os voluntários encenam.

### Encerrando a aula

- Divida os alunos em dois grupos (veja ideias de como dividir os alunos em grupos nas pp. XII e XIII). Reconte a história, mas cometendo erros intencionais. Cada vez que um grupo identificar o erro, os alunos devem levantar as mãos e corrigi-lo.

Os alunos agora podem acessar o *Film Studio Island* para se divertir e jogar tanto em casa quanto no laboratório de informática da escola. Peça a eles que encontrem a "câmera" que Cleo está segurando em uma das páginas (p. 61). Então, eles devem encontrar a câmera na *Film Studio Island* (está dentro do *Wild West Studio*). Quando os alunos clicarem na câmera, eles serão direcionados para um jogo de linguagem suplementar baseado no vocabulário da *Unit* 7.

**ATIVIDADE OPCIONAL**
**Predators**
Peça aos alunos que pesquisem informações sobre predadores. Explique o significado da palavra *predator*. Faça um *brainstorming* com outros predadores e dê os nomes deles em inglês. Traga livros de referência para a classe ou utilize a Internet. Divida os alunos em pequenos grupos e peça a eles que escolham um predador e encontrem informações sobre ele. Eles fazem um *minipôster* com as informações e incluem desenhos feitos por eles ou retirados da Internet.

**WB page 131**

### 8 Read and number.

- Os alunos leem os balões de fala e as informações do *fact file* e, então, numeram cada parte da informação na lousa de Ruby.

### 9 Look, think and write.

- Os alunos olham para o texto sobre animais marinhos e, então, o completam com as frases que faltam.

## Lesson 6

**Objetivos da aula**
Integrar outras áreas do currículo na aula de inglês; desenvolver o tópico interdisciplinar com um projeto.
**Foco interdisciplinar**
Música – Pôsteres de filmes e músicas
**Linguagem reciclada**
*Feelings*
**Materiais**
*Multi-ROM*, papel A3, lápis de cor e canetinhas

### Começando a aula

- Cante a música da *Lesson* 3 novamente (T67).

**SB page 59**

### Apresentação

- Pergunte aos alunos se eles gostam de música e de que tipo eles gostam. Escreva as palavras na lousa, divididas por tipo de música (ex.: *rock*, *pop*) e, então, pergunte *Who's your favorite singer? What's your favorite group?* Os alunos votam em seu cantor/grupo favorito.

### 12 Listen to the music. How does it make you feel?

- Diga aos alunos que eles ouvirão uma música. Eles ouvem e dizem como se sentem. Então, toque T70, fazendo pausas depois de cada parte e pergunte a vários alunos, *How does it make you feel?* Os alunos devem responder.
- Diga aos alunos que eles ouvirão a gravação novamente, mas desta vez eles devem escrever no caderno palavras (em inglês ou L1) que a música inspira em cada um deles. Faça pausas depois de cada parte da música, de modo que os alunos tenham tempo para escrever. Se necessário, ajude-os com o vocabulário adicional.

**T70**
**1** (música de terror)
**2** (música agitada)
**3** (música triste)
**4** (música alegre)

### 13 Read and match.

- Chame a atenção dos alunos para os pôsteres e explique que são pôsteres de filmes. Aponte para cada um deles e peça aos alunos que prevejam que tipo de filme é. Escreva as ideias dos alunos na lousa.
- Em seguida, os alunos leem as descrições e as relacionam ao pôster correto. Verifique as respostas e pergunte aos alunos quais palavras no texto os ajudaram no exercício.

### 14 Look at the Activity 13. Ask and answer.

- Forme duplas. Então, chame a atenção dos alunos para as perguntas e respostas no exemplo. Leia as perguntas e peça aos alunos que repitam depois de você, para praticar a pronúncia.
- Os alunos devem perguntar uns aos outros como os filmes os fazem se sentir. Se necessário, monitore as duplas, para ajudar com a linguagem e com o vocabulário adicional.
- Explique que a música é muito importante nos filmes e que há filmes que se tornaram muito famosos por conta dela. Pergunte aos alunos se eles se lembram de um trecho da música de um filme.

### Think!

- Escreva as tarefas na lousa e peça aos alunos que copiem no caderno.
- Escreva:
  – uma música que faça você feliz.
  – uma música que faça você rir.
  – um personagem de filme do qual você tem medo.
- Dê alguns minutos aos alunos para que eles possam escrever sobre as músicas e o filme individualmente. Então, pergunte aos alunos (L1) como eles poderiam encontrar outra pessoa na sala de aula que sinta a mesma coisa com a mesma música ou com o mesmo filme. Escreva as ideias deles na lousa (ex.: faça perguntas, peça ao professor que pergunte a cada um na sala, passe o caderno pelos alunos da classe etc). Os alunos escolhem como eles gostariam de realizar essa tarefa.

### Miniprojeto

- Divida os alunos em pequenos grupos e dê a cada grupo uma folha de papel A3. Explique que eles criarão um pôster de filme e escreverão uma descrição semelhante à da *Activity* 13.
- Os alunos escolhem o tipo de filme e o título, e discutem o *design* do pôster. Então, eles utilizam canetinhas e lápis de cor para decorá-lo. Eles também escrevem um pequeno texto, descrevendo o pôster e como ele os faz se sentir.
- Circule pela sala, para ajudar os alunos com o uso da linguagem e com o vocabulário adicional. Quando eles terminarem, exponha o trabalho nas paredes da sala de aula.

**ATIVIDADE OPCIONAL**
**Young movie makers**
Divida os alunos em grupos. Toque um trecho da música e diga aos alunos que eles são diretores de cinema e que estão produzindo um filme. Eles devem imaginar uma história para o filme e escolher os astros e estrelas que atuarão nele. Faça um esboço na lousa para que os alunos possam expor suas ideias (ex.: *Our movie is about... It happens in... The stars are...*).

**WB page 132**

### 10 Read and circle.

- Os alunos olham para as cenas do filme e para as frases, e circulam a palavra correta.

### 11 Look and circle. Draw and write the one that is missing.

- Os alunos olham para os rostos e circulam as palavras que descrevem o que cada criança está sentido. Então, eles escrevem o adjetivo referente ao sentimento que está faltando e desenham a expressão facial correta.

**12** **Listen to the music. How does it make you feel?**

Answers will vary.

**13** **Read and match.**

1

2

3

4

**a** It's the end of the movie. They are at the train station. They're friends and they're saying goodbye. It makes me feel sad. It makes me cry.

**b** There are a lot of people. The music is great. They're learning to dance. It makes me feel happy. I want to sing and dance, too.

**c** There are two boys. They have a lot of fun. It's funny. It makes me laugh.

**d** It has a big, green monster. The monster has sharp teeth and long hair. It makes me feel scared.

**14** **Look at Activity 13. Ask and answer.**

How does number 3 make you feel?

It makes me feel sad.

Workbook page 132, Activities 10 and 11.

# Wider World

## It makes me feel happy.

**1** Listen and read. T71

1

I'm Zhi. I'm from China. Chinese New Year makes me feel happy because it's fun. It's in January or February and it's called the Spring Festival. There are dragons and pretty lanterns. We clean our houses, then we visit friends and family. I love my friends and family. They make me feel happy.

2

Do you like my dress? I'm Ola. I'm from Poland. Dancing makes me feel happy because it's good exercise. I dance at a traditional dance school. Here I am with my friends. We're wearing traditional dresses and hats.

**2** Read and answer.

1 When is Chinese New Year?
2 Why does Ola like dancing?
3 What is Ola wearing?
4 Is Mark scared of fireworks?
5 How does Victoria's choir go to other schools?

1 It's in January or February. / 2 Because it makes her feel happy. / 3 A traditional hat and dress. / 4 No, he isn't. / 5 They go by bus or train.

3

My name's Mark. I'm from the United Kingdom. Bonfire Night makes me feel happy. It's every year in November. I go to watch fireworks at the park with my brother and my mom and dad. In the photo we're wearing hats and scarves because it's cold. I'm not scared of fireworks.

4

Hi! I'm Victoria. I go to a music school and I sing in the African Children's Choir. At school we have singing and dancing lessons every day. We go by bus and train to other schools and sing in concerts. Singing in the choir makes me feel happy because I love music.

3 

**Listen and say the name.**

1 Ola, 2 Mark, 3 Zhi, 4 Victoria, 5 Ola

4 

**Talk about what makes you feel happy.**

Answers will vary.

1 What or when is it?
2 What do you do?
3 What do you wear?

## Wider World

**Objetivos da aula**
Aprender sobre os festivais em outros países; personalizar a linguagem da *Unit* 7; propiciar uma oportunidade para autoavaliação.
**Linguagem-alvo**
*choir, dragon, fireworks, lantern, traditional dress*
**Linguagem reciclada**
*Feelings*
**Materiais**
*Flashcards* (*Feelings*), um saco ou caixa, um mapa-múndi ou globo, papel sulfite
**Observação:** As atividades da lição *Wider World* podem ser feitas em uma ou duas aulas, dependendo do uso das seções *Atividade em dupla, Extra!, Jogo* e *Atividades opcionais*. As atividades do *Workbook* também podem ser dadas em mais de uma aula.

**Começando a aula**
- Lembre os alunos da música na *Lesson* 2 (T65). Então, divida-os em dois grupos e cante a música. O Grupo A canta a parte das perguntas e o Grupo B, a parte das respostas.

**SB pages 60-61**

### 1 Listen and read.
- Chame a atenção dos alunos para as fotos e os textos. Peça aos alunos que descubram os nomes das crianças e de onde elas são. Em seguida, escreva os nomes e os países na lousa.
- Mostre o mapa-múndi na lousa ou um globo para os alunos. Convide alguns deles a vir até a lousa para encontrar os países no mapa.
- Diga aos alunos (L1) que eles ouvirão quatro crianças falando sobre as atividades que as fazem se sentir felizes. Peça aos alunos que acompanhem o texto enquanto ouvem a gravação. Toque T71 e, se necessário, auxilie com o vocabulário.

**Informação extra:**
***Bonfire Night*** – Na noite de 5 de novembro, quando as pessoas no Reino Unido acendem fogos de artifício e queimam a figura de um homem em um incêndio, isso é feito em memória a vez em que Guy Fawkes tentou destruir o Parlamento Inglês em Londres, em 1605, embora para a maioria das pessoas essa conexão não seja importante. Antigamente, muitas famílias faziam suas próprias fogueiras e fogos de artifício, mas agora é mais comum as pessoas irem a um grande e organizado show de fogos nos parques.

***Chinese New Year*** – É celebrado no primeiro dia do mês lunar, em janeiro ou fevereiro. Há festas em muitos países, e cada ano novo tem o nome de um dos doze animais do zodíaco chinês (Fonte: *Longman Dictionary of English Language and Culture*, 1998).

**Extra!**
- Faça um *brainstorming* com os alunos sobre os nomes dos festivais no Brasil e escreva-os na lousa. Pergunte aos alunos o que eles fazem nessas ocasiões e o que celebram.
- Peça aos alunos que o ajudem a escrever sobre um desses festivais, como se eles fossem outra criança da *Activity* 1. Apresente informações e vocabulário para que os alunos possam escrever o texto na lousa e, também, copiar no caderno.

### 2 Read and answer.
- Chame a atenção dos alunos para as perguntas e, se necessário, esclareça o vocabulário. Os alunos leem os textos na *Activity* 1 novamente e respondem às questões no caderno.

### 3 Listen and say the name.
- Explique (L1) que os alunos ouvirão cinco frases sobre as crianças da *Activity* 1 e que eles devem dizer quem são as crianças.
- Toque T72 uma vez e peça aos alunos que apenas escutem. Então, toque a faixa novamente, fazendo pausas depois de cada fala para permitir que os alunos possam pensar e decidir. Como alternativa, os alunos podem escrever o nome das crianças no livro.

T72
**1** She goes to a dance school.
**2** He's wearing a hat in the photo.
**3** She's happy because she's with her family.
**4** She loves music.
**5** She's wearing a traditional white and red dress in the photo.

**Extra!**
- Trabalhe com *shadow reading*. Toque T71 novamente e peça aos alunos para lerem as palavras e tentarem acompanhar a mesma velocidade o o mesmo ritmo da gravação. À medida que os alunos forem conseguindo manter a leitura, abaixe o volume do áudio ocasionalmente.

**Atividade em grupo**
- Divida os alunos em pequenos grupos e dê a cada um deles uma folha de sulfite. Peça a eles que façam um *word snake* (similar àquele da p. 132, utilizando as palavras de que eles gostam desta unidade.
- Quando terminarem, eles trocam os papéis com outros grupos e encontram as palavras.

**Dicionário visual**
- Forme duplas. Direcione a atenção dos alunos para a p. 142. Foque na figura da seção *Feelings*. Os alunos leem as palavras abaixo das figuras cuidadosamente. Então, eles devem cobrir as palavras e se revezar dizendo todas elas na ordem correta.

**Atividade em dupla**

- Forme duplas e escreva uma frase sobre as crianças da *Activity* 1, semelhante àquelas que eles ouviram na *Activity* 3.
- Então, eles leem as frases para a classe, e a classe adivinha a quem a frase se refere.

**Extra!**

- Peça aos alunos que fechem o livro. Na lousa, escreva os nomes das crianças, os países e o vocabulário principal (*lantern* e *dragon*, *traditional dress*, *fireworks* e *choir*) da *Activity* 1. Organize o vocabulário em três colunas.
- Convide um aluno para vir à lousa e, então, toque T71 novamente. O aluno desenha linhas ligando as três colunas (ex.: *Zhi – China – lantern e dragon*). Continue com as outras crianças, convidando-as para virem à lousa.

## 4 Talk about what makes you feel happy.

- Divida os alunos em pequenos grupos e chame a atenção deles para as questões. Peça a eles que usem as perguntas como guia para pensar sobre o que os faz felizes.
- Os alunos conversam sobre isso. Circule pela sala para ajudar com o vocabulário, se necessário. Para encerrar as atividades, você pode perguntar aos grupos sobre o que eles falaram, utilizando as mesmas perguntas. Como alternativa, você pode transformar isso em uma atividade de escrita pedindo aos alunos que respondam às questões no caderno.

**Encerrando a aula**

- Faça o jogo da adivinhação. Diga uma frase sobre um dos festivais da lição, ex.: *It's in January or February. It is called the Spring Festival. You can see dragons and lanterns.* (*Chinese New Year.*) *It's in England. It's in November. There are fireworks.* (*Bonfire Night.*) Inclua descrições sobre os festivais no Brasil e sobre outras datas especiais que os alunos conheçam (*Halloween*, *Easter*, *Christmas* etc.). Os alunos adivinham qual é.
- Coloque os *flashcards* em um saco ou em uma caixa. Pegue um deles e retire-o lentamente. Os alunos tentam adivinhar qual é a figura e formam uma frase com as palavras (ex.: *Storms make me feel scared. I'm eating because I'm hungry*). O primeiro aluno a adivinhar assume seu papel, liderando a atividade. Como alternativa, você pode começar uma frase e pedir aos alunos que a completem.

**ATIVIDADES OPCIONAIS**

**Games**

Jogue *Jumping the Line* (ver p. T88) utilizando o vocabulário da *Unit* 7.

Jogue *Bingo* (ver p. T89) para revisar o vocabulário de *feelings*, *hobbies* e *months*.

**Guessing game**

Os alunos fazem uma lista de coisas que os fazem felizes, tristes ou deixam com medo. Forme duplas. Os alunos tentam adivinhar o que o outro escreveu. O Aluno A, por exemplo, diz, *Spiders make you feel scared* e o Aluno B então diz *Yes*/*No*.

**WB page 133**

## 12 What makes you feel happy and scared? Draw pictures.

- Os alunos desenham aquilo que os faz felizes, ou os deixa com medo, no quadro correto.

## 13 Write about your pictures.

- Os alunos completam as frases com aquilo que os faz felizes ou os deixa com medo.

**Self-assessment**

- Diga aos alunos (L1) que eles devem escolher e colorir o número apropriado de estrelas, dependendo de como acham que foi seu desempenho na unidade. Converse com eles sobre o que aprenderam, sobre o que são capazes de fazer agora, de quais atividades eles mais gostaram e quais delas foram mais difíceis.

# 8 By the sea

1 T73 **Listen, point and say.**

2 T74 **Listen and say the missing word.**
Surfing.


Workbook pages 134 and 135, Activities 1, 2 and 3.

## 3 T75 Chant.

What are you scared of?
I'm scared of sharks.
What are you scared of?
I'm scared of sharks.

I like the beach and I like the sea.
But I'm scared of sharks
And they're scared of me!

**LOOK!**

What **are** you **scared of**?
I'**m scared of** sharks.

## 4 T76 Listen and answer the questions.

1 What are you scared of, Ruby?
2 What are you scared of, Jenny?
3 What are you scared of, Sam?

1 I'm scared of horses.
2 I'm scared of sharks.
3 I'm scared of sharks.

## 5 Ask six friends.

# 8 By the sea

## Lesson I

**Objetivos da aula**
Apresentar e praticar o novo vocabulário.
**Linguagem-alvo**
*fishing, horseback riding, sailing, snorkelling, surfing*
**Linguagem reciclada**
*Free-time activities, Sports; beach, present, sea; (She)'s (snorkelling).*
**Materiais**
*Multi-ROM, Flashcards* (*By the sea*), papel sulfite

**Começando a aula**

- Jogue *Teacher Says* (ver p. T89) para revisar *free-time activities* e *sports*.

**SB page 62**

**Apresentação**

- Apresente o vocabulário utilizando os *flashcards*. Mostre os *flashcards* um por um e diga as palavras para que os alunos repitam. Mostre os *flashcards* novamente, mas desta vez faça perguntas individualmente, para que os alunos possam dizer as palavras.
- Então, mostre os *cards* aleatoriamente e pergunte *What is it?*

### 1 Listen, point and say.

- Chame a atenção dos alunos para as figuras na parte inferior da página e, então, toque T73, fazendo pausas após cada uma das palavras para que os alunos possam localizar a imagem. Toque novamente, fazendo pausas após cada atividade para que os alunos possam repeti-las.
- Pergunte aos alunos *What's number (three)?* Eles olham para as imagens e respondem. Se você quiser tornar a atividade mais desafiadora, peça aos alunos que fechem o livro e digam as palavras apenas utilizando a memória. Os alunos podem continuar o exercício em duplas.

### 2 Listen and say the missing word.

- Agora concentre-se na ilustração principal. Aponte para os personagens e pergunte *Who's this?* Peça aos alunos que citem as diferentes atividades na ilustração. Aponte para o diretor e o assistente, e explique (L1) quem eles são.
- Diga aos alunos (L1) que eles ouvirão o diretor e o assistente conversando sobre as diferentes atividades, mas que um dos itens da *Activity* 1 estará faltando.
- Peça para os alunos prestarem atenção à ilustração principal. Toque T74 uma vez até *What's missing?* Dê alguns segundos para que os alunos possam localizar as diferentes atividades na ilustração e descobrir qual está faltando (*surfing*). Toque novamente até o fim.
- Toque T74 de novo, fazendo pausas após cada frase para que os alunos possam repeti-las. Incentive o tom de voz e as expressões para combinar com as figuras.

T74

| | |
|---|---|
| **Director** | OK. Are we ready? Is everyone on the beach? |
| **Assistant** | Yes, sir. On the beach or in the sea, sir. |
| **Director** | This is Madley Kool's big scene. Is he ready? |
| **Assistant** | Errr... |
| **Director** | Good! Let's start. What's everyone doing? Where's Joe? |
| **Assistant** | He's sailing. |
| **Director** | OK. What's Julian doing? |
| **Assistant** | He's fishing. |
| **Director** | Right. What's Jane doing? |
| **Assistant** | She's snorkelling. |
| **Director** | Right. And James? |
| **Assistant** | He's... err, he's horseback riding. |
| **Director** | He's WHAT? And why is James horseback riding? |
| **Assistant** | Because he's scared of sharks. |
| **Narrator** | What's missing? |
| **Children** | Surfing! |

**Atividade em dupla**

- Revise o uso de *be* + action + *-ing*. Mostre alguns *flashcards* para os alunos e pergunte *What's (he) doing? (He)'s (surfing).* Escreva alguns exemplos na lousa e destaque a estrutura.
- Forme duplas (veja ideias de como dividir os alunos em duplas nas pp. XII e XIII). O Aluno A elabora a frase sobre o personagem e o Aluno B aponta para o personagem na ilustração principal.

**Encerrando a aula**

- Forme duplas. O Aluno A escolhe uma das atividades da ilustração principal e faz mímica. O Aluno B tenta adivinhar.

**ATIVIDADE OPCIONAL**
**Guess the action**
Desenhe um objeto (ex.: vara de pescar), e peça aos alunos que adivinhem qual é a atividade.

**WB pages 134-135**

### 1 Match.

- Os alunos ligam as palavras às figuras.

### 2 Look and complete.

- Os alunos observam as descrições das duas figuras e, então, as completam com as palavras corretas.

### 3 Look, read and complete.

- Os alunos observam as figuras e, então, completam as perguntas e as respostas.

## Lesson 2

**Objetivos da aula**
Revisar o vocabulário da *Lesson* 1 com uma canção; apresentar a nova estrutura.
**Linguagem-alvo**
*What are you scared of? I'm scared of (sharks).*
**Linguagem reciclada**
*Animals*
**Materiais**
*Multi-ROM*, *Flashcards* (*By the sea*), fotos de cobras, aranhas e outros animais selvagens, papel sulfite

**Começando a aula**
- Jogue *Aye, Aye, Captain!* (ver p. T89) para revisar o vocabulário da *Lesson 1*.

**SB page 63**

**Apresentação**
- Mostre aos alunos algumas figuras de animais dos quais as pessoas normalmente têm medo e diga *I'm scared of (spiders)*.
- Aponte para o aluno e pergunte *What are you scared of?* Faça o mesmo com mais alguns alunos e, se necessário, ajude com o vocabulário adicional.

**3 Chant.**
- Chame a atenção dos alunos para a música e, então, toque T75 para que os alunos ouçam e acompanhem as palavras. Toque novamente, fazendo pausas depois de cada linha para que os alunos possam repetir.
- Toque a música de novo para que os alunos participem. Se necessário, utilize mímica para ajudá-los a se lembrar das palavras.

**Apresentação**
- Chame a atenção dos alunos para as perguntas e respostas na caixa *Look!*. Ressalte que utilizamos *of* no final da pergunta.
- Apresente alguns exemplos de frases e as escreva na lousa. Os alunos copiam no caderno.

**4 Listen and answer the questions.**
- Foque a atenção dos alunos nas frases e diga a eles (L1) que ouvirão os personagens falar sobre aquilo de que têm medo.
- Toque T76 algumas vezes e peça aos alunos que copiem as respostas no caderno. Verifique as respostas com toda a classe.

T76

**Ruby** I'm scared!
**Jenny** What are you scared of, Ruby?
**Ruby** I'm scared of horses. I don't like horses.
**Jenny** Don't worry, Ruby. I'm scared of sharks, and they're filming a shark!
**John** I am not scared of sharks.
**Sam** You are!
**John** I am not.
**Sam** You're scared of crocodiles.
**John** I don't like crocodiles, but I am not scared of crocodiles. Or sharks!
**Sam** I am.
**John** You're scared of sharks, Sam?
**Sam** Yes, I am.
**Cleo** Madley Kool is scared of sharks.

**Prática**
- Peça aos alunos que o ajudem a reconstruir o diálogo. Toque T76, fazendo pausas após cada fala.
- Faça perguntas para ajudar os alunos a se lembrar, ex.: *Who's that?* Os alunos respondem, por exemplo, *Ruby*. Continue até que tenha escrito todo o diálogo na lousa.
- Quando tiver terminado, divida os alunos em grupos e atribua um personagem para cada um. Eles leem as falas de seus personagens sentados em seus lugares.

**5 Ask six friends.**
- Chame a atenção dos alunos para o garoto e a garota e para o que eles estão dizendo. Você pode pedir a um aluno ou uma aluna que leia o diálogo.
- Entregue uma folha de sulfite para cada aluno e peça a eles que escrevam o nome de seis amigos para a atividade.
- Quando terminarem, eles se levantam e circulam pela sala, perguntando aos seus amigos *What are you scared of?* Os alunos escrevem as respostas. Ajude-os com o vocabulário adicional.
- Peça aos alunos que leiam as frases para a classe, dizendo, por exemplo, (*Name*) *is scared of* (*spiders*). Liste os resultados na lousa e veja do que os alunos têm mais medo.

**Encerrando a aula**
- Escreva a primeira letra de um dos itens de vocabulário da unidade e deixe espaços para as demais, ex.: *s _ _ _ _ _ _ _ _ _* (*snorkeling*). Os alunos dizem as letras para tentar adivinhar a palavra.

**ATIVIDADE OPCIONAL**
**Game**
Jogue *Picture Dictation* (ver p. T90) utilizando o vocabulário e a linguagem da unidade.

**WB page 135**

**4 Look, think and write.**
- Os alunos olham para as figuras e as classificam na categoria correta.

## 6 Listen and sing. T77

SONG

What are you fond of?
I'm fond of these:
Movie stars and fishing,
Pasta and cheese.

What are you bored with?
I'm bored with these:
Dancing and toy cars,
Watching TV.

What am I scared of?
I'm scared of these:
Lions and crocodiles
Spiders and bees.
Anything else, you ask?
I'm terrified of sharks!

**LOOK!**

I'm **scared of** lions.
I'm **bored with** watching TV.
I'm **fond of** fishing.
I'm **terrified of** sharks.

## 7 Make sentences.

| | | |
|---|---|---|
| soccer | swimming | spiders |
| reading | surfing | crocodiles |
| cooking | horseback riding | |

| | |
|---|---|
| fond of | bored with |
| scared of | terrified of |

Workbook page 136, Activity 5.

## Lesson 3

**Objetivos da aula**
Ampliar o vocabulário; praticar o vocabulário com uma canção.
**Linguagem-alvo**
*I'm bored with, fond of, terrified of*
**Linguagem reciclada**
*Animals, Free-time activities; I'm scared of (lions).*
**Materiais**
*Multi-ROM, Flashcards (By the sea)*, cartões (preparados pelo professor) com adjetivos e preposições

**Começando a aula**
- Jogue *The Ball* (ver p. T88) com os *flashcards*. Os alunos formam frases *be* + action + *-ing*.

**SB page 64**

**Apresentação**
- Chame a atenção dos alunos para a imagem. Aponte para os diferentes animais e pergunte *What are these?* Aponte para as abelhas e revise a palavra *bees*. Pergunte *Are these spiders?* E diga *I'm scared of spiders*.
- Então diga, por exemplo, *I like reading very, very, very much! I'm fond of reading. And you?* Depois, convide os alunos a dizer do que eles gostam. Continue dando exemplos para *bored* e *terrified* para deixar o significado claro.

### 6 Listen and sing.
- Toque T77. Os alunos ouvem e acompanham as palavras no livro. Se necessário, esclareça o vocabulário. Então, crie uma mímica para acompanhar a música e toque a faixa novamente para que os alunos possam acompanhar as palavras e a mímica.
- Divida os alunos em três grupos. O Grupo A canta o verso com *fond of*, o Grupo B canta o verso com *bored with* e o Grupo C canta o verso com *scared of*. Todos os grupos devem cantar as duas últimas linhas. Troque os grupos e cante a música novamente até que todos tenham a chance de cantar a música completa.

**Apresentação**
- Chame a atenção dos alunos para a caixa *Look!* e escreva as palavras na lousa. Ressalte o uso de *scared, bored, fond* e *terrified* com preposições. Dê outros exemplos da música.
- Peça aos alunos que deem mais exemplos e escreva-os na lousa. Peça a eles que copiem no caderno.
- Prepare oito *cards*. Escreva os adjetivos *scared, bored, fond* e *terrified* em quatro deles. Em seguida, escreva as preposições correspondentes nos outros quatro.
- Embaralhe os *cards* e coloque-os na mesa virados para baixo. Peça aos alunos que venham à lousa e peguem um *card*. Eles os colocam na lousa e juntam o adjetivo com a preposição.

### 7 Make sentences.
- Forme duplas (veja ideias de como formar duplas nas pp. XII e XIII). Chame a atenção dos alunos para o garoto e para a gatora no exemplo e, então, explique a atividade. Os alunos se revezam fazendo perguntas e respostas utilizando as palavras e as frases dos quadros. O Aluno A diz uma atividade e o Aluno B, como se sente com relação a isso. Em seguida, eles invertem os papéis.

Em casa, os alunos perguntam aos seus familiares de que eles gostam e o que os deixa entediados. Os alunos fazem um *minipôster* com desenhos ou então imprimem figuras que mostram algumas coisas que sua família mencionou. Os alunos mostram seu trabalho e leem as frases na aula seguinte.

**Encerrando a aula**
- Divida os alunos em pequenos grupos. Então, escreva as atividades da *Activity* 7 na lousa e peça aos alunos que copiem no caderno. Os alunos perguntam aos outros membros de seu grupo se eles gostam de cada uma das atividades, *Do you like (cooking)?* Cada grupo determina a atividade mais popular dentre seus integrantes. Na lousa, liste os resultados de cada grupo e encontre a atividade favorita da classe.

**ATIVIDADE OPCIONAL**
**Young songwriters**
Divida os alunos em pequenos grupos e peça a eles que escrevam um novo verso para a canção, com coisas novas de que eles gostam, coisas que os chateiam etc. Quando eles terminarem, colete os versos e faça uma nova música. O grupo canta sua música.

**WB page 136**

### 5 Look, read and complete. Use the words in the boxes.
- Os alunos olham para quatro rostos que mostram diferentes sentimentos e leem as legendas. Sempre que eles se depararem com uma das faces no texto, eles escreverão a palavra correspondente. Eles também devem focar nas palavras do quadro e usá-las quando for apropriado.

## Lesson 4

**Objetivos da aula**
Desenvolver as habilidades de leitura, compreensão auditiva, escrita e a oralidade.
**Linguagem-alvo**
*dolphins*; *rock climbing*
**Linguagem reciclada**
*Free-time activities*
**Materiais**
*Multi-ROM*, *mini cards* da *Unit* 8, tesoura, modelos de cartões postais, fotos de pessoas nadando com golfinhos e de uma pessoa escalando uma rocha.

### Começando a aula

- Cante a música da *Lesson* 3 (T77) em grupos.

**SB page 65**

### Apresentação

- Pergunte aos alunos aonde eles gostam de ir nas férias (ex.: para a praia, para as montanhas).
- Faça um *brainstorming* com coisas que eles podem fazer em cada lugar. Faça uma lista na lousa e vote na mais popular.
- Então, mostre as figuras dos golfinhos e da escalada e pergunte onde eles podem praticar essas atividades. Peça aos alunos que repitam *swimming with the dolphins* and *rock climbing* diversas vezes.

### 8 Look and read.

- Chame a atenção dos alunos para a figura e pergunte *What place is this? Where do you think it is? Is it in Brazil? What's the weather like? How does it make you feel?*
- Peça aos alunos que leiam o *postcard* e encontrem algo de que Tom tenha medo. Então, faça outra pergunta sobre o texto (ex.: *Who is he writing to? What does he like doing? Does he like dolphins? What does his father like doing? What is his mother bored with?*).

### 9 Listen and answer.

- Explique (L1) que os alunos ouvirão algumas perguntas sobre o texto e que eles devem responder no caderno.
- Toque T78 uma vez. Os alunos apenas ouvem. Então, toque a faixa novamente, fazendo pausas depois de cada frase de modo que alunos tenham tempo para escrever as palavras.
- Peça aos alunos que corrijam a frase falsa.

**T78**

**1** What's the weather like?
**2** What does Tom like doing?
**3** What does dad like doing?
**4** What is mom doing?

### 10 Go to page 87 and play the game.

- Os alunos recortam os *mini cards*. Quando terminarem, diga uma atividade representada em um *card* (*dancing*) e peça aos alunos que mostrem o *card*. Continue com outros *cards*.
- Explique o jogo (L1): os alunos colocam um conjunto de *cards* sobre a mesa em uma pilha com a face para baixo. O Aluno A vira um *card* e e diz a atividade (ex.: *Surfing*). O Aluno B, então, diz uma frase utilizando aquela atividade (ex.: *I like surfing in the summer*). Então, é a vez de o Aluno B pegar o *card*.
- Incentive os alunos a criar diferentes tipos de frases *I (don't) like...*, *I'm* (verb + *-ing*) e outras estruturas que eles aprenderam. Monitore as duplas para ajudá-las no uso da linguagem. Como *follow-up*, você pode pedir aos alunos que escrevam no caderno.

### Desenvolvendo a escrita

- Peça aos alunos que imaginem que estão de férias em um lugar muito legal e que eles enviarão um cartão postal para a família ou para um amigo. Chame a atenção para o cartão postal de Tom, apontando o uso da linguagem, os cumprimentos e o endereço.
- Eles escrevem o texto no caderno ou em um papel com o tamanho de um cartão (pedaços de cartolina em branco do tamanho de um cartão postal). Eles podem ilustrar o texto com desenhos, se quiserem.
- Circule pela sala, para ajudar com o uso da linguagem e com o vocabulário adicional. Quando eles terminarem, peça a alguns alunos que leiam seu cartão postal.

### Encerrando a aula

- Os alunos jogam *Quick Peek* (ver p. T88) com os *mini cards*.

**ATIVIDADES OPCIONAIS**
**Game**
Jogue *Question Chain* (ver p. T90) utilizando a linguagem e o vocabulário.
Jogue *Lexical Groups* (ver p. T90) utilizando o vocabulário aprendido até agora.

## 8 Look and read.

Dear Grandma and Grandpa,
I'm having fun here on vacation. It's hot and sunny and there are a lot of things to do. I like swimming with the dolphins in the sea. Dolphins are cool. They make me feel happy.
Dad likes horseback riding on the beach. Not me. I'm scared of horses! Mom is bored with the beach. Today she's rock climbing.
Lots of love,
Tom

Mr and Mrs Smith
22 The Street
London
NW18 9TF
UK

## 9 Listen and answer.

T78

1 It's hot and sunny. / 2 He likes swimming with the dolphins. / 3 He likes horseback riding on the beach. / 4 She's rock climbing.

## 10 Go to page 87 and play the game.

11 T79 **Listen and read. Then act.**

STORY

NOW GO TO FILM STUDIO ISLAND.



Workbook page 137, Activity 6.

## Lesson 5

**Objetivos da aula**
Consolidar a linguagem da unidade com uma história.
**Linguagem-alvo**
*crazy about*
**Linguagem reciclada**
*What's Cleo doing? I'm not really scared of sharks.*
**Materiais**
*Multi-ROM, mini cards* da *Unit* 8, uma foto de um item de comida, balões de diálogo com as falas da história, papel sulfite, lápis de cor e canetinhas

**Começando a aula**
- Os alunos jogam *What's Missing?* (ver p. T88) com os *mini cards*.

**SB page 66**

**Apresentação**
- Utilize a figura de um item de comida de que você goste para apresentar *crazy about*. Mostre a figura e diga, por exemplo, *I like chocolate ice cream very, very much. I'm crazy about chocolate ice cream.* Peça aos alunos que deem exemplos usando outros *food itens*, *activities* ou *famous people*.

### 11 Listen and read. Then act.

- Lembre os alunos da história da unidade anterior e pergunte, por exemplo, *Where are the children? (Em um* set *de filmagem.)* Então, chame a atenção deles para as figuras e faça algumas perguntas sobre o que está acontecendo e quem são os personagens (ex.: *What animals can you see? Who's this?*).
- Antes de ouvir a história, faça as seguintes perguntas para os quadrinhos correspondentes. Tente fazê-las e discuti-las em inglês:
  1 *What's Cleo doing?* [Discussão livre.]
  2 *What's the shark doing?* [Indo embora.]
  3 *What's Cleo doing?* [Discussão livre.]
  4 *Who's the diver?* [Madley Kool.]
  5 *Is the director happy?* [Não.]
  6 *What's Madley doing?* [Ele está atuando.]
- Toque T79 e peça aos alunos que acompanhem a história no livro. Toque novamente, fazendo pausas depois de cada frase para que os alunos possam repetir.
- Em seguida, verifique se os alunos compreenderam a história fazendo as seguintes perguntas:
  1 *Is Cleo a hero?* [Sim.]
  2 *What's Cleo doing?* [Ela está entrando no tanque.]
  3 *What's Cleo doing?* [Ela está abrindo o capacete do mergulhador.]
  4 *Is Madley Kool scared of sharks?* [Ele finge não estar com medo.]
  5 *What's the director saying?* ["Madley Kool! It's your scene. Now!"]
  6 *Why is Cleo happy?* [Porque as crianças são loucas por Madley Kool.]

- Divida os alunos em sete grupos e atribua um personagem a cada um. Os alunos leem suas falas juntos, sem se levantarem. Isso pode encorajar alunos mais tímidos a participar da atividade no futuro.
- Convide sete alunos a representar os personagens da história. Peça aos voluntários que venham à frente da sala e representem a história. Encoraje-os a seguir o tom de voz e as expressões, para que fiquem parecidas com as dos personagens.

**Jogo**
- Divida os alunos em dois grupos (veja ideias de como formar grupos nas pp. XII e XIII). Peça aos alunos que fechem o livro. Reconte a história, cometendo alguns erros propositalmente. Cada vez que um grupo perceber um erro, os alunos levantam as mãos e o corrigem.

Os alunos agora podem acessar o *Film Studio Island* para se divertir e jogar tanto em casa quanto no laboratório de informática da escola. Peça que eles encontrem o "caranguejo" que Cleo está segurando em uma das páginas da unidade (p. 67). Então, peça aos alunos que encontrem o caranguejo na *Film Studio Island* (está na frente da cabana na praia). Quando os alunos clicarem no caranguejo, eles serão direcionados para um jogo de linguagem complementar baseado no vocabulário da *Unit* 8.

**Encerrando a aula**
- Preparare balões de fala com as frases da história e entregue-os a diferentes alunos. Toque T79 novamente e, quando as frases deles forem ditas, eles pulam e vão para a frente da sala rapidamente, de modo a se organizarem e mostrarem os balões de fala.

**ATIVIDADES OPCIONAIS**
**My favorite character**
Os alunos devem desenhar seu personagem favorito e fazer uma breve descrição. Se necessário, ajude os alunos com a linguagem e com o vocabulário.
**Vote for your favorite episode**
Pergunte *Who likes episode (one)?* Conte o número de votos e determine qual é a história favorita na opinião dos alunos e, então, deixe que eles a ouçam novamente.

**WB page 137**

### 6 Read and complete.

- Os alunos leem o parágrafo sobre Madley Kool e, então, completam as frases com as palavras do quadro.

## Lesson 6

**Objetivos da aula**
Integrar outras áreas do currículo na aula de inglês; desenvolver o tópico interdisciplinar com um projeto
**Foco interdisciplinar**
Ciências – Salve os corais
**Valores**
Discutir a importância de protegermos os mares e a vida marinha.
**Linguagem-alvo**
*butterfly fish, coral reef, parrotfish, sea horses, sea snakes, starfish; global warming; dead, save*
**Materiais**
*Multi-ROM, Flashcards (By the sea)*, papel sulfite, um mapa-múndi ou um globo, livros de referência, fotos de animais marinhos presentes no texto, cartolina, cola, tesoura, lápis de cor e canetinhas

### Começando a aula

- Jogue *Flashcard Act Out* (ver p. T89).

**SB page 67**

### Apresentação

- Traga um mapa-múndi ou um globo para a classe. Chame a atenção dos alunos para o título do artigo e pergunte *What's a reef?* Incentive os alunos a adivinhar (L1). Utilize as figuras para introduzir os diferentes animais marinhos que podem ser encontrados nos recifes de coral.
- Pergunte se eles sabem onde os recifes de corais podem ser encontrados. Localize a Grande Barreira de Corais na Austrália.

**Nota:** A Grande Barreira de Corais, da costa nordeste da Austrália, é considerada o maior recife de corais do mundo. Possui em torno de 2.000 km de distância. (Fonte: *Longman Dictionary of English Language and Culture*, 1998)

### 12 Listen and read.

- Diga aos alunos que eles ouvirão e lerão um texto sobre os recifes de corais.
- Toque T80 uma vez, e peça aos alunos que prestem atenção aos animais marinhos mencionados no texto. Então, toque novamente, fazendo pausas no final de cada parágrafo. Converse sobre o assunto com os alunos.

### 13 Read and answer the questions.

- Chame a atenção dos alunos para as questões. Peça aos alunos que leiam o artigo novamente e respondam às questões no caderno.

**Valores**

- Pergunte (L1) aos alunos se eles sabem o que é aquecimento global (um aumento na temperatura média da Terra) e o que causa isso (a fumaça que sai dos escapamentos dos carros, a utilização de combustíveis fósseis, como o uso de carvão e óleo, as queimadas nas florestas etc.).
- Converse com os alunos sobre o que eles podem fazer para prevenir o aquecimento global. Escreva algumas das ideias na lousa (ex.: caminhar ou utilizar transporte público em vez de carros, tomar banhos mais rápidos, reciclar papéis, metal e plástico etc.).

### 14 Talk to your friend.

- Forme duplas (veja ideias de como dividir os alunos em duplas nas pp. XII e XIII). Os alunos discutem sobre a questão. Traga livros de referência para a aula ou permita que os alunos utilizem a Internet para buscar mais informações.
- Como alternativa, você pode estender a discussão para todos os alunos ou, então, deixar que eles discutam em pequenos grupos. Você pode também pedir a eles que respondam às perguntas no caderno.

**Think!**

- Escreva a tarefa na lousa: *Coral reefs need sunlight and warm temperatures. Name two places where coral reefs can't survive.*
- Divida os alunos em pequenos grupos e incentive-os a discutir e a pensar em possíveis respostas. Escreva as ideias dos alunos na lousa e, então, peça a eles que as expliquem.
- Leve os alunos à biblioteca ou ao laboratório de informática para pesquisar informações em livros ou *online* a fim de confirmar suas hipóteses. Eles também podem realizar essa tarefa como lição de casa. Se os alunos fizerem as pesquisas *online*, aproveite a oportunidade para discutir sobre a relevância/segurança das fontes que eles citam. Incentive-os a sugerir inúmeras fontes possíveis e a julgar se são confiáveis ou não.

**Miniprojeto**

- Divida os alunos em pequenos grupos e apresente a eles os animais que vivem nos recifes de corais. Então, peça a eles que pesquisem mais informações sobre esses animais em livros de referência ou, se as condições permitirem, leve-os para o laboratório de informática para utilizar a Internet.
- Eles escolhem três animais. Em um cartaz, eles colam ou desenham figuras de animais e escrevem alguma informação sobre eles. Quando eles terminarem, exponha os pôsteres na sala de aula.

### Encerrando a aula

- Forme duplas e peça a elas que escrevam duas frases *True or false* sobre o texto dos recifes de corais. Reúna todas as frases e responda juntamente com a classe.

**ATIVIDADE OPCIONAL**
**Game**
Jogue *Category Tag* (ver p. T89) com animais marinhos/terrestes, natureza, atividades etc.

**WB page 137**

### 7 Read. Then match.

- Os alunos leem o texto sobre pinguins e, então, ligam as perguntas às respostas corretas.

12 T80 **Listen and read.**

SCIENCE

# Save the Reefs!

You can find coral reefs in the sea where it's hot and sunny. They are called the rainforest of the sea because a lot of fish and sea animals live on them. There are seahorses, sea snakes, starfish, butterfly fish, parrotfish and many more. There are a lot of pretty colors in the reef. How does this coral reef make you feel?

Now look at this coral reef. It's white and there are no fish or sea animals on it. The sea is too hot because of global warming and the coral is dead. Fish don't like dead coral. How does this coral reef make you feel?

Please help us save the coral reefs.

13 **Read and answer the questions.**

1 Where can you find coral reefs? In the sea.
2 Why are coral reefs called the rainforests of the sea?
3 What are some sea animals that live on a coral reef? Name three. Seahorses, sea snakes, starfish, butterfly fish, parrotfish.
4 Look at the second picture. Why is the coral white?

2 Because a lot of fish and sea animals live on them. / 4 Because the coral is dead.

14 **Talk to your friend.**
Answers will vary.

1 Which places are in danger in your country?
2 Which animals live there?

MINI PROJECT

Find out about three sea animals that live on coral reefs.

# Review Units 1 to 8

**1** T81 **Listen, look and say. Then match.**

They're sailing.

She's snorkeling.

They're horseback riding.

They're fishing.

He's surfing.

**2** T82 **Listen to the interviews and answer. *True* or *false*?**

Claire, Australia

Ryan, Wales

1 Claire goes swimming with her friends. True
2 She's fond of snorkeling. False
3 Claire isn't scared of sharks. True
4 She wants to be a ballet dancer. False

5 Ryan likes surfing. False
6 He has music lessons on Saturdays in the afternoon. False
7 Ryan doesn't like soccer. True
8 He wants to be a doctor. True



Workbook page 138, Activities 8 and 9.

## 3 Talk about the pictures. Use the words in the boxes.

drinking crying shouting
smiling eating laughing

hungry thirsty happy
angry funny sad

Why is she shouting?

Because she's angry.

## 4 Do the quiz.

1 Does Madley Kool like skiing?
2 Where does Will live?
3 What do hippos eat?
4 Can elephants jump?
5 What's the weather like in Brazil in the fall?
6 What is a hurricane?
7 What does Sam do on Saturdays?
8 What time does Fifi have her ballet class?
9 What does Jenny want to be?
10 Can Naomi Johnson swim for two hours?
11 Where do whales live?
12 What's the weather like in a rainforest?
13 Who is Favolina Jolly?
14 What makes Ricky feel sad?
15 What is Ruby scared of?
16 Can you find coral reefs in the mountains?

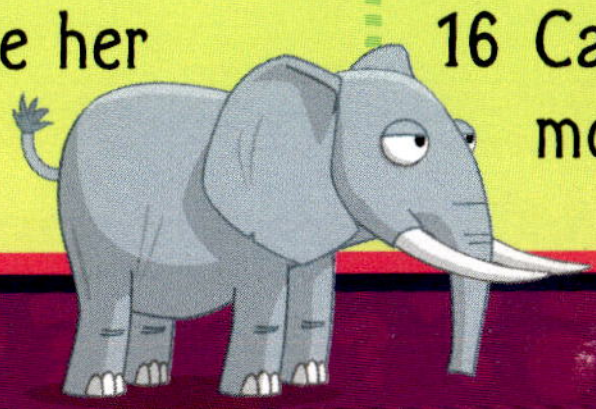

## 5 Listen and check your answers.

T83

Answers are in the Teacher Book.

## Review Units 1 to 8

**Objetivos da aula**
Revisar a linguagem das unidades 1 a 8; personalizar a linguagem; propiciar uma oportunidade para autoavaliação.
**Linguagem reciclada**
Vocabulário e estruturas das *Units* 1-8
**Materiais**
*Mini cards* das *Units* 1-8, *Flashcards* (*Units* 1-8), papel sulfite, *Worksheet* 8

### Começando a aula

- Jogue *Pass the Secret* (ver p. T90) utilizando o vocabulário das unidades anteriores.
- Jogue *Category Writing* (ver p. T89) para revisar o vocabulário das unidades anteriores.

**SB pages 68-69**

### 1 Listen, look and say. Then match.

- Pergunte aos alunos o que eles fazem no tempo livre ou quando estão de férias. Liste as respostas na lousa.
- Então, chame a atenção dos alunos para as figuras e diga a eles que ouvirão uma gravação sobre as atividades apresentadas nas figuras.
- Toque T81 e dê tempo suficiente aos alunos para que possam apontar e dizer as palavras. Toque a gravação novamente e peça aos alunos que digam as atividades para a classe. Os alunos devem ligar as figuras às palavras.

**T81**
**1** [som de uma pessoa puxando um peixe e um menino dizendo "Uau!"]
**2** [som de ondas quebrando na praia e um menino dizendo "U-hu!"]
**3** [som de cavalos e pássaros cantando]
**4** [som de uma pessoa nadando e respirando pelo *snorkel*]
**5** [som de mar e uma corda sendo puxada por um anel de metal]

### 2 Listen to the interviews and answer *true* or *false*.

- Chame a atenção dos alunos para as duas fotos. Pergunte de onde as crianças são. Utilize um mapa-múndi ou um globo para ajudá-los a localizar os países.
- Explique que os alunos ouvirão as crianças falarem sobre si mesmas. Eles devem ouvir e decidir se as frases são verdadeiras ou falsas.
- Foque primeiro em Claire. Peça aos alunos que leiam as frases cuidadosamente. Se necessário, esclareça o vocabulário. Então, toque T82 para que os alunos ouçam. Toque a gravação de novo e peça que os alunos ouçam e escrevam se são verdadeiras ou falsas.
- Repita o procedimento com a entrevista de Ryan. Como *follow-up*, os alunos podem corrigir as frases incorretas no caderno.

**T82**

| | |
|---|---|
| **Reporter** | Claire, what do you like doing in your free time? |
| **Claire** | I like going to the beach. I live near the sea. On the weekend I go swimming with my friends. We have lunch on the beach, stay there all afternoon and go home in the evening. It's great. |
| **Reporter** | Do you have swimming classes? |
| **Claire** | No, I don't. I have surfing classes on Saturdays with my brother. He's twelve. He goes snorkelling too. But I don't like snorkelling. |
| **Reporter** | Are you scared of sharks? |
| **Claire** | No, I'm not scared of sharks. There aren't any sharks near the beach. |
| **Reporter** | What do you want to be? |
| **Claire** | I want to be a firefighter. |
| **Reporter** | What do you like doing in your free time? |
| **Ryan** | I like riding horses, skateboarding and playing computer games with my friends. |
| **Reporter** | What do you do on Saturdays? |
| **Ryan** | I have music classes in the morning. I play the guitar. On sunny days I go to the park in the afternoon. I go skateboarding there with my friends. On rainy days we play computer games at my house. |
| **Reporter** | Do you like soccer? |
| **Ryan** | No, I don't. My brother talks about soccer all the time. I'm bored with soccer. |
| **Reporter** | What do you want to be? |
| **Ryan** | Well, my dad is a doctor. He works hard and on the weekend he's tired, but it makes him feel happy. I want to be a doctor, too. |

### Jogo

- Jogue *Bingo* (ver p. T89) utilizando o vocabulário das unidades anteriores.

### 3 Talk about the pictures. Use the words in the boxes.

- Forme duplas. Chame a atenção dos alunos para as figuras e para as palavras nos quadros. Então, ressalte a linguagem dos balões de fala. Você pode demonstrar o diálogo com outro aluno antes de começarem a trabalhar em dupla.
- Monitore as duplas, para ajudar com o vocabulário e com o uso da linguagem. Como *follow-up*, você pode pedir aos alunos para escreverem as respostas no caderno.

### 4 Do the quiz.

- Os alunos devem trabalhar em duplas. Foque nas questões do *quiz*, esclarecendo o vocabulário, se necessário. Explique que eles precisam olhar para as unidades anteriores para encontrar as respostas e que devem escrevê-las no caderno.

### 5 Listen and check your answers.

- Quando eles terminarem de responder ao *quiz*, toque T83, fazendo pausas após cada questão para que os alunos tenham tempo de verificar o trabalho deles.

T82

**1** Does Madley Kool like skiing?
Yes, he does.
**2** Where does Will live?
He lives in a lighthouse.
**3** What do hippos eat?
They eat grass.
**4** Can elephants jump?
No, they can't.
**5** What's the weather like in Brazil in the fall?
It's windy.
**6** What is a hurricane?
It's a big storm.
**7** What does Sam do on Saturdays?
He goes skateboarding.
**8** What time does Fifi have her ballet class?
She has her ballet class at ten o'clock.
**9** What does Jenny want to be?
She wants to be a farmer.
**10** Can Naomi Johnson swim for two hours?
Yes, she can.
**11** Where do whales live?
They live in the sea.
**12** What's the weather like in a rainforest?
It's hot and wet.
**13** Who is Favolina Jolly?
She's a movie star.
**14** What makes Ricky feel sad?
Winter makes Ricky feel sad.
**15** What is Ruby scared of?
Ruby is scared of horses.
**16** Can you find coral reefs in the mountains?
No, you can't. You can find coral reefs in the sea.

**Os alunos podem completar o *Worksheet* 8.**

**Encerrando a aula**

- Os alunos brincam com diferentes jogos (veja pp. 88-89) com os *mini cards* das várias unidades. Pergunte a eles qual o tópico linguístico ou gramatical de que eles gostaram mais e por quê.

**ATIVIDADE OPCIONAL**
**Flashcard game**
Jogue *Hot Seat* (ver p. T88).

**WB pages 138-139**

### 8 Find the odd one out.

- Os alunos olham para cada uma das listas e encontram a palavra diferente.

### 9 Read and complete. Use the words in the box.

- Os alunos leem o texto sobre Elizabeth e o completam utilizando as palavras do quadro.

### 10 What do you like doing on vacation? Draw a picture.

- Os alunos desenham e pintam sua atividade de férias favorita.

### 11 Write about what you like doing on vacation.

- Os alunos fazem uma descrição sobre o que gostam de fazer nas férias.

**Self-assessment**

- Diga aos alunos (L1) que eles devem escolher e colorir o número apropriado de estrelas, dependendo de como acham que foi seu desempenho na unidade. Converse com eles sobre o que aprenderam, sobre o que são capazes de fazer agora, de quais atividades eles gostaram mais e quais delas foram difíceis.

# Mother's Day

**1** T84 **Listen and read. Then answer the questions.**

Today is Sunday and it's Mother's Day. This is breakfast in bed for my mom. It's a treat because she makes breakfast for me and my dad every day. My mom likes toast and tea for breakfast. Today she has a rose and some presents, too. My present for Mom is a box of chocolates!

1 Which day is Mother's Day? Sunday.
2 Where is Mom having breakfast? In bed.
3 What is Mom having for breakfast? Toast and tea.
4 What's in the box? Chocolates.

**2** T85 **Listen and sing.**

When I'm happy, when I'm sad,
You're always there.
When I'm good, when I'm bad,
You really care.

When I'm hungry, when I'm scared,
You know what to do.
So today's the day to say
A big THANK YOU!
Happy Mother's Day!

# Mother's Day

**Objetivos da aula**
Aprender sobre a comemoração do Dia das Mães.
**Linguagem-alvo**
*Mother's Day, box of chocolates, tea, rose; care (verb)*
**Linguagem reciclada**
*always, breakfast, present, toast, treat, present*
**Materiais**
*Multi-ROM*, um calendário, papel A3, canetinhas, itens diversos para decorar o pôster, cola

**Nota Cultural: Dia das Mães nos Estados Unidos**
- No Dia das Mães, as crianças dão presentes e cartões para suas mães. Elas também dão uma ajuda extra, como cozinhar ou limpar a casa. Algumas famílias saem para almoçar nesse dia, que é comemorado no segundo domingo de maio. Em alguns lugares é tradição comer um bolo especial no dia das mães.

**Começando a aula**
- Coloque um calendário na lousa e pergunte aos alunos (L1) quando o Dia das Mães é comemorado no Brasil e como. Fale sobre os presentes especiais, as refeições e as decorações.

SB page 70

**Apresentação**
- Chame a atenção dos alunos para a figura e utilize isso para apresentar o novo vocabulário. Peça aos alunos que prevejam (L1) o que eles acham que o homem e o garoto na foto farão com as coisas na bandeja.

**1 Listen and read. Then answer the questions.**
- Diga aos alunos que eles ouvirão um garoto falando sobre a comemoração do Dia das Mães. Toque T84 e peça aos alunos que ouçam e acompanhem no livro.
- Então, peça a eles que leiam novamente as perguntas e as respondam no caderno.
- Quando terminarem, peça que alguns alunos leiam as respostas para a classe. Fale mais (L1) sobre a celebração do Dia das Mães nos Estados Unidos.

**2 Listen and sing.**
- Toque T85. Os alunos acompanham no livro. Explique o significado de *You really care* e esclareça qualquer outra dúvida que os alunos possam ter com relação ao vocabulário.
- Toque a faixa novamente mais algumas vezes, para que os alunos participem até que decorem a música.

**Jogo**
- Faça um jogo da memória. Diga *It's Mother's Day, and Mom has a rose*. Convide um dos alunos para adicionar um presente ou um item de comida à frase (ex.: *It's Mother's Day, and Mom has a rose and a book*). Continue com o restante dos alunos, com cada um deles repetindo os itens anteriores e adicionando novos itens à lista. Se alguém cometer um erro, comece o jogo novamente.

**Encerrando a aula**
- Os alunos devem planejar um dia perfeito para suas mães. Como alternativa, eles podem planejar um dia perfeito para outro membro da família (ex.: irmã mais velha, tia ou avó).

**ATIVIDADE OPCIONAL**
**Make a *Dear Mom, I promise...* poster**
Discuta (L1) com a classe sobre o que faz uma mãe feliz (ex.: as crianças arrumarem a cama, fazerem lição de casa, tratarem as outras pessoas com respeito etc.). Os alunos escrevem o título *Dear Mom, I promise...* em uma folha de sulfite. Eles devem escrever uma promessa nesse minipôster e decorá-lo. Como alternativa, os alunos podem fazer um pôster dedicado a outro membro da família, por exemplo, *Dear Grandma, I promise...*

# Christmas

**Objetivos da aula**
Aprender sobre a comemoração do Natal.
**Linguagem-alvo**
*dessert, ham, potatoes, snowman, tree, turkey, vegetables*
**Linguagem reciclada**
*dinner, lights, presents*
**Materiais**
*Multi-ROM*, um calendário, cartolina de diferentes cores, lápis de cor e canetinhas

**Nota Cultural: O Natal nos Estados Unidos**

- Nos Estados unidos, as famílias geralmente jantam juntas na véspera de Natal (24 de dezembro) ou no dia de Natal (25 de dezembro). A refeição tradicional consiste em peru assado com vegetais e molhos, ganso, pato ou presunto servido com molho de oxicoco e sobremesas, como torta. O tempo é muito frio na maioria dos estados no Natal, por isso as pessoas geralmente realizam os jantares dentro de casa. Depois do jantar, as crianças penduram meias na lareira antes de irem para a cama. Na manhã seguinte (25 de dezembro), as crianças se levantam para procurar o doce em suas meias e também procurar presentes debaixo da árvore de Natal. A decoração das casas geralmente inclui azevinho e visco, juntamente com as árvores de Natal decoradas com enfeites, luzes, cordas de pipoca e bastões de doces.

**Começando a aula**

- Coloque um calendário na lousa e pergunte aos alunos (L1) quando o Natal é comemorado no Brasil e o que as pessoas geralmente fazem. Fale sobre as tradições locais, as comidas, os presentes e a música.

**SB page 71**

**Apresentação**

- Diga aos alunos (L1) ou solicite informações sobre as tradições do Natal americano. Chame a atenção dos alunos para a foto e a utilize para apresentar o vocabulário.

**1 Listen and read. Then answer the questions.**

- Diga aos alunos que eles ouvirão a garota da foto (Grace) falar sobre as tradições do Natal.
- Toque T86. Os alunos ouvem e acompanham no livro. Então, peça aos alunos que leiam o texto novamente e respondam às questões no caderno.
- Quando eles terminarem, peça a alguns alunos que leiam suas respostas.

**2 Listen and sing.**

- Toque T87. Os alunos acompanham no livro. Esclareça qualquer dúvida que os alunos tenham com relação ao vocabulário.
- Toque a música novamente mais algumas vezes, para que os alunos acompanhem até que consigam cantar sem a ajuda do livro.
- Divida os alunos em quatro grupos e cada um deles deverá cantar um verso. Todos os grupos devem cantar *On Christmas Day in the morning.*
- Escreva alguns versos novos para a música (ex.: *And we are eating Christmas lunch. My grandma's wearing a hat* etc.), na lousa e adicione-os à música.

**Encerrando a aula**

- Toque a música novamente. Os alunos andam pela sala de aula. Quando a música parar, todos os alunos permanecem parados, como estátuas. Aponte para um dos alunos e peça para ele dizer a próxima palavra da música. Se ele responder corretamente, pode apontar para outro aluno continuar a música e então sentar-se no chão. Cada um dos alunos que cantar corretamente a música ou disser a próxima palavra quando for escolhido deve sentar-se no chão.

**ATIVIDADE OPCIONAL**
**Christmas cards**
Distribua uma cartolina a cada aluno. Eles devem dobrar o papel em dois e fazer um desenho de Natal na frente. Escreva uma mensagem no cartão: *Dear..., Merry Christmas! Best wishes from...* Os alunos copiam a mensagem (com nomes) em seus cartões. Em seguida, eles dão o cartão para um amigo.

# Christmas

1 On Christmas morning. / 2 On Christmas. / 3 Turkey or ham, potatoes and vegetables. / 4 She has a brother.

**1** T86 **Listen and read. Then answer the questions.**

Hi! I'm Grace. This is my family on Christmas Day. Every year for Christmas, we put presents under our Christmas tree. We open them on Christmas morning. In the afternoon I play with my presents. If it's snowy, my brother and I make a snowman in the front yard, or we stay inside and play board games. We always have a special dinner on Christmas. We eat turkey or ham, potatoes and vegetables. Then we have dessert. Yum!

1 When does Grace open her Christmas presents?
2 When do Grace and her family eat a special meal?
3 What do they eat?
4 Does Grace have any brothers or sisters?

**2** T87 **Listen and sing.**

My dad is hanging Christmas lights.
On Christmas Day, On Christmas Day.
My dad is hanging Christmas lights.
On Christmas Day in the morning.

My mom is cooking Christmas lunch...
My sister's playing snowball games...
And we are singing a Christmas song...

# Mini cards

## Units 1-8

# Mini cards

## Units 1-8

## Welcome

# Welcome

1 Read and write. Then match.

1 She's 9.
She has black hair.
She likes pink.
Her name is Ruby.

2 She's 11.
She has red hair.
She likes movies.
Her name is Jenny.

3 He's 8.
He has blond hair.
He likes skateboards.
His name is Sam.

4 He's 8.
He has red hair.
He has a sister.
His name is John.

2 Read and complete. Then draw yourself.
Answers will vary.

I'm ________. I have ________ hair.
I like ________________.
My ________ ________ ________.

3 Look and number.

March 3 September 9 June 6 December 12
May 5 November 11 February 2 April 4
January 1 August 8 October 10 July 7



## Unit 1

# 1 Free time

1 Match.

2 Read and circle.

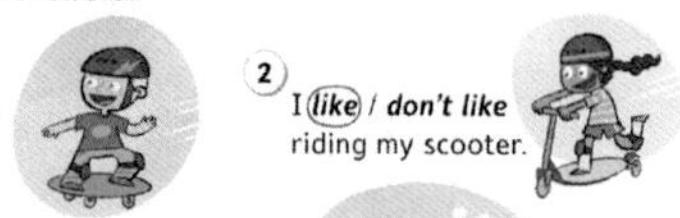

1 I (like) / don't like skateboarding.

2 I (like) / don't like riding my scooter.

3 I like / (don't like) computer games.

4 I (like) / don't like playing the guitar.



3 Read and ✓ or ✗.

Ruby likes cleaning and swimming. She doesn't like cooking.
She doesn't like playing soccer.
John likes cooking and playing soccer. He likes swimming.
He doesn't like cleaning.

# Unit 1

4 **Look and write. Use the words in the box.**

Madley Kool Cleo the cat cooking pizza sunglasses ~~black~~

1 He has short black hair.
2 He likes wearing sunglasses.
3 His favorite food is pizza.
4 He doesn't like cooking.
5 His best friend is Cleo the cat.
6 His name is Madley Kool.

5 **Look at the code and write the message.**

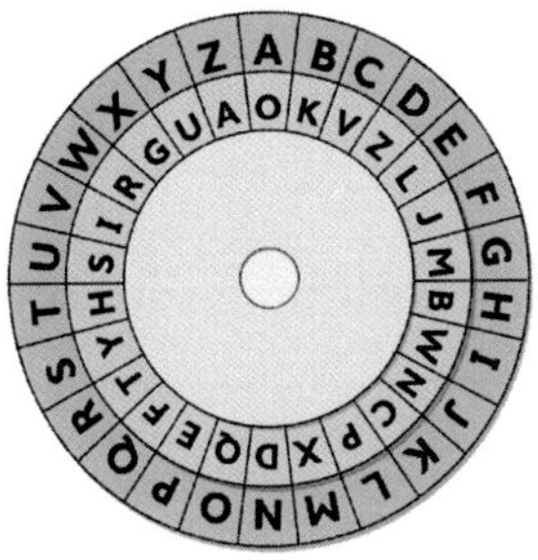

RBLTL WY XOZPLU CQQP?

Where is Madley Kool?



6 **Find out about Megan. Then write T (true) or F (false).**

This is Megan.
She lives in a special house. It's a castle. Megan loves her house. It has twenty-one rooms and a big garden. She loves playing in the garden and likes reading outside. In the morning she can hear the birds but at night it's very quiet. She doesn't like cleaning her room, it's too big!

1 Megan likes reading in the castle. F
2 She doesn't like cleaning the castle. T
3 There are twelve rooms in the castle. F
4 Megan can hear birds at night. F
5 The castle is very big. T

7 **Read the text in Activity 6 again and complete.**

| | Megan |
|---|---|
| house | castle |
| house description | twenty-one rooms big garden |
| what she likes | playing in the garden reading |
| what she doesn't like | cleaning her room |



8 **Complete the puzzle.**

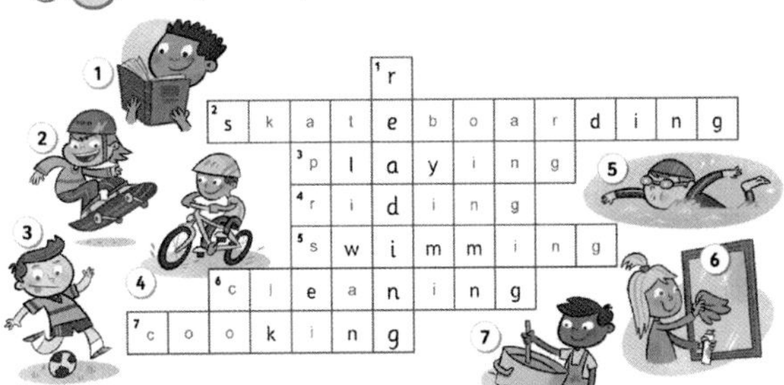


9 **Read, think and complete.**

cooking ✓
reading ✓
watching TV ✗
playing soccer ✓
riding my bike ✓

playing computer games ✓
swimming ✓
skiing ✗
playing the guitar ✓
skateboarding ✗

He likes [1] cooking and [2] reading. He likes [3] playing soccer and [4] riding his [5] bike.
He doesn't like [6] watching TV.

She [7] likes playing computer games and swimming.
She [8] likes playing the guitar. She [9] doesn't like skiing or skateboarding.



10 **What do you like doing? Draw a picture.**

I CAN DO IT!

11 **What do you like doing? Use the words in the box.**

Answers will vary.

in the morning in the afternoon at night

# Unit 2

## 2 Animals

**1 Match.**

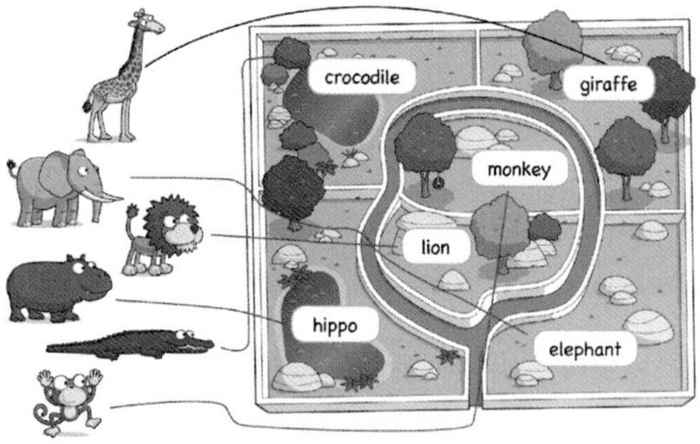


**2 Look and write.**

1 It's a lion. 2 It's an elephant. 3 It's a monkey.

4 It's a hippo. 5 It's a crocodile. 6 It's a giraffe.



**3 Read and write.** Answers will vary.

| | Fruit | Leaves | Grass | Insects | Meat |
|---|---|---|---|---|---|
| monkeys | ✓ | ✗ | ✗ | ✓ | ✗ |
| lions | ✗ | ✗ | ✗ | ✗ | ✓ |
| elephants | ✓ | ✓ | ✓ | ✗ | ✗ |
| crocodiles | ✗ | ✗ | ✗ | ✓ | ✓ |

1 Do monkeys eat fruit?
Yes, they do.
2 Do lions eat ____________?
3 Do elephants eat insects?
4 Do ____________ eat ____________?



**4 Read and circle.**

Monkeys

1 They live in England / (Africa).
2 They eat fruit, leaves and (insects) / meat.
3 They can (run) / fly.
4 They like (playing) / sleeping.

**5 Find, think and write the questions.**

1 monkeys / Africa / live / do / in — Do monkeys live in Africa?
2 fruit / eat / they / Do — Do they eat fruit?
3 run / they / Can — Can they run?
4 like / What / they / do / doing — What do they like doing?

**6 Write the animals in the correct columns. Add four more.**

2

**7 Look at the code on page 94 and write the message.**

BL WYD'H WD HBL NSDMPL.

He isn't in the jungle.

**8 Read the text on page 19 again. Then complete the crossword.**

1 Elephants say hello with their trunks.
2 Elephants can't jump.

3 Giraffes can sleep standing up.
4 Elephants can play soccer.
5 Giraffes have long black tongues.
6 Giraffes don't drink every day.

# Workbook

## Unit 2

9 Find and write the words.

10 Write about monkeys. Use the words in the box.
Answers will vary.

~~fruit~~ trees long tails climb ski

1 Monkeys eat fruit.
2 ______
3 ______
4 ______
5 ______

2

11 Draw your favorite animal.

I CAN DO IT!

12 Write about your favorite animal.
Answers will vary.

It lives in ______ . It can ______ .

It eats ______ . It likes ______ .

## Unit 3

# 3 Weather

1 Match.

sun
cloud
rain
snow
storm
wind

2 Look, read and complete.

Here, the [1] sun is hot.
Here, there's a [2] storm .
Here, there's a strong [3] wind .
Here, there's a lot of [4] rain and
there's a big [5] cloud in the sky.
There's [6] snow here today. It's cold.



3 Look and write.

~~wet~~ sunny cloudy snowy ~~rainy~~ stormy windy

1 It's wet and rainy.

2 It's hot and sunny .

3 It's windy .

4 It's snowy . He's cold.

5 It's stormy .

6 It's cloudy .

4 Complete.

What's the weather like today?
Answers will vary.

It's ______ .

# Workbook

## Unit 3

5 Look and write. Use the words in the box.

~~spring~~ winter fall summer

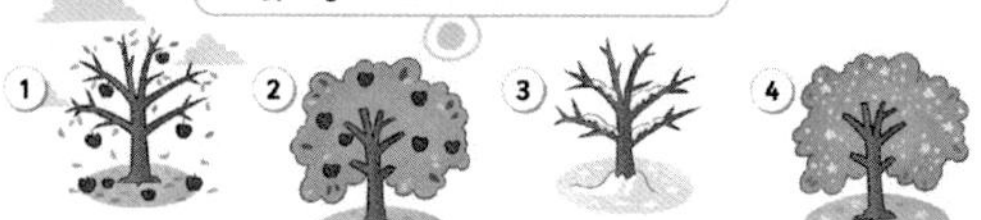

1 It's fall.
2 It's summer.
3 It's winter.
4 It's spring.

6 Look and write. Then match.

snows ~~rains~~ swim fly summer fall

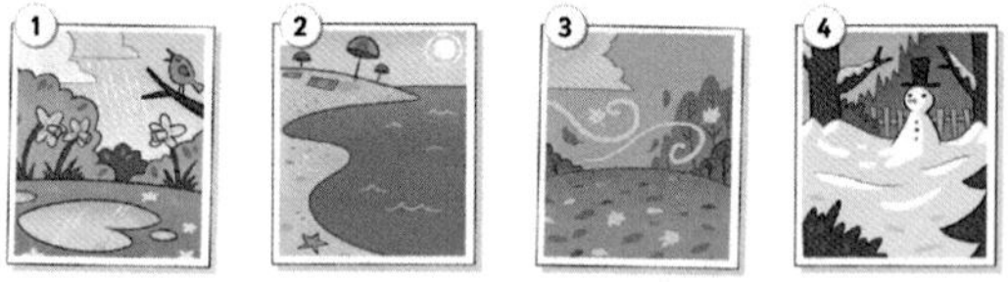

1 It rains in the spring.
2 The sun shines in the summer.
3 The wind blows in the fall.
4 It snows in the winter.

I play in the snow. 4

I fly my kite. 3

1 I splash in the rain.

2 I swim in the sea.



3

7 Think and write the words.

~~sunny~~ ~~kite~~ ~~coat~~ ~~birds~~
hot apples snow
windy sea
cold rains flowers

8 Look at the code on page 94 and write the message.

VOD UQS YRWX?

Can you swim?



9 Complete the crossword.

Across →

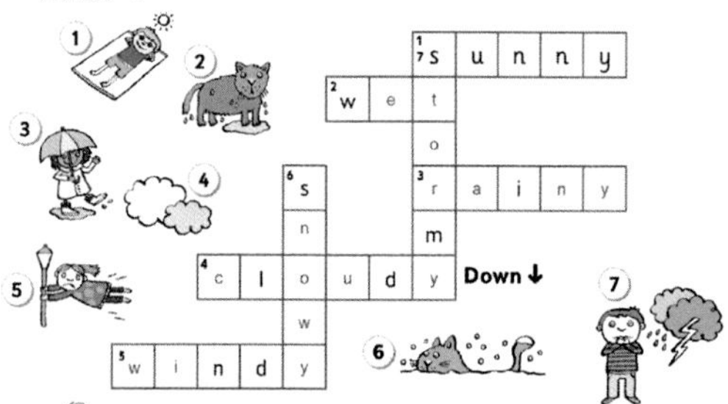

| | | | | | | | | | | | |
|---|---|---|---|---|---|---|---|---|---|---|---|
| | | | | | | | 1/7 s | u | n | n | y |
| | | | | | 2 w | e | t | | | | |
| | | | | | | | o | | | | |
| | | | | 6 s | | | 3 r | a | i | n | y |
| | | | | n | | | m | | | | |
| | | 4 c | l | o | u | d | y | | | | |
| | | | | w | | | | | | | |
| 5 w | i | n | d | y | | | | | | | |

Down ↓

10 Read the email. Then complete the answer.

Hi! How are you? It's winter here and it's really cold. I love winter. It's my favorite season. I like skiing and playing in the snow with my friends. What's your favorite season? I don't like spring, sometimes there are tornadoes. I don't like rain, but my little sister likes it.
Bye! :-)
Joe

Hi Joe,
It's [1] summer here and it's [2] hot. I [3] like the summer because I'm on vacation. In the summer I [4] go to the park and play [5] soccer with my friends. It's my [6] favorite season. I [7] don't like fall because it's cold and windy. I have a sister, too. She's thirteen.
Bye,
Claire



3

I CAN DO IT!

11 Draw your favorite season.

12 Write about your favorite season.
Answers will vary.

My favorite season is ______.

I like ______.

I ______.

# Workbook

## Unit 4

# 4 My week

**1 Look and write.**

have music lessons
go swimming
~~go skateboarding~~
have ballet lessons
do gymnastics
do karate

**2 Look, think and complete.** go have do

What do you do on Saturdays?

**3 Look at the calendar and write.**

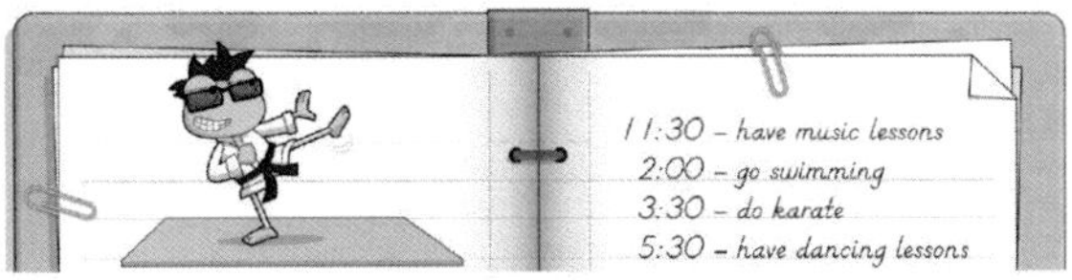


1 He has music lessons at eleven thirty.
2 He goes swimming at two o'clock.
3 He does karate at three thirty.
4 He has dancing lessons at five thirty.

**4 How does he/she go to the park? Look, think and write.**

1 He goes by bike.
2 She goes by bus.
3 She goes by car.
4 He walks.



**5 Follow and write.**

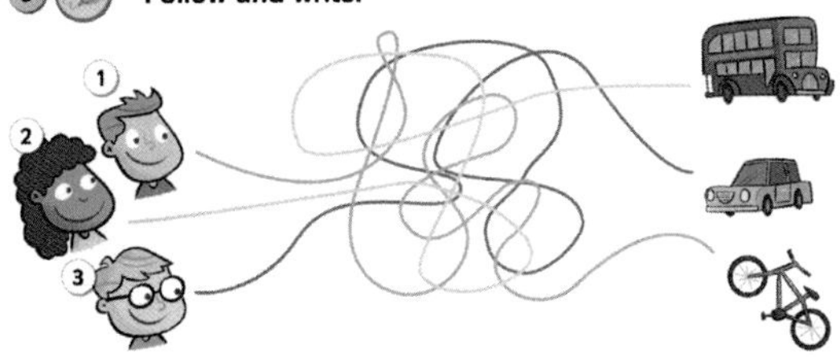

1 He goes to school by bike.
2 She goes to school by bus.
3 He goes to school by car.

**6 Unscramble and write sentences.**

1 lessons / has / Midge / music / 10 o'clock / at
Midge has music lessons at 10 o'clock.

2 does / thirty / eleven / She / gymnastics / at
She does gymnastics at eleven thirty.

3 o'clock / park / 2 / at / She / to / goes / the
She goes to the park at 2 o'clock.

4 swimming / at / She / four / goes / thirty
She goes swimming at four thirty.



**7 Look and write.**

**8 Look at the code on page 94 and write the message.**

VOD XOZPLU CQQP YRWX?

Can Madley Kool swim?

# Workbook

## Unit 4

9 **Complete the words and find the answer.**

1 I have balle t lessons.
2 I have m u sic lessons.
3 I go skat e boarding.
4 I go s wimming.
5 I d o kar a te.
6 I do g y mnastics.

What day is it? T u e s d a y

10 **Write about what you do on Mondays.**

**Monday**

| | | | |
|---|---|---|---|
| 9 | school (boat) | 1 | I go to school by boat at 9 o'clock. |
| 11 | karate (the park) | 2 | I do karate in the park at 11 o'clock. |
| 2 | swimming (the river) | 3 | I go swimming in the river at 2 o'clock. |
| 4 | my friend's house | 4 | I go to my friend's house at 4 o'clock. |
| 8 | home (boat) | 5 | I go home by boat at 8 o'clock. |



11 **What do you do on Saturdays? Draw a picture.**

I CAN DO IT! 4

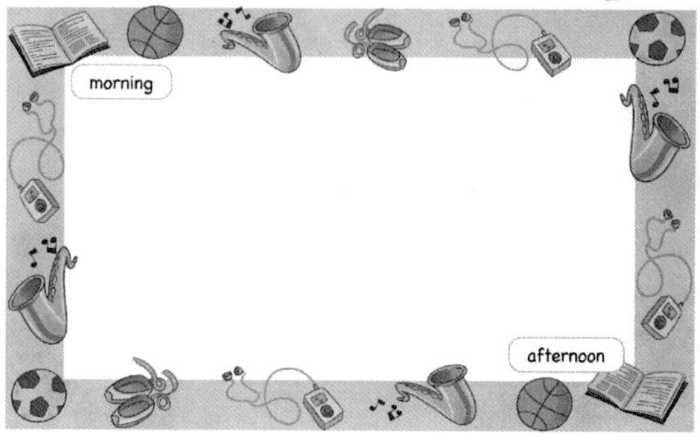


12 **Write about what you do on Saturdays.**
Answers will vary.

On Saturdays, in the morning, I ______________________
______________________.
In the afternoon, I ______________________
______________________.

Good ☆☆☆☆☆ Excellent



## Unit 5

# 5 Jobs

1 **Complete the words.** a e i o u

1 firefighter
2 basketball player
3 ballet dancer
4 police officer
5 farmer
6 movie star
7 astronaut

2 **Look and write.**

3 **Unscramble the words. Then complete the sentences.**

luberid erathec ~~tocrod~~ refram

1 She wants to be a doctor.
2 He wants to be a builder.
3 He wants to be a farmer.
4 She wants to be a teacher.

4 **Unscramble and write questions.**

1 he want Does to a farmer be
Does he want to be a farmer?
2 want be to teacher Does a she
Does she want to be a teacher?
3 a Does want be to he builder
Does he want to be a builder?
4 doctor she want Does to a be
Does she want to be a doctor?

# Workbook

## Unit 5



**5** Look, think and write.

1 He has a hat.
He wants to be a builder.

2 He has a ball.
He wants to be a basketball player.

3 She has shoes.
She wants to be a ballet dancer.

**6** Match.

movie star — 1
farmer — 5
builder — 3
doctor — 2
firefighter — 4
detective — 6
teacher — 7

**7** Look at the code on page 94 and write the message.

RBOH ZQ UQS RODH HQ KL?

What do you want to be?



**8** Complete the article with words from the box.

playing morning ~~soccer~~ goes plays lunch

### HE WANTS TO BE A CHAMPION!

Matthew wants to be a [1] soccer player. He [2] goes running at 7 o'clock in the [3] morning. He eats pasta and chicken for [4] lunch. After lunch he [5] plays soccer. He likes [6] playing computer games on Sundays.

**9** Read and circle.

1 Hello, Matthew. What do you want to be? — I want to be a [soccer / basketball] player.

2 What time do you go running in the morning? — I go running at [clock / clock].

3 What do you eat for lunch? — I eat [pictures].

4 What do you do after lunch? — I [swimming / soccer].

5 What do you do on Sundays? — I [computer games / shopping] with my friends.



**10** Look and write.

| | | | |
|---|---|---|---|
| 1 | police officer | 6 | ballet dancer |
| 2 | basketball player | 7 | firefighter |
| 3 | doctor | 8 | builder |
| 4 | teacher | 9 | movie star |
| 5 | farmer | 10 | astronaut |

**11** Read and complete. Use the words in the box.

o'clock ~~farmer~~ tired morning
winter bed cows day

I want to be a [1] farmer. I want to have a lot of [2] cows. Farmers get up at five [3] o'clock in the [4] morning. They have a very busy [5] day. Then they go to [6] bed at night. Phew! They're [7] tired. It's fun in the summer, but it's difficult in the [8] winter.



**12** What do you want to be?
Draw a picture.

I CAN DO IT!

**13** Write about what you want to be.
Answers will vary.

I like ______

I can ______

I want to be ______

Good ☆☆☆☆☆ Excellent

## Unit 6

# 6 Rainforest

1 Look and write.

~~rainforest~~ waterfall river
mountain valley bridge

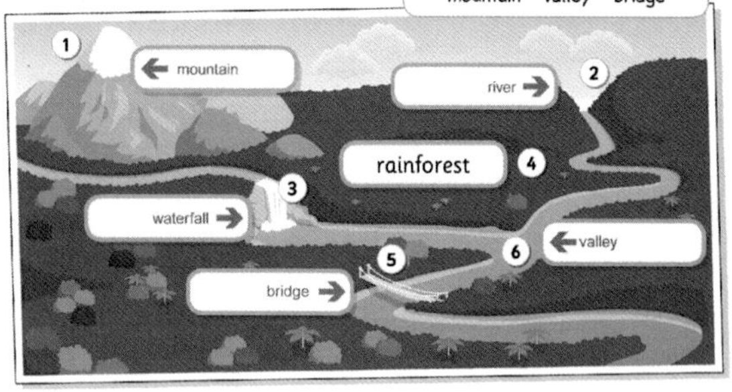


2 Unscramble and write sentences.

1 swimming I'm river the in
I'm swimming in the river.

2 mountain a climbing I'm
I'm climbing a mountain.

3 a I'm walking on bridge
I'm walking on a bridge.

4 valley a walking I'm in
I'm walking in a valley.



3 Read, look and circle.

1 The monkey is ***next to*** / (***in***) the tree.
2 The snake is (***in front of***) / ***next to*** the tree.
3 The frog is (***next to***) / ***behind*** the tree.
4 The giraffe is ***under*** / (***behind***) the tree.

4 Look and write. Use the words in the box.

under on next to
~~in front of~~ behind

1 There's a cat in front of the TV.
2 There's a soccer ball under the table.
3 There are skis next to the sofa.
4 There's a crocodile behind the sofa.
5 There's a hat on the chair.



5 Find and write the words.

whales monkeys eagles

6 Read and complete.

strong eyes tails wings
~~arms~~ sharp

Monkeys live in the rainforest. They can climb trees. They have long [1] arms and curly [2] tails.

Eagles live in the mountains. They can fly very high. They have [3] sharp claws and silent [4] wings.

Whales live in the sea. They can swim and they can sing. They have [5] strong tails and tiny [6] eyes.



6

7 Look, think and complete.

eat tails ~~are~~ long live
claws legs

These animals [1] are big. They [2] live in the mountains. They have [3] long necks and short [4] legs. They have sharp [5] claws and curly [6] tails. They [7] eat leaves.

8 Find, circle and write eight words from Unit 6.

| | | | | | | | | | |
|---|---|---|---|---|---|---|---|---|---|
| r | y | o | n | t | e | c | l | w | i |
| u | a | m | o | u | n | t | a | i | n |
| w | h | i | b | h | i | w | b | n | b |
| a | r | l | n | r | v | a | r | g | r |
| z | n | o | g | f | r | t | i | s | i |
| r | i | v | e | r | o | e | d | a | g |
| j | t | y | w | i | f | r | g | t | a |
| v | a | l | l | e | y | f | e | e | p |
| m | i | w | s | t | e | a | c | s | u |
| u | l | r | s | i | m | l | o | m | t |
| p | s | l | l | a | c | l | a | z | s |
| s | z | v | a | s | e | d | f | s | b |

1 r ainforest
2 m ountain
3 w aterfall
4 b ridge
5 v alley
6 r iver
7 t ails
8 w ings

# Workbook

## Unit 6

9 Complete the crossword.

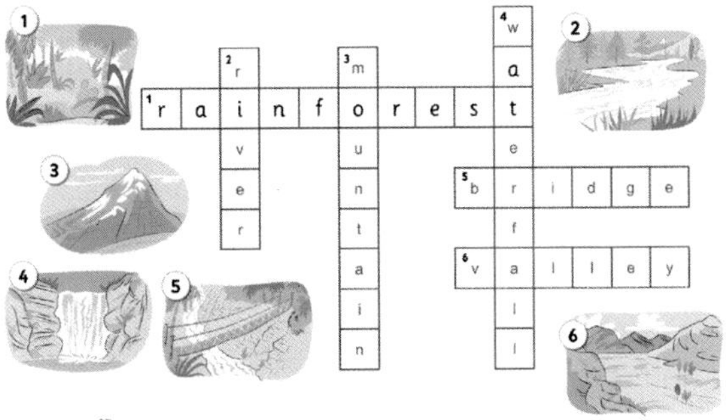


10 Look, think and write.

1 rainforest — They live in the rainforest.
2 long tails — They have long tails.
3 sharp claws — They have sharp claws.
4 fruit and insects — They eat fruit and insects.
5 pretty — They are pretty.



6

I CAN DO IT!

11 Read and draw the animals.

crocodile humming bird hippo
spider snake monkey

12 Write about your picture. Use the words in the box.
Answers will vary.

next to behind in front of under in on

1 The crocodile is ______
2 The humming bird is ______
3 The hippo is ______
4 The spider is ______
5 The snake is ______
6 The monkey is ______

## Unit 7

# 7 Feelings

1 Look and write.

tired thirsty angry scared
sad thrilled ~~hungry~~ happy

1 He's hungry.
2 She's tired.
3 She's thirsty.
4 He's happy.

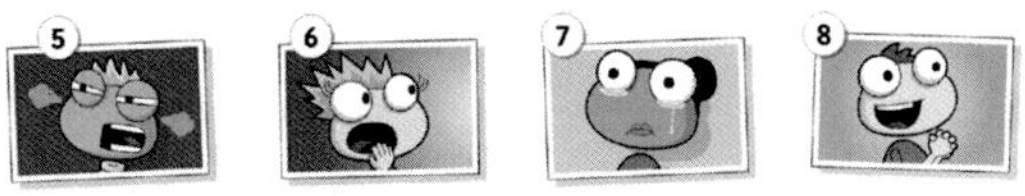

5 He's angry.
6 She's scared.
7 She's sad.
8 He's thrilled.

2 Draw how you and your friend are feeling. Then write.
Answers will vary.

I'm ______

My friend ______

3 Look and write. Use the words in the box.

crying laughing ~~smiling~~
thirsty angry hungry

1 She's smiling.
2 He's hungry.
3 She's thirsty.
4 He's angry.
5 She's laughing.
6 He's crying.

4 Look at Activity 3. Read and match.

1 Why is she smiling?
2 Why is he eating?
3 Why is she drinking?
4 Why is he shouting?
5 Why is she laughing?
6 Why is he crying?

a Because he's hungry.
b Because it's funny.
c Because she's happy.
d Because he's sad.
e Because she's thirsty.
f Because he's angry.

# Unit 7

5 **Read the answers and complete the questions. Use the words in the box.**

hungry ~~thrilled~~ thirsty scared happy

1 Doing exercises makes me feel thrilled.
2 Spiders make me feel scared.
3 My friends make me feel happy.
4 Seeing drinks makes me thirsty.
5 Seeing food makes me hungry.

6 **Look, think and write.**
Answers will vary.

1  They make me feel scared.
2  They make me ______________
3  They ______________
4  They ______________
5  They ______________





7 **Read and match.**

1 Rainy days make me feel sad — b because I like the sun.
2 Parties makes me feel thrilled — c because they're fun.
3 Reading books makes me feel happy — a because I love stories.
4 Spiders make me feel scared — d because they're horrible.

a because I love stories.
b because I like the sun.
c because they're fun.
d because they're horrible.

8 **Read and number.**

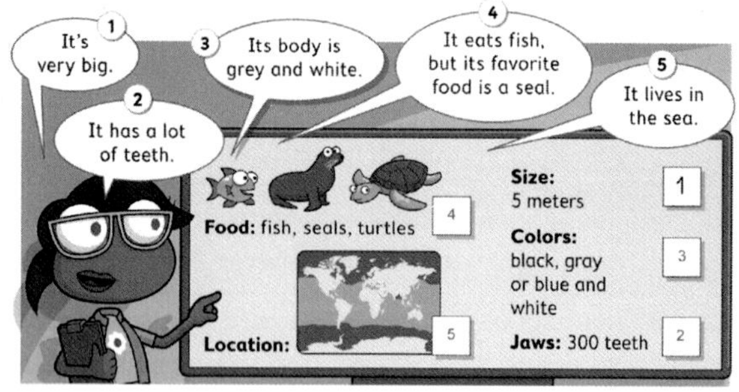


9 **Look, think and write.**

Small [1] fish are scared of [2] big fish.
Seals are [3] scared of great [4] white sharks.
Big [5] fish are scared of [6] seals.



10 **Read and circle.**

1 
It makes me feel *happy* / *scared*.

2 
It makes me *cry* / *laugh*.

3 
It makes me feel *sad* / *happy*.

4 
It makes me feel *sad* / *scared*.

11 **Look and circle. Draw and write the one that is missing.**

 tired





12 **What makes you feel happy and scared? Draw pictures.**

I CAN DO IT!

13 **Write about your pictures.**
Answers will vary.

______________ me feel happy.
______________ me feel scared.

# Workbook

## Unit 8

# 8 By the sea

**1** **Match.**

**2** **Look and complete.**

Jenny is [1] sailing. Sam is [2] surfing, John is [3] horseback riding and Ruby is [4] fishing. Cleo is on the [5] beach.

Jenny is [6] fishing. Sam is [7] horseback riding, John is [8] sailing and Ruby is [9] surfing. Cleo is in the [10] sea.



**3** **Look, read and complete.**

1 What's she doing?
She's watching TV.

2 What's she doing?
She's playing soccer.

3 What's he doing?
He's surfing.

4 What's he doing?
He's snorkeling.

5 What's she doing?
She's reading.

6 What's he doing?
He's fishing.

**4** **Look, think and write.** Answers will vary.

What do you like? What are you scared of?

| I like | I don't like | I'm scared of |
|---|---|---|
| | | |
| | | |



**5** **Look, read and complete. Use the words in the boxes.**

sunny walking watching ~~raining~~ plays tennis drinking bus

Lucy is [1] bored with the weather. It's [2] raining. She likes [3] sunny weather because she's [4] fond of tennis. She [5] plays tennis on Tuesdays. Today is Tuesday but it's raining.

Lucy is [6] walking to the tennis club. She doesn't go by [7] bus because she's [8] scared of buses. ZAP! A storm! Lucy is [9] terrified of storms. Poor Lucy!

Lucy is home again. She's [10] watching TV and she's [11] drinking some hot chocolate. She's happy. But there's a spider in the living room. Oh dear! Lucy is [12] terrified of spiders. This isn't a very good day!



8

**6** **Read and complete.**

movie making acting saves people sharks man ~~movie star~~

Madley Kool is a great [1] movie star! He likes [2] making adventure movies. His new [3] movie is **Great Whites**. In this movie, there are some big [4] sharks. Madley Kool plays a brave [5] man in the movie. He [6] saves a lot of [7] people from the sharks. But in real life, Madley Kool is scared of sharks. He says, 'I like [8] acting with people, but sharks are scary.'

**7** **Read. Then match.**

PENGUINS
Adélie Penguins live in Antarctica. They live on the land and in the sea. They eat a lot of fish. In the winter they go swimming a lot because it is very cold on land. They can swim, but they can't fly. The penguins are black, white and red. They have long tails and they live for twenty years.

1 Do they live in Antarctica? — f
2 Do they eat fish? — b
3 Can they swim? — d
4 Can they fly? — e
5 Are they black and pink? — a
6 Do they have long tails? — c

a No, they aren't.
b Yes, they do.
c Yes, they can.
d Yes, they do.
e No, they can't.
f Yes, they do.

# Workbook

## Unit 8

**8** Find the odd one out.

1 ~~insect~~ | cleaning | reading | skiing
2 lion | crocodile | ~~cry~~ | hippo
3 Tuesday | ~~November~~ | Friday | Sunday
4 ~~scared~~ | snowy | wet | rainy
5 astronaut | ~~beach~~ | basketball player | builder
6 river | waterfall | ~~plane~~ | rainforest
7 horseback riding | sailing | fishing | ~~winter~~

**9** Read and complete. Use the words in the box.

ballet dancer skateboarding of ~~fall~~ by like
and morning terrified Saturday o'clock

*Hi, I'm Elizabeth. My favorite season is [1] fall and I love the pretty colors. The leaves on the trees are orange [2] and red. I [3] like horseback riding. I'm not scared [4] of horses but I am [5] terrified of spiders! I love my horse. I like ballet, too. I want to be a [6] ballet dancer. I have lessons on Mondays and Saturdays at school. My lessons start at eight [7] o'clock in the [8] morning. It's very early! I go [9] by bike because it isn't far away. On [10] Saturday afternoons I go to the park and go [11] skateboarding with my friends.*

**10** What do you like doing on vacation? Draw a picture.

I CAN DO IT! 8

**11** Write about what you like doing on vacation.
Answers will vary.

On vacation I like ____________________

____________________

Good ☆ ☆ ☆ ☆ ☆ Excellent



## Picture dictionary

# Picture dictionary

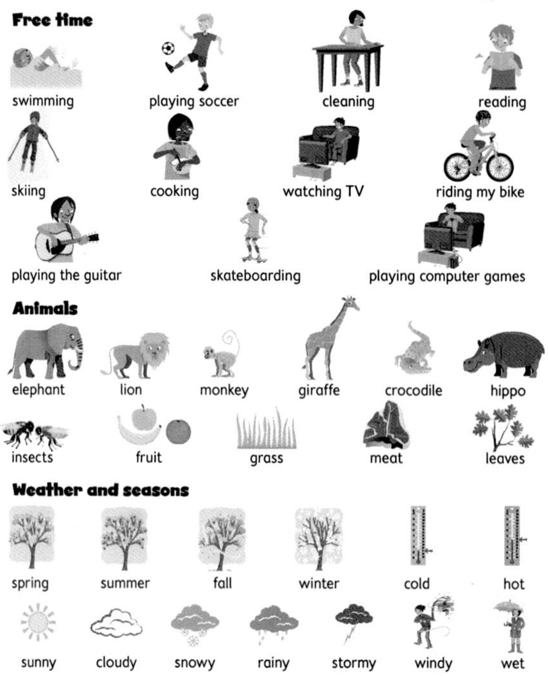

# Picture dictionary

**My week**

get up
go to bed
go skateboarding
go swimming
go to school
go to the park
go to a party
do karate
do gymnastics
have ballet lessons
have music lessons

**Jobs**

firefighter
police officer
movie star
farmer
ballet dancer
basketball player
astronaut
teacher
builder
doctor

**The natural world**

waterfall
mountain
rainforest
river
bridge
valley
sea
eagle
whale

141

**Feelings**

tired
thirsty
hungry
angry
scared
thrilled
happy
sad
smiling
laughing
crying
shouting

**By the sea**

sailing
surfing
snorkeling
horseback riding
fishing
beach
coral reef

**Christmas**

turkey
Christmas tree
Christmas present
snowman
board game

**Mother's Day**

card
box of chocolates
tea
toast
rose

142

# Banco de Jogos

Os jogos têm papel importante no desenvolvimento das crianças e na aprendizagem, possibilitando que elas experimentem, descubram, e interajam com o meio. Não incluir jogos no aprendizado de idiomas seria privar os alunos de uma ferramenta importante para a compreensão do mundo em que vivem, pois o contexto proporcionado por um jogo demonstra a utilidade imediata do uso da língua estrangeira, tornando as razões para a interação mais plausíveis até mesmo para aqueles alunos que relutam em falar. Além disso, os jogos também propiciam uma repetição significativa, uma vez que, apesar de os alunos poderem jogar várias vezes, eles nunca produzem resultados idênticos.

No entanto, é importante que o professor tenha clareza no que diz respeito ao que esperar das crianças, ou seja, ele deve considerar o conhecimento de linguagem ativa e passiva que as crianças têm com relação à resposta exigida pelo jogo. As características pessoais do grupo também são um aspecto importante, uma vez que os alunos podem ser muito ativos e enérgicos, ou passivos; conseguem se concentrar por menos ou mais tempo em uma atividade; fazem parte de um grupo com mais meninos ou com mais meninas (às vezes os garotos se recusam a brincar no mesmo grupo que as garotas ou pegar na mão delas, e vice-versa).

Quanto ao uso da língua materna, há momentos em que uma explicação em português pode ser útil, especialmente quando um jogo incluir conceitos e procedimentos que os alunos ainda não aprenderam, ou quando o procedimento é um pouco complicado. Se o professor começar a explicar um jogo em inglês e perceber que os alunos não estão entendendo, uma breve explicação em português pode ajudar. Caso resolva insistir com o uso de inglês, independentemente da situação, as crianças ficarão impacientes, e isso pode significar problemas no gerenciamento de sala de aula.

## Flashcard Games

***Flashcard Act Out:*** Escolha um ou mais alunos para vir à frente da sala. Mostre um *flashcard* ou sussurre uma palavra, e peça aos alunos que a representem. Este jogo pode ser feito com vários tópicos (por exemplo, *sports*, *actions*, *verbs*, *animals,* etc.).

***Hot Seat:*** Um aluno se senta de costas para a lousa ou para o professor. O aluno mostra um *flashcard*. Os demais alunos descrevem o que está no cartão para que ele consiga adivinhar a palavra.

***Jumping the Line:*** Divida a sala de aula em dois lados, usando uma tira de fita crepe colada ao chão. Um lado representará '*true*', e o outro, '*false*'. Peça aos alunos que formem uma fila ao longo da tira no chão. Em seguida, mostre um *flashcard* e diga uma palavra. Se a palavra dita for a mesma do *flashcard*, os alunos pulam para o lado '*true*', caso contrário, pulam para o lado '*false*'. Os alunos que errarem saem do jogo por uma rodada.

***Make a Sentence:*** Coloque os *flashcards* na lousa e divida os alunos em dois times. Um aluno de cada time escolhe um dos *flashcards* e usa o item de vocabulário em uma frase. Atribua um ponto a cada frase correta. Os times podem repetir os itens, mas não podem repetir as frases.

***Memory Buzz:*** Este jogo pode ser feito com *minicards* ou *flashcards* do vocabulário-alvo de qualquer unidade. Espalhe os *flashcards* pela sala de aula. Peça aos alunos que se sentem em círculo e comecem a construir uma frase. O Aluno A, por exemplo, diz *In the classroom, I see a rock*. O Aluno B, em seguida, diz *In the classroom, I see a rock and a map*. O Aluno C continua, dizendo *In the classroom I see a clock, a map and a chair* e assim por diante. Se jogado com *minicards*, divida os alunos em grupos pequenos e siga o mesmo procedimento. Para uma variação, veja a atividade *Question Chain*.

***Picture Guess:*** Peça a um aluno que venha à frente da sala e mostre a ele um *flashcard*. Ele o desenha na lousa. O primeiro aluno a adivinhar a figura ganha um ponto. Esta atividade também pode ser jogada em times.

***Race to Touch:*** Espalhe os *flashcards* no chão, em um canto da sala, e peça aos alunos que formem uma fila, em times, do outro lado da sala. Diga o item de vocabulário de um *flashcard*. O primeiro aluno de cada time corre para pegar o respectivo *flashcard*, e então vão para o final da fila. Repita o procedimento, e os próximos alunos das filas correm para pegar o *flashcard*. Atribua um ponto ao time cujo aluno conseguir pegar o *flashcard* primeiro.

***Run and Get It:*** Divida os alunos em dois times e peça a eles que formem duas filas, uma de frente para a outra. Atribua um número de 1—4 a cada integrante. Coloque alguns *flashcards* entre os dois times. Diga um número e um *flashcard* (por exemplo, *three – rabbit*). Os alunos que representam aquele número correm ao centro, tocam o respectivo *flashcard* e dizem a palavra. Atribua um ponto ao time cujo aluno conseguir tocar o *flashcard* primeiro.

***The Ball:*** Passe um *flashcard* entre os alunos, em círculo. Então toque um sino ou apite. O aluno que estiver segurando o *flashcard,* responde a uma questão ou cria uma frase com o item de vocabulário.

## Mini card Games

***Memory Game:*** Os alunos trabalham em duplas com dois *sets* de *mini cards* espalhados na mesa e virados para cima. Eles se revezam virando dois *cards* e dizendo as palavras que estão nos *cards*. Se os *cards* formarem um par, o aluno fica com as imagens. Se forem diferentes, eles são virados para baixo novamente. O aluno com o maior número de *cards* ao final do jogo é o vencedor.

***Quick Peek:*** Divida os alunos em duplas. O Aluno A pega um *mini card* e o mostra rapidamente, para que o Aluno B possa vê-lo de forma rápida. Se o Aluno B adivinhar o item representado no cartão corretamente, fica com o *card*. Se não o adivinhar, o Aluno A fica com o *card*.

***What's Missing?*** Os alunos trabalham em duplas. Eles espalham os *mini cards* na mesa, virados para cima. O Aluno A fecha os olhos e o Aluno B retira um *card*. Em seguida, o Aluno A abre os olhos, e o Aluno B pergunta *What's missing?* Se o Aluno A acertar qual *card* está faltando, fica com o *cards*; caso contrário, o Aluno A fica com o *cards* para si.

## TPR Games

***Aye, Aye, Captain!:*** O professor é o "Capitão" e dá ordens à classe. Diga *Jump three times, Touch your (head), Turn around* etc. Os alunos dizem '*Aye, aye, Captain!*' e fazem a ação. Exemplifique a atividade algumas vezes e então convide alguns alunos a ser o "Capitão". Esta atividade é muito útil para revisar *actions*, *body parts*, *colors*, *numbers*, e *classroom objects*.

***Ball/Bean Toss:*** Diga um dia da semana (por exemplo, *Wednesday*). Jogue uma bola ou saco de feijão para um aluno. Ele diz o dia seguinte e joga a bola a outro aluno. Eles continuam até que alguém cometa um erro. Este jogo pode ser usado para praticar qualquer conjunto lexical, com a classe toda ou em grupos.

***Basketball:*** Faça uma pergunta a um aluno. Se ele responder corretamente, poderá jogar uma bola de papel no cesto. Se acertar, ele ganha dois pontos. Se a bola somente bater no cesto, ele ganha um ponto. O aluno que tiver mais pontos é o vencedor. Este jogo também pode ser jogado em times.

***Category/Topic Tag:*** Escolha uma categoria lexical (por exemplo, *family*, *face*, *animals*, *numbers* ou *food*). Os alunos correm pela sala, e você finge correr atrás deles. Quando alcançar um aluno, ele diz uma palavra da categoria. Estabeleça um tempo limite para resposta. Se o aluno responder corretamente, ele assume o seu lugar. Se não responder corretamente, ou se disser uma palavra que já tenha sido utilizada, ele fica fora do jogo até a próxima rodada. Esta é uma ótima atividade para ser feita na quadra ou parte externa da escola.

***Teacher Says:*** Diga algumas instruções para os alunos seguirem, mas peça que somente sigam as instruções se elas forem precedidas por *Teacher says*. Se você disser *Pick up a pencil*, os alunos não devem realizar a ação, mas se você disser *Teacher says pick up a pencil*, os alunos devem pegá-lo. Eles perdem um ponto para cada ação feita na hora errada. Varie a velocidade das instruções para tornar o jogo mais interessante. Você pode também convidar alguns alunos a liderarem a atividade e darem as instruções.

***The Ball II:*** Jogue uma bola macia ou de papel para um aluno e faça uma pergunta. O aluno a responde e joga a bola para outro, fazendo a mesma pergunta (por exemplo, *Can you swim? Yes, I can./ No, I can't*).

## Team Games

***Category Writing:*** Divida os alunos em dois ou três times. Cada time escolhe seu "capitão". O professor escreve na lousa uma categoria de vocabulário, como *SPORTS* ou *FOOD*. Cada time pede ao seu capitão para escrever o maior número possível de palavras que pertençam àquela categoria. Eles têm um ou dois minutos para essa tarefa. O time ganha um ponto para cada palavra correta. Atente-se à grafia correta das palavras.

***Charades:*** Divida os alunos em dois times. Escreva palavras em tiras de papel. Escolha um integrante de cada time e o convide a vir à frente da sala. Pegue uma tira de papel e a mostre a esses dois alunos. Em seguida, peça a eles que fiquem de frente para seus times, mas de costas um para o outro. Sem dizer uma palavra, os alunos fazem mímica da palavra para os demais integrantes do time adivinharem. Estabeleça um tempo limite de 60 segundos. O aluno que adivinhar a palavra, ganha a rodada e um ponto para seu time. O time com mais pontos ganha o jogo.

***Picture Relay:*** Divida os alunos em dois times e peça a um integrante de cada time que venha à lousa. Sussurre uma palavra para os integrantes dos times e peça que desenhem a palavra na lousa o mais rápido que puderem. Os times adivinham a palavra. Atribua pontos ao time que adivinhar primeiro.

***Spelling Bee**:* Este jogo pode ser feito com toda a classe ou com dois times. Entregue uma palavra a um integrante do Time A, que deve soletrá-la. Se a palavra for soletrada corretamente, o time ganha um ponto. Se realizar a atividade como competição individual, peça aos alunos que formem uma fila. Dê uma palavra a cada aluno, que deve soletrá-la corretamente, e repita o procedimento várias vezes. O último aluno a permanecer no jogo é o vencedor.

## Miscellaneous Games

***Bingo:*** Pode ser usado com qualquer tópico. Peça aos alunos que desenhem uma cartela de Bingo. Escreva, ou use os *flashcards*, para indicar uma lista de itens de vocabulário a serem revisados. Os alunos, então, escrevem ou desenham em cada quadro de sua cartela alguns dos itens de vocabulário da lista. Em seguida, diga, aleatoriamente, os itens da lista, em voz alta, ou mostre os flashcards. O primeiro aluno a eliminar todos os itens de sua cartela grita *Bingo!* Não use mais do que 6 ou 8 quadros por cartela, para que o jogo seja dinâmico.

***Conversation Relay:*** Divida os alunos em dois times e os separe em duas filas. O último aluno de cada time toca o ombro do aluno da frente e conversa com ele, usando perguntas (por exemplo, *What's your name?, How are you?*). Em seguida, o aluno que respondeu deve continuar a conversa com o aluno a sua frente, e assim por diante. Quando o diálogo chegar aos primeiros alunos da fila, esses alunos correm para o fim da fila e continuam a atividade. O primeiro time que tiver todos os alunos de volta à posição inicial vence o jogo.

***Give me One**:* Escolha uma palavra que os alunos tenham aprendido (por exemplo, *giraffe*). Então diga *Give me a G!* A classe diz *G!* Então diga a segunda letra da palavra, por exemplo, *Give me an I*, e assim por diante, até que a palavra tenha sido soletrada. Então pergunte *What word is it?* Os alunos respondem. O primeiro aluno a dizer a palavra correta, assume seu lugar. Depois de duas ou três rodadas, divida a classe em dois times e transforme a atividade em uma competição. Este é um jogo que pode ser feito com qualquer grupo de vocabulário.

***Hangman:*** Divida os alunos em dois times. Escolha uma palavra e faça espaços (traços) na lousa, que correspondam às letras da palavra. Os alunos adivinham as letras, uma a uma. Se eles adivinharem corretamente, escreva a letra no espaço correto e atribua um ponto para o time. Se o palpite for incorreto, comece a desenhar o homem na forca e passe a vez para o outro time.

***I Spy**:* Diga *I spy with my little eye something beginning with G*. Os alunos adivinham o objeto. Você também pode usar o jogo para revisar cores (por exemplo, *I spy with my little eye something blue*).

***Letter Mess:*** Escreva várias letras na lousa. Explique à classe que eles têm que escrever o maior número possível de palavras utilizando as letras indicadas na lousa e dentro do tempo estabelecido. Escreva um ou dois exemplos na lousa antes de iniciar o jogo.

***Lexical Groups:*** Diga uma palavra de um grupo lexical, por exemplo, *father*, e então aponte para um aluno. Ele diz um item que pertença ao grupo (*mother*) Esse aluno aponta para outro, que diz, por exemplo, *father, mother, e sister*. Continue até que todos os alunos tenham participado da corrente. Mantenha um ritmo rápido para tornar a atividade interessante. Este jogo pode ser feito com qualquer grupo lexical.

***Question Chain***: Os alunos se sentam em círculo. Comece fazendo uma pergunta ao aluno da direita (por exemplo, *What's your name?*, *Can you play soccer?*, *Do you like beans?*, *Are you wearing shorts?* etc.), de acordo com o tipo de questão que você quer que a classe pratique. Ele responde e faz outra pergunta ao próximo aluno. Continue até que alguém cometa algum erro.

***Pass the Secret***: Peça aos alunos que se sentem em círculo. Comece a passar o segredo, sussurrando uma frase simples para o aluno ao seu lado (por exemplo, *I have a yellow hat*). Os alunos passam o segredo adiante, sempre sussurrando. O último aluno compartilha o segredo em voz alta com a classe. Compare a versão original, que iniciou o jogo, com a frase dita pelo aluno. Se necessário, escreva o segredo original na lousa.

***Picture Dictation:*** Divida os alunos em duplas. O Aluno A descreve uma figura para o Aluno B, que então tenta desenhar o que foi descrito. Os alunos se revezam na atividade. Este jogo pode ser feito com qualquer grupo lexical.

***Stop the Bus:*** Escreva uma letra na lousa, e diga *Start the bus!* Os alunos escrevem o maior número possível de palavras que comecem com aquela letra. Quando você gritar *Stop the bus!*, todos param de escrever. Os alunos ganham um ponto para cada palavra correta.

# Testes – Notas para o Professor

A avaliação pode ser descrita como uma tentativa de analisar o aprendizado de um aluno durante um período de tempo, como resultado da situação de ensino-aprendizagem. Exerce, portanto, um papel importante nesse processo.

O material de avaliação incluído em *Our Discovery Island* foi desenvolvido para verificar o progresso dos alunos, focando os aspectos positivos e identificando as áreas que podem ser melhoradas.

Há cinco modalidades de avaliação, que podem ser usadas em sala de aula com objetivos distintos:

**Formativa** – aumentar a motivação, fazendo que a avaliação seja parte de um processo de aprendizagem contínuo.

**Somativa** – fornecer feedback aos alunos sobre o progresso ou sobre objetivo alcançado em determinado momento, geralmente formalizado por testes.

**Informativa** – fornecer feedback aos alunos e aos pais sobre o progresso ou objetivos alcançados.

**Diagnóstica** – monitorar as necessidades individuais dos alunos e ajudar a identificar os que necessitam de apoio extra.

**Classificatória** – identificar o nível de progresso dos alunos e selecioná-los ou ordená-los de acordo com o desempenho, para verificar a eficácia da metodologia, dos materiais e dos professores, ou para dividir os alunos em níveis de língua.

*Our Discovery Island* fornece quatro testes fotocopiáveis para serem aplicados a cada duas unidades. A coleção também estimula a autoavaliação ao final de cada unidade no *Workbook*, oferecendo aos alunos uma oportunidade de expressarem suas opiniões sobre o progresso obtido.

## Test – Units 1 and 2

**Materiais que serão utilizados pelos alunos:** lápis ou caneta

### 1 Listen to Katy and Dan. Then write (K) or (D).

- Peça aos alunos que observem as ilustrações. Explique (L1) que você vai ler um diálogo entre Katy e Dan. Os alunos escutam e escrevem (K) ou (D) para identificar o que cada um está fazendo.

*Script* para o professor:

**Katy** Hi Dan! Do you like cleaning?
**Dan** Yes, I do, but I don' like cooking. And you?
**Katy** I like cooking! And I like reading. What do you like doing?
**Dan** I like swimming and watching TV. Do you like playing soccer?
**Katy** Yes!!!!, I do!!! And you?
**Dan** Well... (um pouco envergonhado) No... I don't.

**Key**
**Dan** watching TV, swimming, cleaning
**Katy** playing soccer (exemplo), reading, cooking

1,5/10 = 0,25 ponto para cada resposta correta.

### 2 Look at Activity 1 and write about Katy and Dan.

- Os alunos escrevem uma frase sobre Katy e outra sobre Dan, usando as informações da Atividade 1.

**Respostas Possíveis:**
Dan likes watching TV.
Katy likes playing soccer.

1/10 = 0,5 ponto para cada resposta correta.

### 3 Read. Then write (T) or (F).

- Direcione a atenção dos alunos para as frases. Então peça a eles que leiam o texto e decidam se as frases são verdadeiras ou falsas.

**Respostas** **1** T **2** F **3** T **4** F

2/10 = 0,5 ponto para cada resposta correta.

### 4 Write about you and your family.

- Peça aos alunos que escrevam quatro frases sobre si mesmos e alguns de seus familiares, sobre o que gostam ou o que não gostam de fazer. Nas frases 3 e 4, peça aos alunos que escolham um dos familiares listados e o circulem.

**Respostas Possíveis**:
**1** I like skateboarding.
**2** I don't like cleaning.
**3** My dad/brother/grandpa likes reading.
**4** My mom/sister/grandma doesn't like swimming.

2/10 = 0,5 ponto para cada resposta correta.

## 5 Listen and √ the correct food.

- Direcione a atenção dos alunos para o quadro. Explique que você vai ler um diálogo e que eles devem assinalar os alimentos corretos, de acordo com o diálogo.

*Script* para o professor:

**Student** What do lions eat?
**Teacher** They eat meat.
**Student** And giraffes? Do giraffes eat meat?
**Teacher** No, giraffes and elephants don't eat meat. They eat leaves. Elephants eat grass too.
**Student** And monkeys? Do monkeys eat meat and fish?
**Teacher** No, monkeys like fruit.

**Respostas**
elephant – grass/leaves; giraffe – grass/leaves;
monkey – fruit; lion – meat

2/10 = 0,5 ponto para cada resposta correta.

## 6 Read, think and answer.

- Direcione a atenção dos alunos para as perguntas. Peça a eles que pensem sobre o que aprenderam acerca desses animais e então respondam às questões.

**Respostas**
**2** No, they don't.
**3** No, they can't.
**4** They like sleeping in the sun.
**5** No, they don't.

2/10 = 0,5 ponto para cada resposta correta.

# Test – Units 3 and 4

**Materiais que serão utilizados pelos alunos:** lápis ou caneta

## 1 Listen and number.

- Direcione a atenção dos alunos para as ilustrações das condições climáticas. Explique que você vai ler três diálogos curtos e que eles devem numerar as ilustrações na ordem mencionada.

*Script* para o professor:

**1**

**Child** What's the weather like today, dad?
**Dad** It's snowy and windy.
**Child** Ohhh! I can't play.

**2**

**Child** What's the weather like today, mom?
**Mom** It's wet and stormy.
**Child** Oh, I'm scared!

**3**

**Child** What's the weather like today?
**Children** It's hot and it's sunny. We're happy, let's play soccer!

**Respostas** 3,1, 2

1,5/10 = 0,5 ponto para cada ilustração numerada corretamente.

## 2 Listen. Then look at Activity 1 and write the weather.

- Leia o *script* da Atividade 1 novamente. Os alunos observam as ilustrações da atividade anterior e completam as frases sobre o clima.

**Respostas**
**1** windy.
**2** wet / stormy.
**3** hot / sunny.

2/10 = 0,4 ponto para cada palavra correta.

## 3 Look. Then, read and complete.

- Os alunos usam o banco de palavras para completar as frases.

**Respostas** summer / hot / sunny / sea / swimming / eating

1,5/10 = 0,5 ponto para cada resposta correta.

## 4 Read and circle the correct answer.

- Peça aos alunos que leiam o texto sobre Ron e circulem a palavra correta em cada par.

**Respostas**
flowers / rains / spring / windy / likes / splashes / rain / season

2/10 = 0,5 ponto para cada palavra circulada corretamente.

## 5 What does Maria do on Saturdays? Listen and write.

- Direcione a atenção dos alunos para as ilustrações. Explique que você vai ler um parágrafo sobre as coisas que a Maria precisa fazer no sábado. Os alunos escutam e completam a agenda. Leia-o várias vezes para dar tempo suficiente para os alunos escreverem as frases.

*Script* para o professor:

Today is Saturday and Maria has a busy day. She does gymnastics at nine o'clock. At ten thirty she has music class. She loves music! At one o'clock she goes home. She goes swimming with her mother at three thirty and at five o'clock she goes skateboarding with her friends. At eight o'clock she has dinner and she goes to bed at nine o'clock.

**Respostas**
She has music class. / 1:00 / She goes swimming. / She goes skateboarding. / 8:00 / 9:00

1,5/10 = 0,5 ponto para cada resposta correta.

## 6 Now write how Maria goes to those places.

- Os alunos lêem as frases e observam as ilustrações de meios de transporte. Então eles seguem o exemplo e escrevem frases completas.

**Respostas**
**2** She goes to music class by car.
**3** She goes home by bus.
**4** She goes swimming by bike.

1,5/10= 0,5 ponto para cada frase correta.

**Materiais que serão utilizados pelos alunos:** lápis ou caneta, lápis de cor (opcional)

## 1 Listen, look and circle.

- Peça para os alunos observarem as ilustrações. Explique que você vai ler um diálogo e eles têm que identificar a profissão que cada criança quer ter no futuro. Leia o diálogo algumas vezes para que os alunos tenham tempo de circular a profissão correta para cada criança.

*Script* para o professor:

**1**

**Suzy** What do you want to be, Lucia?
**Lucia** I want to be a ballet dancer. I love dancing!

**2**

**Mark** What do you want to be, Suzy?
**Suzy** I love movies. I want to be a movie star.

3

**Suzy** And what about you, Mark? Do you want to be a movie star too?
**Mark** Oh, no! I like playing basketball. I want to be a basketball player. I want to play with the Lakers!!

**4**

**Lucia** And you, Willy? Do you want to be a basketball player too?
**Mark** Ha! Ha! No, Willy doesn't like basketball. He likes animals!!
**Willy** Yes, I like horses, and cows, and hens... I want to be a farmer.

**Respostas** movie star /basketball player / farmer

1,5/10 = 0,5 ponto para cada resposta correta.

## 2 Listen. Then write.

- Leia o *script* da Atividade 1 novamente. Repita algumas vezes para que os alunos tenham tempo de completar as frases com as profissões corretas.

**Respostas**
**Suzy** to be a movie star.
**Mark** want to be a basketball player.
**Willy** I want to be a farmer.

1,5/10 = 0,5 ponto para cada resposta correta.

## 3 Look at the table and write the sentences.

- Peça para os alunos observarem o quadro. Eles então completam as frases.

**Respostas**
Anihoa doesn't want to be a builder.
Daniela doesn't want to be a builder.
Daniela wants to be a firefighter.
Luka doesn't want to be a doctor.

2/10 = 0,5 ponto para cada resposta correta.

## 4 Look and complete. What does Harry want to be?

- Os alunos usam o banco de palavras para completar as frases sobre Harry.

**Respostas**
player / Spain / tennis classes / Tuesday / Friday / friends

1,5/10 = 0,25 ponto para cada resposta correta.

## 5 Listen and draw.

- Explique aos alunos que você vai ler um diálogo e eles têm que desenhar os objetos/animais que ouvirem no lugar correto. Os alunos podem usar lápis de cor para esta atividade.

*Script* para o professor:

**Sarah** Daniel, do you have my skateboard?
**Daniel** Yes, it's next to the sofa. Hey, where are my books?
**Sarah** They're under the table.
**Daniel** ...and where's my basketball?
**Sarah** Mmm.... There!! It's behind you!
**Sarah** AGHHHH!!!!! LOOK! A SNAKE!!!!!
**Daniel** Where?
**Sarah** There!!! In front of you!!!!

**Respostas**
Os alunos desenham **um skate** próximo ao sofá, **livros** embaixo da mesa, **uma bola de basquete** atrás do garoto e **uma cobra** na frente dele.

1/10 = 0.25 point for each correct drawing.

## 6 Look, read and complete.

- Os alunos observam o texto e completam a descrição usando o banco de palavras.

**Key** jump / tiny / strong / sharp / meat

2,5/10 = 0,5 ponto para cada resposta correta.

# Test – Units 7 and 8

**Materiais que serão utilizados pelos alunos:** lápis ou caneta

## 1 Listen, look and number.

- Direcione a atenção dos alunos para as ilustrações. Explique que você vai ler cinco diálogos curtos e os alunos têm que numerar cada criança ao tipo de emoção que expressaram no diálogo. Leia o diálogo algumas vezes para que os alunos tenham tempo de decidir e numerar.

*Script* para o professor:

**1**

**Adult** Why are you angry, Naomi?
**Naomi** Where's my skateboard?? Do you have my skateboard? I can't find my skateboard!!!!!

**2**

**Adult** Hi, Benjamin. How are you?
**Benjamin** Hi. I'm veeery tired! Uffff...

**3**

**Adult** Laura, why are you happy?
**Laura**: Look!!! That's Madley Kool!! My favorite movie star!!! OOOHHHHH!!!

**4**

**Adult voice** Greg!!! Please!!!
**Greg** I'm hungry!!!

**5**

**Emma** HEEELPP!!!!!HELLPP!!!!!
**Adult voice** What's wrong, Emma? What happens?
**Emma** Look!!! A frog!!! I'm scared of frogs!!!

**Respostas** **2** tired **3** happy **4** hungry **5** scared

2/10 = 0,5 ponto para cada número correto.

## 2 Look at Activity 1. Then write.

- Os alunos escolhem dois personagens da Atividade 1 e escrevem uma frase para cada, dizendo qual o sentimento deles no momento.

**Respostas Possíveis:**
Naomi is angry. / Benjamin is tired. / Laura is happy. / Greg is hungry. / Emma is scared.

1/10 = 0,5 ponto para cada frase correta.

## 3 Look, think and write.

- Direcione a atenção dos alunos para as ilustrações e explique que eles devem criar perguntas e respostas sobre como as pessoas estão se sentindo.

**Respostas**
**2** Why is he crying? Because he's sad.
**3** Why is he shouting? Because he's angry.
**4** Why is he eating? Because he's hungry.
**5** Why is she drinking? Because she's thirsty.
**6** Why is she smiling? Because she's happy.

2,5/10 = 0,25 para cada questão/resposta correta.

## 4 Complete the sentence about you.

- Peça aos alunos que pensem sobre o que os fazem felizes, tristes, cansados etc. Os alunos então completam a frase sobre si mesmos.

**Respostas Possíveis:**
Playing basketball makes me feel tired. / Sad movies make me cry.

1/10 = 0,5 ponto para cada frase correta.

## 5 Look, read and write.

- Direcione a atenção dos alunos para as ilustrações e as frases. Eles as completam com as palavras que faltam, usando as ilustrações como dica.

**Respostas** hot / fond of / river / bored with / scared of / terrified of

1,5/10 = 0,25 ponto para cada resposta correta.

## 6 Write about you.

- Os alunos escrevem quatro frases sobre si mesmos.

**Respostas Possíveis:**
**1** I'm fond of dancing.
**2** I'm terrified of snakes.
**3** I'm bored with tennis.
**4** I'm scared of spiders.

2/10 = 0,5 ponto para cada frase correta.

NAME: ______________________ CLASS: __________

TEACHER: ______________________ SCORE: __________

## 1 Listen to Katy and Dan. Then write (K) or (D).

K

☐

☐

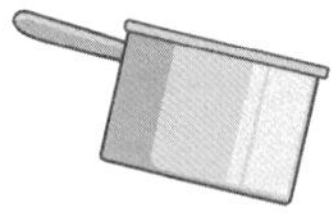
☐

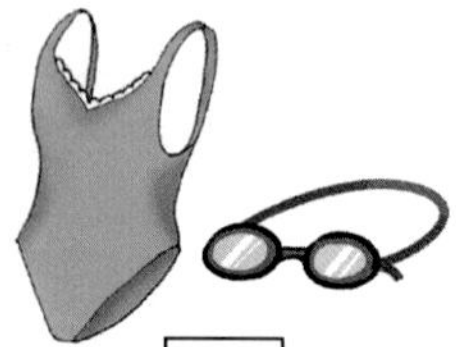
☐

☐

## 2 Look at Activity 1 and write about Katy and Dan.

Katy ______________________

Dan ______________________

## 3 Read. Then write (T) or (F).

Hi! I'm Jimmy. I like skateboarding and swimming. My dad doesn't like skateboarding. He likes skiing. My mom likes reading, and she likes watching TV. She likes riding her bike and my father likes riding his scooter. I have two brothers, Tim and Jerry. Tim likes playing the guitar and sleeping, he doesn't like playing soccer or swimming. Jerry likes skiing and playing soccer.

1. Jimmy likes swimming. ☐
2. Jimmy's mom likes playing soccer. ☐
3. She likes reading and watching TV. ☐
4. Tim likes playing soccer and swimming. ☐

## 4 Write about you and your family.

1. I like ______________________
2. I don't like ______________________
3. My dad / brother / grandpa likes ______________________
4. My mom / sister / grandma doesn't like ______________________

 

## 5 Listen and ✓ the correct food.

| | | | | |
|---|---|---|---|---|
| Elephant | | | | |
| Giraffe | | | | |
| Monkey | | | | |
| Lion | | | | |

## 6 Read, think and answer.

1 Where do lions live?

They live in Africa.

2 Do crocodiles eat bananas?

______________________________

3 Can elephants jump?

______________________________

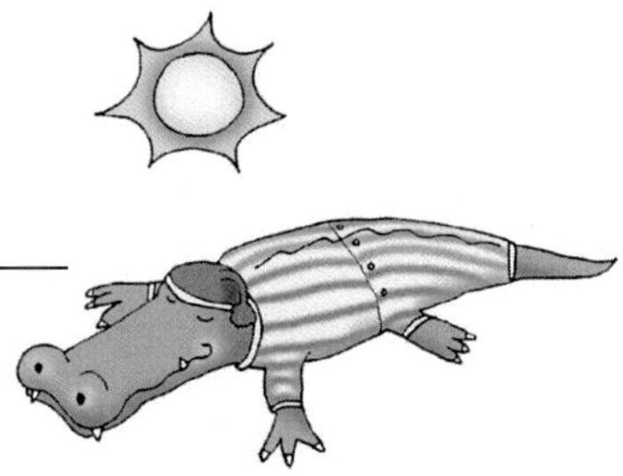

4 What do crocodiles like doing?

______________________________

5 Do elephants like insects?

______________________________

 

NAME: ______________________ CLASS: __________

TEACHER: ______________________ SCORE: __________

## 1 Listen and number.

## 2 Listen. Then look at Activity 1 and write the weather.

1 It's snowy and ______________.

2 It's ______________ and ______________.

3 It's ______________ and ______________.

## 3 Look. Then, read and complete.

hot sunny sea

swimming eating summer ~~season~~

My favorite season is ______________.

It's ______________ and ______________. I like going to the ______________ with my family. I like ______________ and ______________ ice-cream.

## 4 Read and circle the correct answer.

It's spring. There are a lot of ***birds* / *clouds*** and ***flowers / snow*** in the trees. It ***snows / rains*** in the ***summer / spring*** and it's ***windy / snowy***. Ron ***likes / don't like*** the spring. He ***splashes / swims*** in the ***snow / rain***. Spring is Ron's favorite ***weather / season***.

 

## 5 What does Maria do on Saturdays? Listen and write.

| Saturday | |
|---|---|
| 9.00 | She does gymnastics. |
| 10.30 | |
| | She goes home. |
| 3.30 | |
| 5.00 | |
| | She has dinner. |
| | She goes to bed. |

## 6 Now write how Maria goes to those places.

1 Maria / gym / 

Maria goes to the gym by bus.

2 She / music lessons / 

________________________________________

3 She/ home / 

________________________________________

4 She / swimming / 

________________________________________

| | | | |
|---|---|---|---|
| NAME: ______ | | CLASS: ______ | |
| TEACHER: ______ | | SCORE: ______ | |

## 1 Listen, look and circle.

## 2 Listen. Then write.

Lucia I want to be a ballet dancer.

Suzy I want ______.

Mark I ______.

Willy ______.

## 3 Look at the table and write the sentences.

| |  |  | 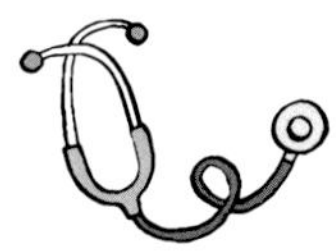 |
|---|---|---|---|
| Luka | ✓ | | |
| Ahinoa | | | ✓ |
| Daniela | ✓ | | |

Luka wants to be a firefighter.

Ahinoa ______ builder

Daniela ______ builder

Daniela ______ firefighter.

Luka ______ a doctor.

 

## 4 Look and complete. What does Harry want to be?

Spain ~~playing tennis~~ player
tennis classes Tuesday friends Friday

Harry loves playing tennis.

His favorite ______ is Rafael Nadal. He's from ______.

He has ______ at three on ______ and ______.

He plays with his ______ on Saturday.

He wants to be a famous tennis player

## 5 Listen and draw.

## 6 Look, read and complete.

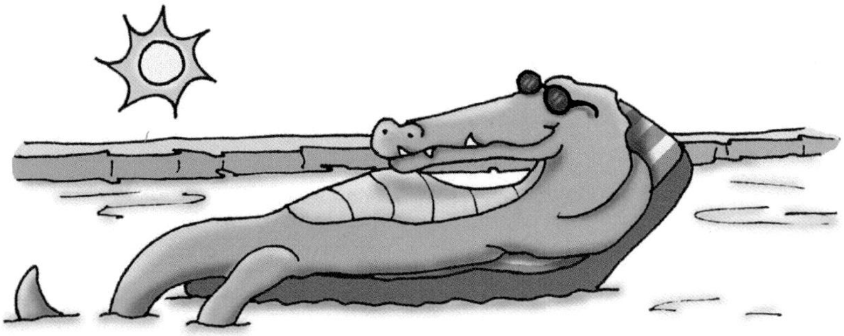

sharp ~~swim~~ tiny strong meat jump

Crocodiles live next to rivers. They can swim, but they can't ______.

They have ______ eyes and a very ______ tail.

They have ______ teeth. They like sleeping in the sun and eating ______.

 

NAME: ______________________________ CLASS: __________

TEACHER: ______________________________ SCORE: __________

## 1 Listen, look and number.

1 Naomi | 2 Benjamin | 3 Laura | 4 Greg | 5 Emma

tired [ ] | hungry [ ] | happy [ ] | angry [1] | scared [ ]

## 2 Look at Activity 1. Then write.

______________________________________________

______________________________________________

## 3 Look, think and write.

| WHY? | |
|---|---|
| drinking | eating |
| crying | shouting |
| ~~laughing~~ | smiling |

| BECAUSE | |
|---|---|
| angry | ~~funny~~ |
| sad | thirsty |
| hungry | happy |

**1** Why is he laughing ?

Because it's funny .

**2** Why ______________________________ ?

Because ______________________________ .

3 ______________________________?

______________________________.

4 ______________________________?

______________________________.

5 ______________________________?

______________________________.

6 ______________________________?

______________________________.

## 4 Complete the sentence about you.

______________ make/makes me feel ______________.

## 5 Look, read and write.

Jeremy is on vacation. He's in the 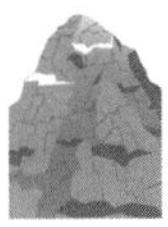 mountains with his friends. It's  ______________ and sunny and there are lots of things to do. He's  ______________ swimming in the 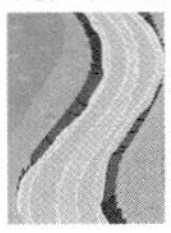 ______________ and climbing, but he's  ______________ fishing. He has a problem. He's  ______________ spiders and  ______________ snakes!!

## 6 Write about you.

1 I'm fond of ______________________________.

2 I'm terrified of ______________________________.

3 I'm bored with ______________________________.

4 I'm scared of ______________________________.

 

# Lista de Flashcards

| Flashcards | | |
|---|---|---|
| cooking | do gymnastics | bridge |
| skiing | do karate | mountain |
| watching TV | go skateboarding | rainforest |
| skateboarding | go to a party | river |
| playing the guitar | go to school | valley |
| | go to the park | waterfall |
| crocodile | have music lessons | |
| elephant | have ballet lessons | tired |
| giraffe | | angry |
| hippo | ballet dancer | |
| lion | basketball player | climbing |
| monkey | builder | fishing |
| | doctor | horseback riding |
| storm | farmer | sailing |
| | firefighter | snorkeling |
| | movie star | surfing |
| | police officer | |

# Modelo para Spinner